大学生心理健康与自我成长

主　编　刘钊泉　宋兰霞
副主编　祁焦霞　胡伟坚

U1010633

中国教育出版传媒集团
高等教育出版社·北京

内容简介

本书旨在帮助大学生深入探索自我内心。本书融合了心理学、教育学等多学科知识，通过丰富的案例和实践活动，引导学生了解心理健康的重要性，掌握自我调适的技能，并培养积极应对挑战的心态。本书不仅关注理论知识的传授，更强调实际应用和心理素质的提升，是大学生走向成熟、实现全面发展的指南。

图书在版编目（CIP）数据

大学生心理健康与自我成长 / 刘钊泉，宋兰霞主编；祁焦霞，胡伟坚副主编 . -- 北京 ：高等教育出版社，2025. 5. -- ISBN 978-7-04-063111-1

Ⅰ. G444

中国国家版本馆 CIP 数据核字第 2024S49A03 号

大学生心理健康与自我成长
DAXUESHENG XINLI JIANKANG YU ZIWO CHENGZHANG

策划编辑	张 欣	责任编辑	张 欣	封面设计	王 洋	版式设计	杨 树
责任绘图	裴一丹	责任校对	陈 杨	责任印制	刁 毅		

出版发行	高等教育出版社	网 址	http://www.hep.edu.cn
社 址	北京市西城区德外大街 4 号		http://www.hep.com.cn
邮政编码	100120	网上订购	http://www.hepmall.com.cn
印 刷	河北鑫彩博图印刷有限公司		http://www.hepmall.com
开 本	787mm×1092mm 1/16		http://www.hepmall.cn
印 张	16.75		
字 数	390 千字	版 次	2025 年 5 月第 1 版
购书热线	010-58581118	印 次	2025 年 5 月第 1 次印刷
咨询电话	400-810-0598	定 价	49.00 元

物 料 号 63111-00

本书作者

（按姓氏笔画排序）

邓晶晶　广东岭南职业技术学院心理健康教育与发展中心

邓翠芸　佛山职业技术学院马克思主义学院

刘钊泉　广东岭南职业技术学院心理健康教育与发展中心

刘　丁　广东岭南职业技术学院心理健康与发展中心

汤辉鹏　广东岭南职业技术学院心理健康教育与发展中心

祁焦霞　广东岭南职业技术学院心理健康教育与发展中心

杜建标　广东科技学院计算机学院

李朝辉　广东岭南职业技术学院马克思主义学院

宋兰霞　广东岭南职业技术学院心理健康教育与发展中心

林丽珊　广州市白云区平沙培英学校

胡伟坚　广州工商学院马克思主义学院

袁孝珺　广东女子职业学院学工部

前言

当我们走进21世纪的大门，面对着一个日新月异、充满变革的时代，大学生的心理健康问题日益受到社会各界的广泛关注。作为国家的未来和民族的希望，大学生的全面发展不仅关乎个人命运，更与整个社会的进步息息相关。因此，编写一本符合时代要求、贴近大学生实际需求的心理健康教育教材，显得尤为重要和迫切。

《大学生心理健康与自我成长》的编写，正是基于这样的背景和需求。本书旨在通过系统的理论阐述和丰富的实践指导，帮助大学生树立正确的心理健康观念，掌握科学的心理调适方法，增强心理韧性，提升整体心理素质。

在内容上，本书力求全面而深入，涵盖了自我认知、情绪调控、压力管理、人际交往、爱情与性心理、网络心理、创业心理等多个方面，几乎涉及大学生活的方方面面。每一章节都紧密结合大学生的实际需求和心理特点，既有理论阐述，又有案例分析，还有实用的心理测验和操作指南，旨在帮助大学生全面、深入地了解自己，掌握科学有效的心理调适策略。

本书在编写过程中，注重科学性和实用性的统一。本书借鉴了国内外心理健康教育的最新研究成果，参考了大量实际案例和一线教师的实践经验，确保教材内容的科学性和权威性。同时，也非常注重教材的实用性和可操作性，力求让每一位读者都能够从中受益，真正将所学知识转化为实际行动。

此外，本书还特别强调了心理健康教育的预防性和发展性。我们认为，心理健康教育不仅仅是针对心理问题的治疗和干预，更重要的是预防和促进。因此，在教材中穿插了大量关于心理健康的预防性知识和发展性建议，帮助大学生在日常生活中养成良好的心理习惯，预防心理问题的发生，促进个人全面、和谐、持续的发展。

值得一提的是，本书还特别关注了大学生的个体差异和特殊需求。每个大学生都是独一无二的个体，他们有着不同的成长背景、性格特点和心理需求。因此，我们在教材中设置了丰富的拓展阅读和实践活动，以满足不同大学生的个性化需求。同时，也鼓励教师在使用过程中根据实际情况进行灵活调整和创新使用,最大限度地发挥教材的效用。

本书是集体智慧的结晶,凝聚了编写组各位老师的辛勤劳动。刘钊泉、宋兰霞负责全书的大纲制定,具体编写分工情况如下:第一章由祁焦霞副教授编写;第二章由林丽珊老师编写;第三章由汤辉鹏老师编写;第四章、第十章由胡伟坚副教授编写;第五章、第九章由刘钊泉老师编写;第六章由李朝辉副教授编写;第七章由宋兰霞老师编写;第八章由邓晶晶老师编写;第十一章由邓翠芸老师编写;第十二章由杜建标老师编写;校对和参考文献整理由袁孝珺老师负责。刘钊泉、刘丁老师负责统稿工作。

《大学生心理健康与自我成长》不仅仅是一本教材,更是一本关于成长、关于自我探索、关于心灵启迪的书籍。我们希望它能够成为大学生们的良师益友,陪伴他们度过人生中最美好的时光。同时,我们也期待广大教育工作者、家长和社会各界人士能够给予更多的关注和支持,共同为大学生的心理健康教育事业贡献力量。

由于时间仓促,本书难免存在疏漏之处,真诚欢迎各位读者朋友提出宝贵的意见和建议。最后,感谢在本书的撰写过程中给予大力支持的各位老师!让我们携手努力,为大学生的心理健康撑起一片蓝天!

编　者

2024年10月

目 录

第一章

走进心理健康——大学生心理健康概述

心灵导航

学习目标

1. 掌握心理健康的含义、标准；了解大学生常见的心理健康误区、心理健康问题以及理解心理咨询；掌握心理调适的常见方法；

2. 培养从科学的视角理解心理学及心理健康的能力；

3. 培养心理健康及心理健康素养意识。

重难点

重点是理解掌握心理健康的含义及大学生心理健康标准，正确认识心理咨询，积极维护心理健康；

难点是如何及时觉察心理健康状况，积极维护心理健康。

心灵故事

木匠与房

一个老木匠准备退休，他告诉老板，说要离开建筑行业，回家与妻子儿女享受天伦之乐。老板舍不得他走，问他是否能再帮忙建一座房子，老木匠答应了。但是他的心已经不在工作上,他用的是软料,出的是粗活。房子建好的时候,老板把大门的钥匙递给他。

“这是你的房子,”他说,“我送给你的礼物。”

他看得目瞪口呆,羞愧得无地自容。如果他早知道是在给自己建房子,他怎么会这样?我们的生活也是如此,如果我们漫不经心地“建造”自己的生活,不是积极行动,而是消极应付,得过且过,碰到问题不及时解决,关键时刻也不尽力,等我们觉察到自己处境的时候,早已被困在自己建造的“房子”里了。把你当成那个木匠吧,想想你的房子,每天敲进一颗钉,加上一块板,或者竖起一面墙,不断去强大你的内心吧!

思考:近年来关于大学生心理健康的话题被不断提及,“抑郁”“emo”等词也成了大学生口中的常用语。到底什么是心理健康?大学生心理健康的标准是什么?对心理健康的常见误解有哪些?大学生常见的心理健康问题有哪些以及如何调试呢?

心理语录

「吾心信其可行,则移山填海之难,终有成功之日;吾心信其不可行,则反掌折枝之易,亦无收效之期也。心之为用大矣哉!夫心也者,万事之本源也。

——孙中山」

第一节 心理健康的含义

没有全民健康,就没有全面小康。健康问题已上升到了国家战略的高度,让我们认识到健康对一个民族生存和发展的重要意义。作为新时代的大学生肩负着中华民族伟大复兴的神圣使命,健康的体魄和心态比任何时候都要重要。

一、健康

健康是人生的第一财富,也是全人类共同关注的话题。1988 年,世界卫生组织(World Health Organization,以下简称世卫组织)总干事马勒博士指出,健康并不代表一切,但丧失了健康就失去了一切。

那么,什么是健康呢?四肢健全、能吃、能喝、能睡觉、无病是不是就是健康呢?

关于健康的定义,传统上认为“无病就是健康”,随着科学技术的进步和社会的发展,人们开始从“生理—心理—社会”的角度去关心健康。

1948 年世界卫生组织提出,健康不仅仅是没有疾病和虚弱,还包括生理、心理和社会方面的完满状态。心理健康是人类健康概念中的重要内涵之一,在现实生活中,心理健康和生理健康是相互作用、相互影响的,身心统一的观念在健康概念中得以体现。根据美国的统计资料显示，每 4 人中就有 1 人在其一生中因为心理方面的原因而引起生理方面的疾病；每 12 人中就有 1 人因心理方面的疾病而住院。所以在日常生活中，只注重身体健康，而忽视心理健康的维护，内心长期压抑、痛苦，必然会带来严重的不良后果。

1989 年世界卫生组织又进一步完善了健康的概念，将道德健康纳入了健康的范畴。中国先贤认为心育和德育是相互联系的，德为性之帅，仁德是心理健康的必要条件。孔子曰"仁者不忧"（《论语・子罕》），"德润身，心广体胖"（《礼记・大学》）。可见道德对身心健康的影响。道德修养作为心理健康的重要内涵，其内容包括：健康者不以损害他人利益来满足自己的需要；具有辨别真伪、美丑、善恶、荣辱等是非观念；能按照社会行为的规范准则来约束自己及支配自己的思想和行为。因此，全面的健康包括四个方面：身体健康、心理健康、社会适应良好和道德修养良好。而道德健康也属于社会适应良好的标准，也是为了更好地处理与周围环境和他人的关系，为了更好地适应社会。

1999 年，围绕着"四要素说"的健康概念，世界卫生组织提出了"五快三良好"。

"五快三良好"分别是：

（1）快食。不挑食、不偏食，吃饭津津有味。

（2）快眠。较快入睡，睡眠质量好，精神饱满。

（3）快便。快速通畅地排泄，感觉轻松自如。

（4）快语。说话流利，头脑清醒，思维敏捷。

（5）快行。行动自如协调，迈步轻松有力，动作流畅。

（6）良好的个性。个性柔和，适应环境，为人处世好。

（7）良好的人际关系。与人相处自然融洽，朋友多。

（8）良好的处事能力。客观看待人和事，有良好的自控能力，能够适应复杂的环境变化。

根据世界卫生组织的统计，目前健康人口仅占总人口的 5%，被诊断患有各种疾病的人约占总人口的 20%。健康与疾病之间的亚健康状况人口约占总人口的 75%，由此可知，绝大多数人都属于亚健康状态。而亚健康的人群如果从现在开始调整生活方式，关注健康，注重锻炼、规律饮食和作息，健康状况就会向好的方向发展；相反则会发展为疾病。

二、心理健康的理解

2020 年春，新冠疫情全球肆虐，联合国秘书长古特雷斯在《疫情与心理健康》的演讲中，开篇第一句话就是心理健康是人类人性的核心。一句话指出了"心理健康"对于人类生存的重大意义。

2022 年 3 月，世界卫生组织表示，在新冠疫情的第一年，全球焦虑和抑郁症的患病率增加了 25%。世卫组织对这种增长的解释是，疫情导致的社交孤立带来了前所未有的心理压力。孤独、对感染的恐惧、自己和亲人的痛苦或死亡、丧亲之痛后的悲伤以及经济上的担忧，都被认为是导致焦虑和抑郁的因素。世卫组织指出，虽然这场疫情引起了人们对心理健康的兴趣和关注，但它也揭示了以往对心理健康服务的投入不足。各国必须紧急采取行动，确保所有人都能获得心理健康支持。

那么,到底什么是心理健康?

1946 年第三届国际心理卫生大会提出:“心理健康是指在身体、智能以及情感上与他人心理不相矛盾的范围内,并将个人心境发展到最佳状态。”

这个概念包含了三层含义:第一,和谐性。心理健康的人内在是和谐的,也就是他们在身体、智能与情感上是协调一致的。比如我想要将学习成绩提上去,这是我的愿望,为了实现这个愿望,我起早贪黑,努力学习,这就是想法和行为是协调一致的。如果我只是想,但身体完全没有行动,就会产生矛盾冲突。第二,适应性。心理健康的人能适应周围环境,能与他人和谐相处。第三,发展性。心理健康的人不安于现状,在自身与环境条件许可的范围内积极投身更高水平的发展,指向自我实现,充分发挥自身的潜能。

PHQ-9
健康问卷

心灵保健操

对照刚才讲到的心理健康的概念,思考或与周围同学讨论一下:

1. 心理健康的人是否是社会上品德非常高尚的人?

2. 一个学生能力出众,学习努力,个人生活也打理得很好,但就是与人相处不好,他是否心理健康?

3. 每天开开心心,当一天和尚撞一天钟,与周围同学也能和谐相处的同学是否心理健康?

(1) 品德高尚与否与心理健康分属人的不同方面,不能混为一谈。二者的内容在一定程度上有所交叉,但是并不能简单地互相涵盖。心理健康主要是涉及个人的和谐性、适应性、发展性方面,但是核心并不是对人做价值判断。因此,心理健康的人可能道德高尚,但并非必然关系。

(2) 一个学生能力出众,学习努力,个人生活也打理得很好,可能是一个内在和谐性的人,但是难以与他人相处,或者与他人经常发生矛盾冲突,那他在适应性方面就比较欠缺,从心理健康概念讲,心理健康程度也有待提高。

(3) 每天保持情绪的积极,能与周围同学和谐相处,符合内在和谐性与外在适应性,但是对未来没有想法和规划,不符合心理健康的发展性。

以上的三种表现,总是在某一方面不符合心理健康概念要求,所以心理健康都不是完美状态,但是注意不能据此就认为以上表现就是心理不健康的。

现实生活中,大学生难免会受到这样那样的影响,比如人际关系问题、学业压力、家庭变故或情感受挫等,总会在人生的某个时期或阶段,表现出某种心理困扰或障碍的症状,这都是非常正常的。只有这些症状达到一定的时间、程度才会引发质变,导致某种心理疾患。所以现实生活中偶尔表现的错误认知和消极情绪,并不能说明大学生的心理健康就出现了某种问题。心理健康是一个动态过程,只要在现实生活中,能够正确认识自我,善于调节情绪,正确对待自己和外界,保持内心的平衡和协调,就已经具备了心理健康的基本条件。

心理语录

「世界上最宽广的是大海，比大海更宽广的是天空，比天空更宽广的是人的胸怀。

——雨果」

第二节　大学生心理健康的标准

心理健康的标准并不是“病”与“非病”的标准，也不是判断一个人心理健康与不健康的标准，而是心理健康的理想状况。

一、大学生心理健康的标准

目前关于大学生心理健康的标准众说纷纭，本书综合国内外专家学者的观点，根据当代中国大学生的年龄特征、心理特点和角色特征等实际情况，将大学生心理健康标准分为以下八个方面：

（一）智力正常

智力是指人认识、理解客观事物并运用知识、经验等解决问题的能力，包括记忆、观察、想象、思考、判断、推理等。智力正常是人一切活动的最基本心理条件，也是衡量大学生心理健康的基本标准。心理健康的大学生有强烈的求知欲，乐于学习，在学习中可以发挥与年龄相符的正常智力。如果一个大学生学习成绩不太理想，只要他有较强的求知欲，乐于学习，他的智力也是正常的。

（二）情绪健康

心理健康的人能恰当地调节自己的情绪，其心情以愉快、乐观、满意等积极的情绪状态为主，虽然也会有消极情绪状态，比如沮丧、愤怒和紧张等，但是不会长久持续。情绪表现是适度的，不会太过或不及。具体表现在：其一，情绪反应与客观事实相适应。碰到开心的事情，感觉开心，碰到伤心的事情，感觉伤心，这都是非常正常的。但是如果伤心的程度远远超过事情本身带来的影响，那么，这种情绪反应就是不适应的。比如失恋后难过，是正常的情绪，但是如果这种难过持续了几个月甚至几年，严重影响了自己的生活学习就需要引起我们的重视了。其二，善于调节和控制自己的情绪。愉快的情绪要多于不愉快的情绪，不要让情绪长期处于极端化，能主动调节情绪是情绪健康的重要表现。

（三）意志健全

意志是人在完成有目的的活动时，所进行的选择、决定与执行的心理活动。意志健全的人能自觉控制自己做应该做的事，面对诱惑果断拒绝，并能为梦想不断努力。这是一个人达到成功的重要条件。每个人的意志力都是不同的，表现在不同领域和生活的方方面面也会有所差异，这里所说的意志力是指在面对人生目标和理想时，能控制自己的思想和情绪，排除外界诱因的干扰，不断为梦想而努力，并乐在其中。

心灵保健操

目标地图

设计理念：清晰的目标是环境适应的核心内容，目标越清晰对环境越适应。

活动目的：探讨自己是否有明确的目标，目标地图是否清晰。

道具准备：纸、笔

活动时间：30 分钟

活动方法：在下面的每一个层次上列明自己独特的目标，并向自己发问：这些目标是否是自己真心想要达到的目标？在现实生活中所做的努力是否是指向这些目标的？

人生总目标：

① 长期目标（10 年）

② 中期目标（5—10 年）

③ 短期目标（1—5 年）

④ 近期目标（1 年以内）

⑤ 日常计划

注意事项：描述尽量详细、具体

创新建议：可以根据自身情况，随时进行调整

（四）人格完整和健全

人格是一个人稳定的心理特征的总和，人格的健全完整表现在两个方面，一是功能上，是否能保证一个人正常地工作、学习和生活；二是内容上，人格的各个部分——认知、情绪情感和意志是否协调统一，即个人的所想、所说、所做都是协调一致的。比如某位大学生想要将自己的成绩搞上去，她给自己制订了早起的计划（想法），然后每天早睡早起，读书学习（意志行为），进而这个学生产生了强烈的成就感和愉悦的体验（情绪）。如果只是想，而做不到或者不去做，可能会产生一定的内疚自责情绪，导致对自己越来越失望，这就是认知和行为不相统一的表现。

（五）恰当的自我评价

自我意识是人格的核心，是人对自己身心状况以及周围世界及他人关系的认识和体验。古语有云“人贵有自知之明”所表达的意思就是人最可贵的是能够正确地认识自己。能够对自身进行合理评价的大学生一般都可以正确和客观地看待自己的优缺点，不因优点而过于骄傲自满，也不会因自己的缺点而过分苛责自己，能正视自己的缺点，接纳自己的不完美。日常中能保持自信乐观的心态，生活目标与理想切合实际，不苛求自己，能扬长避短。

（六）人际关系和谐

人际关系状况最能体现和反映大学生的心理健康状况。人际关系和谐的大学生乐意与

他人交往,与人为善,对他人充满理解、同情、尊重、关心和帮助,有良好而稳定的人际关系,并能在其中分享快乐、分担痛苦,社会支持系统强而有力。

(七)较强的适应能力

适应能力包括正确认识环境以及处理个人和环境的关系。适应能力强的大学生在环境发生改变的时候,能直面现实,对环境做出客观的认识和评价,及时调整自己的情绪和状态,使个人行为符合环境要求;能保持与环境的良好接触,善于将自己融入不同的环境,从而最大限度地使自己的心理需要与环境协调统一。

(八)心理行为符合年龄特征

人生不同的发展阶段,有相应的心理行为表现。心理健康的人,他们的认知、情感、言谈举止都符合其所处的年龄段。大学生正处于成年早期,应具有与年龄和角色相应的心理及行为特征,所思所想,言谈举止,与所处的阶段要求、群体特征相一致。心理健康的大学生应该是精力充沛、积极向上、思维敏捷、勤学好问、喜欢探索的,如果行为举止过于幼稚或者过分依赖他人都是心理不成熟的表现。

对照以上内容,会发现总是有些标准大学生不是那么符合,或者有时候符合,有时候又不符合。这是因为大学生的心理健康程度都是不同的,同时,心理健康状态并非固定不变,而是不断变化的,既可以从不健康转变为健康,也可以从健康转变为不健康。

二、正确理解和运用心理健康的标准

(一)心理不健康不等于不健康的心理和行为

心理不健康与有不健康的心理和行为表现不能画等号。心理不健康是一种持续的不良状态。偶尔出现一些不健康的心理和行为并不等于心理不健康,更不等于已患有心理疾病。因此,不能仅从一时一事就简单地给自己或他人下心理不健康的结论,见表 1-1。

表 1-1 心理不健康与不健康的心理与行为区别

	性质	时间	影响
心理不健康	不健康	持续的不良状态	社会功能受到影响
存在不健康的心理与行为	健康	偶尔出现	没什么影响

(二)心理健康与不健康是一种连续的状态

心理健康与不健康不是泾渭分明的对立面,而是一种连续的状态。从良好的心理健康状态到严重的心理疾病之间是一个不断变化的过程。在许多情况下,异常心理与正常心理、变态心理与常态心理之间没有绝对的界限,只是程度的差异。

(三)心理健康的状态是动态变化的过程

心理健康的状态不是固定不变的,而是动态变化的过程。也就是说现在心理健康的并不代表永远心理健康,现在心理不健康的也不代表永远不健康。随着人的成长,经验的积累,环境的改变,心理健康状态也会有所改变。

(四)大学生心理健康的标准是一种理想尺度

心理健康的标准是一种理想尺度,不仅为我们提供了衡量是否健康的标准,而且为我们指明了提高心理健康水平的努力方向。每一个人在自己现有的基础上做不同程度的努力，都可以追求心理发展的更高层次，不断发挥自身的潜能。

（五）正确看待大学生心理健康

大学生心理健康的标准看似比较复杂，但是只要在日常生活中能够正常、有效地进行工作、学习和生活，积极情绪多于消极情绪，就都是健康的。如果某段时间的心理状态难以维持正常的工作、学习和生活，应及时进行调整。

三、心理健康的常见误区

误区一：心理健康的人完全没有不健康的心理与行为表现，比如悲观的想法、消极的情绪或异常的行为。

辨析：喜怒哀乐是人的基本情绪，每一个人都会有各种各样的情绪反应。心理健康的人，其心理机能整体上是正常的，但是不一定始终处于积极正面的心理状态。事实上，如果一个人在现实生活中完全没有悲观消极的情绪，这几乎是不可能的。心理健康的人在面对这些消极情绪或身处不利情境时也会出现相应的心理与行为表现（如果失恋了，心情暂时低落抑郁，短时间内食欲不振等，这些都是正常的），这些反应正表明了这个人的心理是健康的。所以心理健康的人，也会出现暂时的消极心理与行为表现，只要个体能主动积极进行调整，持续时间短，又不影响正常的工作学习，都是正常的。通过自己的积极调整，也可以尽快恢复到心理健康的状态。所以心理健康是一种状态，不是一种特质，是不断发展变化的。

误区二：只要不是心理变态就是心理健康。

辨析：心理变态也叫心理异常，属于精神疾病。有心理学者提出了灰色区概念，把人的心理分为三个区：白色区、灰色区和黑色区。白色区代表心理健康，黑色区代表患有一定的精神疾病，而介于它们之间的就是灰色心理，代表心理不健康或处于亚健康状态。现实生活中，人们难免会遇到一些挫折打击，暂时处于一种消极的情绪状态，影响生活、学习和工作，这个时候所处的就是灰色区。调节能力强的人或者社会资源相对丰富的人，可以通过自我调整或周围人的帮助，将暂时的不健康的心理状态调整为健康状态。如果一个人自我调节能力差或者社会资源有限，再加上其他的压力或因素的影响，暂时的不健康状态就会持续恶化导致出现心理疾病，甚至精神疾病。所以不变态并不都是心理健康。

误区三：人心理问题都是自找的。

辨析：每一个人在成长的过程中会出现这样或那样的心理困扰，这属于正常现象。如果心理困扰一直没能得到解决，持续时间过长，并且越来越严重地影响日常的生活或学习，就会演变成心理问题，甚至心理疾病。每个人的成长经历都不同，应对问题的能力也有所差异，有些人长期处于恶劣的生活环境，应对压力的能力有限，再加上不善于向周围人求助，极容易出现心理问题。对大部分人来说，自如地与他人讲话沟通，是一件很简单的事情，但是对少部分人来说就是非常困难的事情。当一个人出现心理问题时，很难进行自我调整，无法正常地与他人交往、外出活动等。心理问题并不是他们自找的，是各种因素综合交织产生的结果。

误区四：寻求心理咨询是一件丢脸的事情。

虽然现在越来越多的人对心理咨询有了比较正确的理解，有心理问题会积极寻求心理咨询师的帮助。但还是存在相当一部分人觉得去寻求心理咨询是一件很难为情的事。总是躲躲闪闪，生怕别人看见，更有甚者反复犹豫是否去做心理咨询，结果是旧病未了，又添新病。其实心理咨询并不是什么见不得人的事情，只是因为这个新事物在中国兴起的时间并不长，了解它的人不多，能接受它的人就更少了。另外，许多人对心理咨询也有这样那样的顾虑，这也导致了他们不敢去做心理咨询。

误区五：做一次心理咨询就可以解决自身的问题。

许多人对心理咨询的期望值非常高，总是希望通过一次心理咨询解决存在的所有问题。"冰冻三尺非一日之寒"。心理问题不是短时间形成的，当然也就不是一次心理咨询可以解决的，同时心理咨询需要双方的互动，以及来访同学的亲身实践，所以说心理咨询往往需要多次咨询才可能解决问题。当然也并不是所有的心理问题都需要多次咨询，有些简单的问题一次也就足够了。

心理语录

「播下一个行动，你将收获一种习惯；播下一种习惯，你将收获一种性格；播下一种性格，你将收获一种命运。

——威廉·詹姆斯」

第三节　心理问题的分类及鉴别方法

现实生活中，大学生难免因为这样或那样的原因，出现暂时的心理困扰，比如失恋了，挂科了，和同寝室同学闹矛盾了，或者学习上遇到了困难，出现暂时的情绪波动，对此，相当一部分大学生喜欢说"我 emo 了"，而对照抑郁症的诊断标准或者在网上进行心理测试，发现自己"真的"轻度或者重度抑郁了。虽然大学生现在有了心理健康的意识，但是如果仅仅依靠网络上的心理测试来"对号入座"，不仅不利于问题的解决，而且还可能对大学生的心理造成二次伤害。

从广义上讲，心理问题是指人们在心理上出现的问题，包括所有心理及行为异常的情况，如情绪低落、焦虑、恐惧、人格障碍等。心理健康与否或心理正常与否的界限是相对而言的，并无绝对的划分，那么如何区分不同程度的心理问题，常见的鉴别方法有哪些呢？

一、心理问题严重程度的分类

按照心理问题的严重程度，可由轻到重将心理问题分为心理困扰、心理障碍和精神疾病。

（一）心理困扰

心理困扰是个体因各种适应问题、学习工作问题、人际关系问题等引起的轻微心理失调。心理困扰的强度较弱，持续时间较短，在生活中经常遇到，会对个体的生活和情绪状态产生一定的负面影响，但它不属于疾病范畴，可以通过自我调整和适当的心理疏导得到恢复和矫正。

（二）心理障碍

心理障碍又称心理疾病，是指自我心理功能紊乱，并达到影响个体社会功能或使其感到痛苦的心理问题。心理障碍主要包括神经症、人格障碍和行为障碍等轻度的心理异常现象。如果借助专业人员的帮助和自身的努力配合，可以恢复到正常状态。

（三）精神疾病

精神疾病是指个体的人脑机能活动失调，丧失自知力，不能正常生活、学习、工作，不能与现实保持恰当接触的严重的心理障碍。对于此类情况如果不及时治疗病情将会持续恶化。

心理问题产生的原因是复杂的，是多方面的，既有遗传的可能，又有心理、社会和环境等方面的原因。大学生的心理问题主要是由于各种心理冲突而产生的，其中有个人的原因，也有家庭、社会和学校的原因，也可能是遗传因素和突发事件所导致的。

大多数学生可以通过自身调节使心理问题得到一定程度的改善，处理好成长过程中所遇到的各种压力和问题，但是也有部分学生单单依靠自己的力量无法应对所遇到的压力和问题，需要外界的帮助和引导。心理疾病与其他疾病一样，如果不能及时加以解决，就会给治愈带来困难。所以积极面对，及早解决是每一名大学生面对心理疾病时的基本策略。

二、心理问题的鉴别方法

身体疾病一般都会伴随着一定的症状，医生会根据其作出相应的处理。相对于躯体疾病而言，心理问题的症状往往更容易被忽视，比如一个人突然话比较少，一般不会引起身边人的注意，就想着对方可能最近情绪不太好。实际上，心理问题如果不加注意，就会因为人们的忽视，而愈演愈烈。

心理问题评估和诊断一般从以下四个维度进行：

你的焦虑正常吗？

（一）内省经验

内省经验一般指自身的主观体验，比如一个有焦虑情绪的来访者，常常自我感觉焦虑不安，晚上难以入眠，心跳加快等。只要来访者自我感觉不舒适或者精神痛苦，哪怕其所谈的事情是微不足道的事，心理咨询师也需要多加关注。内省经验还包括心理咨询师或者心理医生的感同身受，要根据自己的经验标准推理判断他人的痛苦程度。内省经验标准在心理评估和精神障碍诊断中具有重要意义。心理评估和诊断必须听取来访者和患者的叙述，以及了解来访者对疾病的自知力和是否是自觉的求医行为。

（二）社会适应

心理健康的人能够主动调整自己的认知和行为以适应外界的环境变化，与环境保持协调一致。但是发作期的精神障碍患者难以适应外界环境，无法正常工作、学习、生活，无法与他人正常沟通和交往，言谈举止也无法与周围的大多数人相一致，表现出格格不入的状态。这部分人的信息可以通过来访者周围的亲人、朋友等知情人士了解。

（三）医学检查

身心理应是统一的，有些精神障碍是大脑器质性改变和躯体疾病所导致的。可以通过医学检查发现其病理变化，其中脑电图、脑血流图、脑 CT、核磁共振检查和内分泌激素检查是最常见的手段。虽然大多数心理疾病在身体上并未出现相应的反应，但是医学检查可以排除因为身体伤害或内分泌疾病引起的精神障碍。

（四）心理测量

正如人的高矮胖瘦等生理指标在人群中可以测量出平均数一样，心理特征在人群中也具有正态分布的规律和平均数。平均数是研究者通过大样本抽查计算出来的，可以根据被测者的分数，了解其在人群中的分布情况，作为评价个体心理健康状况、生活质量和诊断精神障碍的手段。不过因为不同心理学工作者所测量的心理特征各不相同，每个人的关注点可能也会有所不同，所以心理测量的工具和常模并不是恒定不变的，不能仅仅依靠一个心理测量结果就对个体的心理健康状况进行武断评价。

三、心理评估与诊断的方法

鉴别心理问题所使用的评估和诊断方法主要有以下几种：

（一）观察法

观察法是在自然状态下，观察个体的行为是否和绝大多数人一样。使用观察法比较容易了解到个体的真实状况，因为每一个人的心理健康状况都有其外部表情、动作、言语等方面的表现。观察的内容一般包括一个人的穿着、眼神、语言、姿态动作、待人接物的反应以及注意力等。

（二）会谈法

会谈法是指在会谈中判断个体的思维、情感是否正常，听取来访者的叙述，了解其大致的情况。心理咨询师一般会通过一些会谈技巧，比如倾听、澄清、具体化、鼓励等技术，全面收集来访者的成长史、病史、家族史，以及来访者在认知、情绪情感、行为和对自己目前状况的自知力等方面的信息。

（三）测验法

测验法是用标准化的心理测量量表检查个体的心理健康状况；常见的测验有智力测验、人格测验、投射测验、心理评定量表、问卷调查以及脑部和神经生理检查等。

（四）环境适应鉴别法

通过判断个体能否与其生活的环境相适应，其语言或行为能否与所面临的情境相吻合来判断个体的心理健康状况。

案例分析

小梅(化名),某高职院校一年级学生。经过紧张地军训以后,开始出现诸多适应不良的情况。每天学习紧张、劳累,再加上对自己要求比较高,使其更是精力透支,偶尔失眠。看到周围很多同学每天不是玩就是打扮,小梅内心既鄙夷又羡慕,觉得和大家不是一类人,与周围同学关系也比较疏远。最近因为生活习惯问题,与室友发生冲突,拌了几句嘴,更加不愿意回寝室,整日郁郁寡欢,经一名老乡陪同前来进行心理咨询。

分析:用环境适应鉴别法来看,小梅进入大学后学习紧张、劳累,偶尔失眠,与周围同学关系疏远,最近因与室友产生矛盾整日郁郁寡欢,出现了适应问题,属于一般心理问题。

心理语录

「在一切幸福中, 人的健康胜过任何其他幸福, 我们真可以说一个身心健康的乞丐要比疾病缠身的国王幸福得多。

——叔本华」

第四节 大学生常见的心理健康问题及应对

近年来,大学生心理健康问题越来越突出,表现为学习压力大、人际关系敏感、恋爱、择业甚至是抑郁、焦虑、强迫等心理问题。心理健康是大学生顺利完成学业、适应学校生活、提高综合素质的保证,同样也是维护人格健全发展的基础。

一、大学生心理健康状况

大学生心理健康状况一直备受关注,目前00后大学生已经成为高校的主体,2020年华中师范大学心理学教授对00后大学生心理健康调研发现,心理问题的总检出率为15.8%。强迫、人际敏感、偏执、焦虑和恐怖各因子的阳性检出率分别为32.5%、20.6%、12.2%、10.1%和10.1%。2021年有学者对长沙市在校大学生心理健康状况调研发现,22.1%的大学生存在着不同程度的心理障碍。

关注大学生心理健康状况,一方面是因为大学生是祖国的栋梁和未来的接班人,他们非常重要,受关注度比较高;另一方面,因为大学生每年心理普查工作做得都非常到位,各大高校对学生心理健康状况的关注度也比较高,但这并不代表大学生就是心理疾病的高发人群。大学生受教育水平和智力水平较高,有理想有抱负,在症状自评量表中,个别指标偏高也有其特殊的含义。比如“强迫”,强迫的核心是完美主义倾向,这在某种意义上也是符合大学生心理发展特点的。另外,有研究表明,近5年来大学生的心理健康问题在逐渐减少,其中偏执、人际关系、抑郁、敌对因子变化较为明显,即大学生心理健康的整体水平是逐步提升的。大部分大学生还是保持着积极向上、努力进取的心态,但我们也不能对其完全放松警惕,要认识到当代大学生所面临的种种挑战和压力,并为其提供相应的心理支持。

二、大学生常见的心理健康问题

(一)适应问题

关于大学生心理健康的多项调查显示,一年级新生的主要问题集中在适应问题上。大学生面对环境的变化,陌生的校园、陌生的同学,全新的学习体验,以及来自五湖四海的同学。他们离开长期依赖的父母、亲人和朋友,以及熟悉的环境,开始独立生活,对众多的问题要自己独立面对解决。这些都会给大学生带来不同程度的环境应激。如果这种应激超过一定限度,大学生则容易产生一些心理问题,可能会出现失眠、食欲不振、注意力不集中、焦躁、头疼、神经衰弱等症状,使其更加难以适应环境,甚至导致休学退学。

每一次环境的改变,都会面临适应问题。比如第一次进入幼儿园,第一次离开家人等,这个时候我们都会产生茫然无措的感觉。有些大学生在面对这类问题时能够适当进行自我调节,有些大学生情况则较为严重,容易导致焦虑、自卑、抑郁等不良心理,甚至不能正常完成学业。

心灵保健操

将全班同学每7~8人分成一组,每个小组确定一名组长。针对以下内容进行讨论,形成一个简单的报告并在课堂上进行现场汇报。汇报结束后,在报告上签上所有组员的名字上交老师,作为第一章的考核内容之一。

报告内容:

1. 请写出一件让你感到烦恼或不知道该怎么办的事情。
2. 请说明面对同样的事情,你或者你身边的同学是怎么做的。
3. 请说明你认为怎么样处理这类事情会更好。
4. 请列举你积极适应大学生活的例子。

请列举一个你身边被动适应新环境的同学的案例,并提出相应的改善建议。

(二)学习问题

进入大学后,学生的学习发生很大转变,比如学习环境、学习内容、学分制等,还有各种各样的资格证考试。许多学生进入大学后,无法适应大学的学习方式,学习目标不明确、学习方法不科学、所学专业与自己的兴趣相抵触,这些都会导致他们学习成绩严重下滑,而对学习上遇到的挫折和问题不能很好地面对和解决,最终也容易出现心理问题。

（三）自我意识问题

大学生自我意识增强，并有着强烈地充实自我、发展自我和强化自我的需求。但是在追求自我发展的过程中，有的同学顾此失彼，没有达到期望的目标，并因此产生了不良的心理反应。还有一些同学过分夸大自己的“劣势”，忽略自己的优势，并且因为害怕暴露自己的弱点而采取了回避和压抑的心态，导致性格越来越孤僻、多疑、敏感，产生了严重的烦恼和恐惧不安等情绪。

还有的学生进入大学后，为自己设计出了完美的自我形象，但是现实生活中，理想自我又很难实现，这一矛盾如果不能很好地处理，也会严重影响心理健康。大部分的同学会通过自己的努力，重新树立人生目标，但是也有部分同学企图逃避与现实的矛盾冲突，或者用攻击的方法发泄对现实的不满，或者消极颓废，不求上进，或者沉溺于玩乐，甚至因此产生极端的念头。

（四）人际关系问题

大学生步入了准社会群体的交际圈，尝试各种人际交往，试图发展这方面的能力，为进入成人社会做准备。大学生人际交往远比高中复杂、广泛、独立性强，也更有社会性。要获得好的人际关系需要一定的技巧，并不是每个大学生都能处理好。在处理各种人际关系的过程中，有相当数量的人会产生各种问题，一旦在这个过程中受挫，就可能表现出自我否定而陷入苦闷与焦虑之中，并由此产生心理问题。

（五）情感问题

大学生处于成年早期，对爱情有所向往和追求，因此大学生谈恋爱是一种普遍现象。但是一些大学生在恋爱中存在情感困惑，出现单相思、感情纠葛或者失恋等心理挫折。尤其是面对失恋时，如果处理不好，很容易受到伤害，从而造成心理失调、精神萎靡不振，情绪低落，甚至出现精神崩溃等情感问题。

（六）情绪问题

情绪问题是日常生活中的正常现象，但是如果一个人长期处于消极或者激烈的情绪状态下，如焦虑、抑郁、愤怒或者暴躁等，就会对个人身心健康造成很大影响，如不及时调试好，还可能引发其他严重的后果。

（七）职业定位与就业问题

当前，大学生就业形势越来越严峻，尤其是新冠疫情以后更为突出，在面临巨大的就业压力时，有的大学生缺少必要的职业生涯规划，在学校学习的过程中缺乏目标，没有方向，感觉迷茫，甚至未毕业就出现了严重的就业压力，表现为无法有序地进行大学后期的学习，整日忧心忡忡，情绪低落，出现严重的心理焦虑状况。如果不能及时进行排解、调适，往往会发生心理失衡，导致更严重的消极情绪。

三、大学生常见的精神障碍及表现

精神障碍患者康复过程中，家属可做些什么

如果发现自己或身边的同学已经出现以下精神障碍的表现，应该及时向辅导员或者学校其他管理者报告，并规劝其及时到医院心理咨询科或者精神卫生机构就诊，不要讳疾忌医。

(一) 心境障碍

心境障碍又称为情感性精神障碍,是以明显而持久的心境高涨或低落为主要特征的一组精神障碍,包括以下三种类型:

1. 抑郁发作

以与其处境不相称的低落心境为主要特征的精神障碍。患者有情绪低落,无兴趣、无意义、无价值,精力减退,食欲和睡眠受到影响,自我评价低,思维能力下降,记忆减退等表现;严重的会反复出现轻生念头,有些有自伤的行为。

2. 躁狂发作

以与其处境不相称的高涨心境或易激惹为主要特征的精神障碍。患者有注意力难以集中、话多、思维奔逸、自我评价过高、精力充沛、不知疲倦、活动量大、难以保持安静、行为鲁莽冲动、睡觉减少等症状,社会功能受损。

3. 双相障碍

个体有躁狂与抑郁交替发作的两种极端且强烈的情绪状态。双相障碍可分为两种类型:有一次躁狂发作且其后没有抑郁发作被称为Ⅰ型双相障碍;有躁狂发作且有抑郁发作被称为Ⅱ型双相障碍。

(二) 神经症

神经症是一组表现为焦虑、强迫、恐惧、疑病或者神经衰弱症状的精神障碍。大学生常见的神经症临床表现有以下几种:

1. 焦虑症

焦虑症是一种以焦虑情绪为主的神经症,分为广泛性焦虑障碍(或称为慢性焦虑症)和惊恐障碍(或称为急性焦虑发作)两种形式。

(1) 广泛性焦虑障碍是经常或持续存在无明确对象或固定内容的紧张不安,过分担心,难以集中注意力,不能静坐,不停来回走动,心慌气短,紧张性头痛,皮肤潮红或苍白、出汗、口干、面色苍白、过度换气等自主神经功能紊乱的症状。焦虑症的紧张与现实很不相称,使患者难以忍受,但又无法摆脱。

(2) 惊恐障碍呈现为发作性特征,间歇期间患者可能无任何症状表现。其发作不局限于特定的情境或存在明确的诱因,因此具有不可预测性。发作通常突如其来,并伴有剧烈的心跳加速、胸部不适,咽喉部产生阻塞与窒息感,头晕目眩,全身感觉麻木并伴随针刺般的痛感,以及呼吸短促且浅表的体征。同时,患者会经历强烈的恐惧情绪,常常感受到死亡即将来临的紧迫感,或担忧自己会陷入精神失控的状态。每次发作的持续时间通常在 10 至 20 分钟。部分患者在惊恐发作后可能长时间卧床不起,表现出体力衰弱、全身乏力的状态,并伴有冷汗淋漓的生理现象。

2. 强迫症

强迫症是一种以强迫观念和强迫行动作为特征的神经症,特点是个体体验到某些反复冒出的观念和重复做的动作行为的冲动,明知没有必要,极力抵抗但又无法自控停止。强迫与反强迫并存的矛盾让患者感到焦虑与痛苦。强迫观念包括强迫性怀疑、强迫性联想、强迫性回忆、强迫性思虑等。一般情况下,强迫观念所涉及的事物都是一些明知道毫无意义却不能自控的小事。强迫行为包括强迫检查、强迫清洗、强迫询问、强迫性仪式动作等。强迫观念和强迫行为的冲动起源于患者内心,并不是由外在强加或外界环境影响造成的。

3. 恐惧症

恐惧症是一种以过分和不合理地惧怕外界某种事物或处境,并极力回避所害怕的事物或处境的神经症。恐惧症发作时,常伴有明显的焦虑和自主神经紊乱症状。患者明知道自己的恐惧没有必要,但是难以自控,反复发作。常见的恐惧症包括社交恐惧症、场所恐惧症、单一恐惧症等。

4. 躯体形式障碍

躯体形式障碍是一种以各种躯体不适症状为主,虽多方就医,经各种医学检查证实无器质性损害或明确的病理生理机制存在,但仍不能打消其疑虑的一类神经症。即使存在一些躯体症状,但与所感受的痛苦程度不相称。

(三) 精神分裂症

精神分裂症是一组以幻觉、妄想、自知力不全为主要特点的严重精神障碍,多发病于青壮年,缓慢起病,病程迁延。大多具有妄想、幻觉、言语和思维紊乱、行为怪异、社会功能受损、自知力丧失或不全等阳性症状。有些患者具有意志减退、情感淡漠等阴性症状。根据症状特点分为:偏执型分裂症、青春型分裂症、紧张型分裂症、单纯型分裂症、未定型分裂症等临床亚型。

四、正确面对心理健康问题

近年来随着心理健康教育的普及,大学生对心理健康有了更加科学的认识,也能够自觉关注心理健康,但是对于发生在自己身上的心理问题,仍有不少学生难以启齿,不知所措。笔者曾经对高职大学生的心理问题求助情况进行调查,结果显示,当“面对心理困扰”时,只有7%的学生会向他人求助(不一定是心理咨询师),50%的大学生选择自行解决,还有43%的学生要看情况。但相比之下,当自己的亲戚、朋友或者同学遇到心理问题时,有75%的学生会建议他人去做心理咨询。可见,大学生对待他人心理问题的态度比对自己更为理性,那么大学生应如何正确面对心理健康问题呢?

(一) 勇敢面对

出现心理问题不见得就是坏事,也不用过于紧张焦虑。一些大学生在情绪上出现一些困扰,或者在身体上出现不适,就忧心忡忡,甚至担心长此下去会患上更加严重的疾病。其实,心理也跟身体一样,难免会出现一些问题,不必过于紧张。

(二) 勿随便“贴标签”

网络上可以看到各种心理测试,有些同学一遇到情绪问题,就喜欢做一下心理测试或者百度搜索相关疾病的解说,然后对号入座,随意给自己“贴标签”。这种方式非常不利于心理问题的解决,反而还会增加不必要的烦恼。心理健康问题本身是非常复杂的,而且大学生的绝大多数心理问题是属于发展性的,是成长过程中正常出现的,只要选择正确的处理方式,积极地面对,这类问题很快就能得到解决。

(三) 转移注意力

有些心理问题,越是关注它,越容易长久地存在。建议大家对待心理问题,不要过度关注,要把注意力转移到正常的生活、学习、人际交往等方面。或者做一些自己感兴趣的,又能修身养性的事情，比如写字、画画、旅行、看书等，全身心地投入都是非常有利于身心健康的。

（四）规律作息

《道德经》中有云："人法地、地法天、天法道、道法自然。"很多时候，只要我们规律生活、作息，精神面貌就会发生截然不同的改变。不少所谓的心理问题也就随之轻松化解了。

（五）不讳疾忌医

中医强调"身心不二"，患者之所以会有"讳疾忌医"这种病态的、不可理喻的心理，是因为其生理可能已经出现了一些问题，甚至严重到扰乱心神，临床上习惯称之为"恋邪"或"失神"。所以真的存在困扰而长期无法排解，甚至已经严重影响自己的日常生活、学习和人际交往时，要积极寻求专业的心理医生或者心理咨询师的帮助，切不可讳疾忌医，影响治疗的时间。

五、大学生心理健康的维护方法

（一）树立心理健康意识

学校常规开设心理健康课程，定期举办心理健康讲座，心理健康教育宣传从各个方面介绍心理健康知识。了解心理健康专业知识是树立心理健康意识的第一步，实践证明，具备良好心理健康知识的学生在应对危机时能表现出更加良好的心理承受力；相反，缺乏相应知识的学生在面对应激时更多表现出束手无策、放任自流或者偏听偏信的状态。

（二）学习与问题共存

出现心理问题很重要的一个原因就是强烈的内在冲突。与问题共存，是解决问题的第一步，也是缓解内心冲突的手段。如果我们把过多的精力用在对抗问题的存在上，可能会影响我们接近问题产生的根本，影响问题的解决。所以对于目前存在的心理困扰首先要自我接纳，想现在出现了什么问题，内心的感受是什么，感到最难受或纠结的点是什么？当我们试着接纳自己的问题时，才有探索的可能。

（三）积极参加社会实践活动

个体的行为是在活动中不断发展的，只有在不断地实践过程中，才有可能将课堂所学的心理健康知识和技能与现实相结合。所以日常生活中，大学生要多参与课外活动，不断磨炼自己的意志品质，增强情感体验，在实践中锻炼应对能力和自我调节能力。

（四）养成良好行为习惯

多数心理障碍和身心疾病都与不良生活习惯有着密切的关系。大学生的学习生活属于自主型，因此需要具备较强的自我管理能力。在日常生活中，要合理作息，平衡膳食，适度运动与学习，拒绝烟酒和网络成瘾的行为。

（五）积极主动寻求心理帮助

心理咨询是由受过心理咨询专门训练的专业人员运用心理学知识、理论和技术对心理有困难的人提供帮助和支持，从而缓解来访者心理压力，提高适应环境的能力并促进人格成长的技术。心理咨询的对象不是病人，而是在生活中存在较大压力需要外界帮助的正常人。各高校一般都设有专门的心理咨询中心，配备有专业的心理咨询老师，大学生如果有难以解决的心理困扰可以积极寻求帮助。

生活在现在

心理语录

「尊重生命、尊重他人也尊重自己的生命，是生命进程中的伴随物，也是心理健康的一个条件。

——弗洛姆」

第五节 心理咨询及功能

一、心理咨询的概念

“咨询”主要有询问、忠告、给人帮助、商讨、劝告、建议和辅导的意思。现在咨询的含义已经固定为专业人员以其专业知识为基础，为来访者提供各方面的指导和建议。

对心理咨询的概念，目前还没有一个统一的界定，不同的研究者对心理咨询的性质、内容、作用和方法等看法和认识也是不同的。但是有以下几个共识：

（一）心理咨询是一种专业活动

心理咨询是心理咨询师在心理学的理论指导下开展的专业活动。泰勒认为：“咨询是一种从心理进行帮助的活动，它集中于自我同一感的成长以及按照个人的意愿进行选择和做出行为的问题。”

（二）心理咨询需要一个过程

心理咨询是心理咨询师运用心理学的相关原理和方法，通过言语和非言语的沟通形式，帮助来访者提高自我认识，增强自助能力，解决心理问题以促进其适应和发展的过程。所以心理咨询是一个过程，根据心理问题的严重程度，可能需要几次或反复多次咨询。

（三）心理咨询的对象是正常人

如果把整个人群从健康到疾病分为四类，依次为健康的人，各种因生活中的人际关系和压力而产生心理冲突的人，各种变态、存在人格异常和障碍的人，以及精神疾病患者。心理咨询的对象正常人，是解决正常人因为生活中的压力事件而出现的心理问题，也就是面对第二类人的咨询。

（四）咨访双方的关系是一种特殊的人际关系

心理咨询的顺利开展需要咨询师和来访者建立良好的咨访关系。这种关系是在特定的时间和地点建立起来的比较隐蔽和保密的特殊人际关系。在这种关系中来访者愿意敞开心扉，积极配合和改变，咨询师能够理解、共情和尊重来访者，推进关系的进一步发展，进而协助来访者解决问题，提升应对问题的能力。什希尔·帕特森认为：咨询是一种人际关系，在这种关系中咨询师提供一定的心理气氛或条件，使来访者发生变化，做出选择，解决自己的问题，成为一个有责任感的独立个体，从而成为更好的人和更好的社会成员。

综上，心理咨询就是面对正常人，利用心理学的原理和方法，通过言语和非言语的沟通形式，帮助求助者发现自身的问题和根源，从而挖掘求助者本身潜在的能力，来改变原有的认知结构和行为模式，以提高求助者对生活的适应性和调节周围环境的能力。

案例分析

想瘦但是控不住想要吃东西的晓丽

晓丽(化名)，大一学生，体形偏胖。家里人一直说让她少吃点，告诉她女孩子太胖不好看。但是晓丽就是控制不住想要吃东西，吃东西的过程总是让自己很满足，想不通不吃东西怎么能开心呢。一方面晓丽想要保持自我，按照自己的意愿来。但是又在意家里人的看法，想要减肥。对于体形问题，晓丽非常困扰，不知道该怎么办？晓丽究竟怎么了？她要不要去做心理咨询呢？心理咨询到底是什么？

分析：在咨询中有一条规则，谁觉得有问题，谁就有必要咨询。小丽感到困惑就建议小丽去做心理咨询。

二、心理咨询的误解

误解一：心理咨询师可以看透我心里想的是什么

“心理咨询师具有透视能力，可以看透我心里想的是什么”。很多同学一听说对方是心理咨询师可能就会有这样的想法。但是心理咨询师并没有“读心术”，他们只能通过来访者的言行举止去推断其想法，然后通过言语和非言语的沟通，跟来访者进行澄清和具体化，在这个过程中逐渐搞清楚来访者到底在想什么，他们有什么样的感受。

误解二：心理咨询师年龄越大越有经验

年龄代表一个人的生活阅历，但是并不代表一个人的专业能力。心理咨询师个人的生活阅历确实也非常重要，但是心理咨询并不是通过咨询师的人生阅历来解决问题的，所以寻找一位值得信赖、可以一起协作的专业人士才是最重要的。所以大学生可以根据咨询师的专业背景和从业经历等来判断对方的工作能力。

误解三：搞心理咨询的人心理都有问题

心理咨询师也是正常人，也有来自生活的困扰和问题，但是心理咨询师可以通过自我调整以及向自己的咨询师寻求帮助，及时调整到正常状态。而且心理咨询师在自己的专业成长过程中，也会有定期的督导，在督导师的帮助下发现自己的盲区和限制并不断完善，从而更好地帮助来访者。

三、心理咨询的功能

一般来说，心理咨询的功能是帮助来访者改变原有的认知模式，重新认识自己与社会，逐渐改变其不适应的反应方式，使他们学会与外界相处，更好地发挥内在潜力，积极面对现实生活。

（一）体验全新的人际关系

咨询关系是咨询师和来访者之间彼此真诚信任的关系，在咨询过程中，咨询师以善意真诚的态度与来访者进行沟通，这种人际互动的过程为来访者提供了一种体验学习良性人际关系的机会。来访者可以将这种经验应用于现实的人际交往中，从而更有效地处理现实中的人际关系问题。

（二）认识内在冲突

促使人们前来咨询的原因，大部分来源于内在。虽然外部环境也会对个人产生一定的影响，但主要还是源于个人内在的认知。引导来访者认识到内在的种种冲突，才能帮助其从根本上解决问题。

（三）促进自我反思

孔子说："知人者智，自知者明，胜人者有力，自胜者强"，看清楚自己是不容易的，因为它同样也是来访者的自我保护机制。但是在心理咨询的过程中，咨询师会帮助来访者认清自己，学会反思自我，认识到自己的错误观念，形成正确的观念，做出更加明智的选择。

（四）学会面对现实

出现心理问题的大多数人纠结于过去的某段经历或事件，或对未来充满焦虑恐惧，心理咨询的过程就是引导来访者回到现实中来。一旦他们的目光集中到现在，就会关注此时此地的体验，用眼看，用耳听，用脑想，用心去感受，逐渐学会同"现在"打交道，学会面对现实。

（五）付诸行为

心理咨询最终的目标是指向现实生活，帮助来访者更为有效地处理现实中的问题，付出新的、有效的行为。一旦来访者积极有效地行动起来，开始学习自我救助，就将为自己创造新的生活。

四、心理咨询适合的人群

心理咨询主要是面对正常人，解决正常人的一般心理问题和严重心理问题。具体表现在：

（一）自知力完好

有无自知力是区分正常和异常的重要标准之一。自知力完好是指能够认识到自己在生活中遇到了某些困扰，知道自己需要专业帮助，主动求助，向咨询师倾诉不适，积极进行心理咨询。

（二）由于现实问题而产生内心冲突的人

心理咨询主要是面对那些因为生活中的压力事件，如人际关系、学习、生活、家庭等引起内心冲突的人群。比如因为考试压力过分焦虑而难以入眠的人，因为失恋寝食难安，难以调节的。对于已经出现严重心理疾病和精神疾病的，比如抑郁症、焦虑症或者精神分裂的人群，要积极寻求心理医生或者心理咨询师的治疗。

（三）想要自我成长的人群

心理咨询可以帮助大学生更加清晰地认识自我，像一面镜子一样照出内心冲突的根本原因，通过改变原有的思维模式，更加健康、幸福地生活。所以想要进行自我成长的人群也可以进行心理咨询。

开篇案例中的晓丽，就属于由于现实因素引起的心理冲突个案，如果这种内在冲突已经开始影响正常的生活、学习或者其他方面，自己又解决不了的，可以积极寻求心理咨询师的帮助。

心灵保健操

了解你的心理健康水平

指导语：请你根据自己最近2周（包括今天）的实际情况评定下列每个句子是否与你相符合，符合的在括号内打√，不符合的则打×。

（　　）我感到悲伤。

（　　）我感到绝望。

（　　）我感到烦躁。

（　　）我感到没有精力。

（　　）我难以集中精神。

（　　）我感到记忆力变差。

（　　）我觉得自己很差。

（　　）我感到忧心忡忡。

（　　）我觉得自己应该受到惩罚。

（　　）我对其他人或活动失去了兴趣。

（　　）我睡眠差。

（　　）我觉得自己得了严重的疾病。

（　　）我觉得自己的生活一团乱麻。

（　　）我感到痛苦。

（　　）我觉得自己没有价值。

（　　）我感到孤身一人。

（　　）我有自杀的想法。

测验结果解释：答√的题目总数即为测验得分，得分越高表示心理健康水平越差。如果得分为3~5分，建议及时主动调整，并积极向身边适合的人求助；如果得分在6分及以上，建议尽快寻求心理咨询与治疗的专业人士帮助。

心灵补给站

《心灵捕手》电影赏析

影片讲述了一个名叫威尔的麻省理工学院清洁工的故事。威尔在数学方面有着过人的天赋，却是个叛逆的问题少年，在教授蓝勃、心理学家桑恩和朋友查克的帮助下，威尔最终打开心扉，消除了人际隔阂，并找回了自我和爱情。从电影中我们可以了解到，治疗心理疾病和解决心理问题需要来访者的积极配合，在来访者的配合和咨询师的帮助下，心理疾病是可以康复的，利用心理咨询师的帮助，可以提高个体心理健康水平。大家看完电影后，可以和周围的同学进行讨论和交流观后感。

复习思考题

1. 学习了本章的内容，你觉得自己目前的心理健康状况如何，并说明原因。
2. 完成了本章的学习，你如何看待心理障碍患者？
3. 史蒂夫·乔布斯是美国苹果公司创始人，一生获得了很多成就，但他是一个“偏执狂”，几乎没有朋友，和所有的合作伙伴都难以相处，喜欢贬低控制他人，喜怒无常且善变，对完美极端追求。根据你对心理健康的理解，怎么看待乔布斯的心理健康问题？
4. 如何判断一个人所处的心理健康状态？
5. 思考大学生如何维护自己的心理健康。

即测即评

第二章

我思故我在——大学生自我认识与人格了解

心灵导航

第一节　大学生自我意识的特点
第二节　大学生自我意识的矛盾与偏差
第三节　大学生自我意识的形成与培养

学习目标

1. 了解自我意识的含义、结构和发展过程；
2. 认识大学生自我意识的矛盾与常见的自我偏差,以及产生自我偏差的影响因素；
3. 学习完善健康的自我意识的方法,促进大学生自我效能感的提高。

重难点

重点为识别在自我意识发展过程中出现的偏差与原因；
难点为学习自我意识的调适方法,建立自尊自信的自我意识。

心灵故事

不自知的秃鹰

一只秃鹰飞过王宫,看见王宫中的一只黄莺很受国王的宠爱,就问黄莺:“你是怎么得到国王宠爱的?”黄莺回答说:“我唱歌十分动听,国王非常喜欢听我唱歌于是就很宠爱我。”秃鹰听了,心中很是羡慕,它想:我也应该学学黄莺,这样说不定国王也会喜欢上我的。于是它就飞到国王睡觉的地方,开始唱歌。国王正好在睡觉,听了秃鹰的叫声,感到十分恐怖。属下报告说是一只秃鹰不知道为什么在叫。国王十分愤怒,就吩咐属下去把秃鹰抓起来,并命令拔光秃鹰的羽毛。秃鹰满是伤痕地回到鸟群中,恼羞成怒道:“这都是黄莺害的,我一定要报仇。”

感悟:

1. 现实生活中有很多的“准秃鹰”和“类秃鹰”。他们总想着出人头地,却仅仅幻想着复制他人的成功。想想那些所谓“割韭菜”的网红,利用的正是人们渴望成功又寄希望于模仿的心理。

2. 我们要充分认识自己,了解自己到底擅长什么、对什么感兴趣。可以通过“自我对话”或“给自己贴标签”的方式,强化自我意识。

3. 我们要遵从自己的内心,只有不背叛自己的人才会被命运眷顾。

心理语录

「一个没有自知之明的人,无论何时何地总会有无数的坎坷与障碍在等待着他。

——爱默生」

第一节 大学生自我意识的特点

大学生自我意识水平的高低体现了大学生心理成熟的水平。大学生所处的年龄阶段特征是朝气蓬勃、追求卓越、渴望成才,同时自我意识急剧成长和趋于完善,这些特征对大学生的人格形成和发展有重大影响。了解大学生自我意识的特点,有助于大学生找到合适的自我意识培养途径、塑造健康人格,对大学生成长成才具有重大意义。

情绪实验室

一、自我意识的内涵

自我意识是人对自身以及对自己和客观世界关系的认识,是一种多维度、多层次的心理系统,是人格调控系统的核心。下面分三点进行介绍。

(一)从结构上看,自我意识包含自我认知、自我体验和自我控制

自我认知是对自己的洞察和理解,包括自我观念、自我观察和自我评价。自我认知主要涉及“我是一个什么样的人?”的问题。正确地认识自己,实事求是地评价自己,是自我调节和人格完善的重要前提。

自我体验是伴随自我认知而产生的内心体验,是自我意识在情感上的表现。如自尊、自信、自卑等。自我体验主要涉及“我能否悦纳自己?”的问题。自我体验可以使自我认知转化为信念,进而指导一个人的言行;同时,自我体验还能够伴随自我评价激励积极向上的行为或抑制不当行为。

自我控制是对自己的行为活动或对待他人和自己态度的调控,是自我意识在行为上的表现。

自我控制主要涉及“我怎样能成为那样的人?”的问题。它是实现自我意识调节作用的最终环节。

（二）从内容上看，自我意识又可分为生理自我、社会自我和心理自我

生理自我是指个人对自己身体的意识，它使得个体将客观事物与自己进行区分。生理自我是自我意识的最初形态。

社会自我是指个人对自己在社会关系、人际关系中作用和地位的意识，以及对自己所承担的社会义务和权利的意识。社会自我是个体社会化的产物。

心理自我就是个人对自己心理活动（如对自己感知、记忆、智力、性格、气质、动机、需要和行为等心理过程、心理状态和心理特征的认知和评价）的意识。它是随着社会自我的出现而逐渐形成和发展的。

（三）从自我观念上来看，又可分为现实自我、投射自我和理想自我

现实自我是个人从自己的立场出发对自己目前实际状况的看法。

投射自我又称“镜中自我”，是个人想象他人对自己的看法。如果一个人的现实自我与投射自我相一致，那么个体就会有良好的自我认同感。若不一致则个体很可能会出现自我认同混乱的情况，甚至出现人格障碍。

理想自我是指个人想要达到的完美形象。理想自我对个人的认识、情绪和行为有很大的影响。如果理想自我与现实自我的差距过大，以至于根本无法达到，那么个体就会产生挫败感，从而产生自卑感。

自我意识不仅是通过人脑对主体自身意识的思考与反馈，而且这种反馈还要与人所处的环境和发展状况相结合，特别是与外界环境相联系。有时候人际关系的影响会改变一个人原来的自我判断，甚至会“判若两人”，所以自我意识在另一个角度上也反映了人与周围环境之间的关系。大学生应该建立正确的自我意识，有助于认识自我，并进行自我评价、自我调控、从而不断完善自己、超越自己。

心灵保健操

活动一：描述你自己

写出十个“我是一个什么样的人”，可以写自己的优缺点，将所写的句子进行分类，将对自己消极认识的句子进行改造，修改为“虽然我是一个×××的人，但是我……”，并与班上同学分享改造后的句子。

例如，虽然我是一个容易粗心的人，但是我的行动力很强。

活动二：你眼中的我

活动具体要求：

拿出一张空白纸，在纸张的左上角写上你的名字；

将白纸在小组内顺时针传递，让小组同学依次对你进行评价，写出“你是一个什么样的人”，每位同学至少写一个，写完之后传递给下一位同学，直到纸张重新传递到你的手中。（要求：评价认真准确，如实描述，后面同学写的词不要与前面同学重复）；审视别人对你的评价，认同的用“√”标记，不认同的用“◎”标记。

二、自我意识的发展

自我意识的发展不是与生俱来的，而是在成长过程中个体与周围的人和环境相互作用逐渐形成的，这一过程是个体由一个自然人向社会人发展的社会化过程。而大学生正处于自我意识发展的关键时期，自我意识发展的情况将影响其道德判断和人格形成，也会影响人生观和价值观。了解大学生自我意识的发展，能够帮助其更好地发现自我，塑造自我。

（一）埃里克森的人格发展八阶段理论

埃里克森认为人的一生可分为既连续、又各有特点的八个阶段，即“人格发展渐成说”。埃里克森认为个体自我意识的发展会贯穿于人的一生之中，但具有阶段性特征。每个心理发展阶段都存在一个基本的危机，即心理—社会的危机；每个阶段的发展顺序是由遗传决定的，但能否顺利过渡到下一个阶段却是由环境决定的；每一个阶段的发展都具有重要的意义，若任何一个阶段的教育出现失误，都会阻碍自我意识的发展。

（1）婴儿期（0—1岁），获得信任感，克服不信任感，体验着希望的实现；婴儿从生理需要的满足中，体验着身体的康宁，开始感受到安全感，会对周围环境产生一种基本信任感，反之，则会产生怀疑感。

（2）儿童早期（2—3岁），获得自主感，克服羞怯和疑虑，体验着意志的实现；此时儿童不满足当前停留的空间，渴望探索新事物，该阶段若发展不顺利就容易形成胆小羞怯的性格，不敢尝试探索新事物。

（3）学前期（4—7岁），获得主动感，克服内疚感，体验着目的的实现；本阶段也称为游戏期，游戏执行着自我探索功能，在解决各种矛盾中体现出自我治疗和自我教育的作用。若发展不顺利就会进入一个消极被动的状态，容易自我否定。

（4）学龄期（8—12岁），获得勤奋感，克服自卑感，体验着能力的实现；对工作和学习的态度和习惯可以追溯到本阶段。若发展不顺利就会感到自卑，对工作和学习产生消极态度，并且时常对自己的能力产生怀疑。

（5）青年期（13—18岁），建立自我同一性和防止同一性混乱，体验着忠实的实现，又被埃里克森称为“合法延缓期”，这一时期的青年自儿童之后，觉得自己没有能力持久地承担义务，感觉要做出的决断较多，因此在做最后决断前进入一种“暂停”时期，用以延缓承担义务，以避免同一性提前结束。若这一阶段发展不顺利就会产生同一性混乱，对“我是谁、我将来发展成什么样的人”产生困惑。

（6）成年早期（19—30岁），获得亲密感，避免孤独感，体验着爱情的实现；此时需要在巩固自我同一性的基础上获得共享的同一性。若这一阶段发展不顺利就会对婚姻产生恐惧，对两性关系悲观失望。

（7）成年中期（31—60岁），获得繁殖感，避免停滞感，体验着关怀的实现；这里的繁殖感不仅指个人的生殖能力，主要是指关心和指导下一代成长的需要。若这一阶段发展不顺利就会产生对人生的无意义感和亲情归属感的缺失。

（8）成年晚期（61岁—死亡），获得完善感，避免失望、厌倦感，体验着智慧的实现；这里的完善感包括长期形成的智慧感和人生哲学，若这一阶段发展不顺利，会对人生感到失望厌倦，容易恐惧死亡。

（二）自我同一性发展的理论

1. 埃里克森的自我同一性理论

埃里克森认为自我同一性是指个体在特定环境中的自我整合感与适应感，是个体寻求内在一致和连续性对“我是谁”“我将来的发展方向”“我如何适应社会”等问题的主观感受，自我同一性的概念包含两层含义：一是坚持自我整合感；二是坚持与他人分享一些基本经验。

根据埃里克森心理发展阶段理论，青年期阶段（12—18 岁）对应的是同一性角色混乱，发展的任务是建立自我同一性和防止同一性混乱。而大学生的年龄阶段正处于从青春期过渡到成年早期的阶段。青年期若顺利完成这一阶段的发展任务，就会建立起自我同一性，形成信任、主动、勤奋的品质；反之，则产生同一性混乱，引起自我缺乏清晰的认同感，不清楚或回避考虑个人的品质、目标、需扮演的角色及价值观等问题。同一性混乱又称同一性扩散，表现为对自我缺乏清晰的认同感，自我评价偏低；对自我的认识与他人对自己的认识不一致，易产生消极情绪；对生活或工作缺乏主动性，无法承担起自身的责任等。所以大学生需要深入了解自己在每个阶段需要完成的任务，不管过去还是未来都要朝一个明确且有价值的方向前进。

2. 玛西亚的自我同一性理论

加拿大学者玛西亚进一步探讨了埃里克森提出的自我同一性概念，根据青年期探索和投入的程度对个体同一性的发展状态进行了评定，按照探索和投入两个维度，把个体解决同一性危机的方式归为四种状态，即同一性扩散、同一性早闭、同一性延缓和同一性完成（见表 2-1）。

表 2-1　玛西亚的自我同一性理论

	有投入（行动、从事）	无投入
有探索（方向、目标）	同一性完成	同一性延缓
无探索	同一性早闭	同一性扩散

（1）同一性扩散（无探索、无投入）。同一性扩散是指个体既没有探索，也没有自我投入，即个体还没有寻求有意义的选择。这类人既没有经历过同一性危机，也没有经历过生活中的各种尝试，他们既不行动，也不积极探索，认为这样做太危险、太困难。

（2）同一性早闭（有投入，无探索）。同一性早闭是指做出了自我投入，但是没有进行探索。这类人还没有反复探索就对自己的生活做出了个人选择，但是他们的人生选择往往由权威的父母、教师等做决定，而不是由自己探索得出的。

（3）同一性延缓（无投入，有探索）。同一性延缓是指正处于同一性危机之中，但是社会没有给予他们责任或义务，或者只是对他们的责任进行了模糊的定义。这类人正处于同一性危机之中，尚未做出选择，也没有付出任何行动。他们仍在探索和积累知识，参加各类活动，希望能找出引导其生活的价值观和目标。

（4）同一性完成（有投入，有探索）。同一性完成是指已进行了探索，并且也进行了积极投入。同一性的发展主要表现为同一性扩散向同一性早闭转变,同一性早闭状态向同一性延缓状态转变。这类人在经历同一性危机、经过探索性选择后,树立了明确的价值观和目标并付诸行动,指导自己前进。

即将步入青年期的个体逐渐体验到生理、心理和社会知觉的变化,他们开始重新考虑童年期的价值观和身份。同时,通过不断调节和巩固这些变化,把这些变化整合到不断完善的自我同一性当中,这个时候自我同一性的发展往往处于同一性扩散和同一性早闭状态。在青年早期,同一性处于扩散或早闭状态的人数大幅度减少,同时,同一性处于延缓或完成状态的人数增多。同一性冲突的解决是在18~22岁这个阶段,尽管整个青年期都存在对自我的探索,但自我同一性最重要的变化发生在成年早期,特别是20岁左右,这是建立同一性的关键时期。另外,男性和女性的自我同一性形成过程在很多方面没有区别,但女性在人际关系领域的发展较为突出。女性在给自己定位的时候更加倾向于考虑自己与他人的关系,而男性则更多地依靠竞争和能力给自己定位。

（三）自我同一性形成的影响因素

1. 认知发展水平对大学生自我同一性的形成具有一定的影响

具有抽象复杂的认知方式的大学生会比认知简单的大学生更可能提出自我同一性问题以及主动解决自我同一性问题。同一性发展越好的大学生越可能拥有开放性、外向性、尽责性这些特质,当生活中遇到问题时会主动去解决,而不是选择逃避,清楚自己该做什么,该怎么做。

2. 父母的教养方式以及父母之间的关系影响自我同一性的建立

良好的家庭氛围有利于孩子的自我同一性发展,有研究发现在权威型教养方式下成长的个体更可能达到同一性形成;专制型教养方式往往与同一性早闭有关;溺爱和忽视型的教养方式更可能导致同一性延缓。积极的教养方式(如关爱、鼓励)有利于大学生同一性的形成,消极的教养方式(如溺爱、控制、忽视)则反之,会不利于高级的同一性状态的发展。

3. 与同伴群体的相处以及友谊的建立对自我同一性的形成有重要作用

随着自我意识的觉醒,个体会渐渐摆脱父母的控制,开始从同伴身上获得支持与理解。有研究发现,人们需要在集体中获得归属感和安全感,特别是处于青年期的个体,其同一性发展状态与其最好的朋友相似,这说明同伴对个体同一性的发展有着重要的影响。安全型同伴依恋的青少年有更高的探索与投入水平,更易达到同一性形成。同伴沟通能显著预测同一性形成,同伴疏离对同一性早闭、扩散和延缓都有很大的影响。

4. 学校、社会以及更广泛的文化背景会对自我同一性的建立以及发展产生影响

良好的社会环境有利于一个人自我同一性的发展,处于青年期的大学生,随着自我意识的发展,接收的外界信息越来越多、越来越复杂,容易引发抑郁、焦虑等症状,不利于个体的心理健康发展。有研究表明,具有高人生目标的个体能够更好地应对焦虑,进而对心理健康产生更少的负面影响。学校是个体接受教育的主要场所,学校的教育目标和教育理念都会对个体产生影响,通过营造一个民主、健康、开放的校园环境,引导学生确立正确的学习目标、职业规划和长远的人生目标这些方式来帮助学生恢复对生活的掌控感,减轻对自我、社会和命运的各种焦虑,从而培养其积极健康的自我意识。

总之,大学阶段是获得自我同一性的关键时期,自我同一性的获得影响着大学生的人际关系、职业规划、心理健康等多个方面,甚至关系到大学生理想信念、道德观念的选择。自我

同一性应该受到学校、社会的广泛关注，并投入时间和精力到相关的研究中，营造一个有助于大学生获得自我同一性的环境，帮助大学生全面发展自我。

案例分析

小陈是一名大四学生，再过一个月就要离开学校去实习，他感到非常迷茫，不知道要找什么样的实习工作，感觉身边的同学都比自己强，自己没什么优势。有一天小陈来找辅导员诉说："老师，我一直都找不到实习工作，我不知道我有什么长处，感觉投了好几份简历都没有单位录用我，我不知道怎么办，只剩下一个月的时间了"。辅导员在课余时间经常与小陈谈话，通过多次谈话了解到小陈虽然性格有点内向，但是他是班级里的宣传委员，负责班级公众号管理和新闻稿撰写，文笔很好，后面在辅导员的鼓励下，小陈逐渐发现了自己和别人不一样的地方，自己很喜欢写作，对于运营方面的工作感兴趣，感觉自己可以从新媒体运营方面去发展，既可以发展自己的兴趣爱好，又可以获得一份实习工作，两全其美。不到一个星期，小陈被一家单位录用，并开启了实习工作。

分析：这是自我同一性混乱问题。辅导员最终帮助小陈解决了问题。

大学生自我同一性的建立是一个对"我到底是一个怎样的人？""在别人的心目中，我到底是什么样子？"这样一类问题，不断反省和思考的过程。而且比较看重他人对自己的认可，尤其非常在意权威的评价。就像小陈，由于受到班主任的鼓励和肯定，在自我同一性建立过程中产生积极的心理暗示，强化他对目标和行为的积极认同，并且深入进行自我探索，了解到自己的优势所在。认识自我是一个漫长的过程，人的一生就是不断审视自己的过程。在日常生活中，大学生经常没有深入探索自我，充分认识自己，挖掘自己的闪光点，对自身的认识不准确，不论是自命不凡还是妄自菲薄，都会影响大学生能力的发挥。只有全面客观地认识自己，了解自己，才能在以后的路上选择自己喜欢的职业，才能走得更加长远，所以我们要对自己充满自信，善于发现自己的闪光点。

心理语录

「人往往就这样，一个人的时候是一种样子，好多人汇聚到一起又完全变成另一种样子。

——《白鹿原》」

第二节　大学生自我意识的矛盾与偏差

大学阶段是一个极为重要的发展阶段。在大学期间，不仅要学好专业课程、掌握专业技术,更要注意培养人际关系、提高社交能力、形成良好品质、树立正确的价值观、增强社会责任感等。大学生正处于自我意识发展阶段,自我意识迅速走向成熟,但是心智尚未完全成熟。在自我完善的过程中,有时候不能客观地认知和评价自我,出现自我认知偏差,甚至造成自我认知的障碍,该阶段的心理发展水平还存在"依赖性""理想化"等心理特征。面临学习、生活的重大转折,必然会产生各种各样的心理矛盾和困扰。正确了解大学生心理矛盾的特点和发展规律,并且及时对其进行教育和诱导,对于大学生的健康成长具有十分重要的意义。

一、自我意识的矛盾

大学生自我意识的发展过程中会面临着许多的矛盾冲突,这些矛盾冲突会造成自我认知、自我体验、自我控制上的偏差,从而诱发各种有关心理健康的问题,比如抑郁、焦虑、自责等常见的消极情绪和心理失调,这也会影响到大学生的心理健康状况。

在大学阶段,面临着职业取向、价值观念、人际关系等各方面的压力,这对大学生自我意识的形成产生了很大的挑战,容易产生自我认知过程中的困扰,进而影响大学生自我同一性的确立,引发同一性危机,影响人格的健全发展。大学生常见的自我意识冲突有以下几种:

(一)理想我与现实我的矛盾和冲突

"理想我"是指个人对自己的体格、才华、家庭、前途等的设计和描绘;"现实我"是现有的时间、地点、条件下真实的我。当代大学生在很大程度上期待自己能成为有巨大成就的人,便在自己的头脑中塑造一个理想的我,这种"塑造"是近乎完美的。但由于客观环境和自身条件的限制,又形成一个现实的我,这个现实中的我往往与理想中的我相去甚远。处在大学生阶段的青年,无法摆脱对自我的真实认识,又不愿放弃理想中对完美我的追求,这便是这一矛盾形成的根本原因。"理想我"和"现实我"的矛盾主要体现在大学生择业过程中。很多大学生在大学期间,无论在知识上,还是在观念上都有很多的收获,对自己的未来充满信心本来是无可厚非的,但要在现实中行动起来,有时就显得困难重重,产生焦虑苦恼。这种"现实我"落后于"理想我"的状态,必然会影响到他们的心理发展和心理健康。例如,我的理想工作是找一份工资高、离家近的工作,但现实中是很难找到这么理想的工作,需要根据现实情况做一定的调整。

(二)自负感与自卑感的矛盾和冲突

刚步入大学阶段的大学生自我意识的概念还不是很突出,对自我的认知大都停留在自我感觉的状态。在进入大学后,他们开始认识到了客观上的实际的自己。在他们的自我意识中,将自己分离为主观的体验者与客观的被观察者,开始出现了不满自我、不接纳自我等心理矛盾和心理冲突,产生了自负感和自卑感。

自负,是一种自以为是、自命不凡的情感体验和情绪表现,是过度自信的表现。当代大学生普遍具有较强的自信心,但有少数大学生存在自负心理。如对"我几乎全是优点和长处""我能做好自己所有的事情"做完全肯定的回答,而对"我对自己的反省很多"等做完全否定的选择。有自负倾向的大学生,往往过于虚荣,骄傲自大,对自己有过高的评价,缺乏自我批评和自我反省;对于别人提出的意见和批评也不接受,唯我独尊;把自己的意志强加于他人,在人际交往过程中很难与人和睦相处,常出现人际关系矛盾。

而与之相反的是自卑心理,自卑心理是一种消极的自我意识,自我评价过低,自己瞧不起自己,一个自卑的人经常会消极地看待各种事情,觉得自己处处不如他人,什么都做不好。而大学校园是一个人才济济的地方,有些人在高中时期可能名列前茅,然而进入大学后发现身边的优秀人才层出不穷,瞬间感觉自己在人群中显得极其普通。比如在能力方面,不如他人,没有特长;在外貌方面,着装过于普通;在家庭方面,别人家境优越,自己的家境平凡;在人际交往方面,他人人际交往能力强,能说会道,而自己比较内向,不擅表达;在学习方面,他人学习能力、动手能力极强,自己只会死记硬背;等等,都是造成自卑心理的原因。有自卑心理的人经常会轻视自己,过分看重自己劣势,否定自己的长处或没有看出自己的优点,因而表现出胆怯、畏惧、怀疑,担心被人嫌弃和拒绝,经常采取逃避方式 。

案例分析

小刘是一名大一新生。刚进入大学时,小刘对大学校园一切事物充满了好奇与希望,他认真学习,积极参加校内外各类实践活动。在大一的时候,小刘学习成绩处于中等偏上。随着参加的活动越来越丰富,接触的同学越来越多,小刘视野越来越宽阔,小刘感觉周围的同学不仅家庭环境优越,而且成绩优秀,能力突出、多才多艺。当宿舍同学在讨论出国深造、暑期研学等话题时,他似乎永远插不上话。从此,小刘的内心变得自卑起来,一种不如别人的感觉如影随形。小刘一直将这种自卑埋藏在心底,直到大四上学期,他开始变得焦虑,不知道自己未来要做什么,要从事什么行业。对于即将走向社会,面对崭新的工作生活,小刘感觉无所适从。不知道自己这种内向的性格能在哪个行业工作,不清楚自己能否找到收入稳定又不错的工作。之后他开始逃课,每天玩游戏到深夜,白天在宿舍睡觉。将学习和找工作完全抛于脑后,这不仅严重影响了小刘的正常的学习和生活,也影响到了宿舍同学的学习和作息,导致小刘和宿舍同学的人际关系一度紧张。大部分求职的同学都已经在秋季招聘中找到理想的工作,签约了心仪的工作单位。可小刘依旧沉迷游戏,前途渺茫,甚至连求职简历都没有做。

点评:本案例反映的是贫困大学生小刘由于性格内向、自卑而产生焦虑、自我消沉的心理状态,未及时做好充分的职业生涯规划,缺乏基本求职技能,进而逃避现实,沉迷游戏,消极求职,并引发人际关系紧张等一系列问题,这其中既有诸如性格内向、自卑、焦虑等内在原因,也有朋辈压力、家庭环境等原因。

(三)个人期望的自我与他人期望的自我的矛盾和冲突

大学生的价值观、人生观、信仰、职业取向、人际关系、业余活动、交往方式、同伴关系受到家庭、学校和社会的影响。在大学期间,个人的期望往往与社会、他人对自己的期望发生冲突。比如说在职业选择上,有些大学生的父母会直接告诉他们应该做什么,这样做才是对的,但是多数大学生却不愿遵从父母的想法,而希望自己做选择,这个时候就会出现意见冲突。社会最需要的,父母最希望的或最提倡的往往与个人愿望形成鲜明的对比,甚至产生冲突,从而导致大学生内心产生了各种矛盾。

（四）独立意识与依附心理的矛盾和冲突

独立意识是大学生心理发展的自然表现，也是心理发展的内在需求。大学生生理与心理的成熟使它们渴望独立，希望自己能以独立的个体去面对生活、学习和工作中遇到的问题。表现在他们常常向周围人尤其是年长者表明自己的独立主张，不愿意让人们看到幼稚的一面，喜欢独立地观察事物、认识事物、思考问题和独立行动，不喜欢别人过多地干预和控制等。

大学生在寻求独立意识的同时，又存在一定的依附心理。大学生的身心发展是不断地趋于成熟的。一方面，当一个人进入大学之后，在观念上认为自己已经是一个大人，希望自己能摆脱父母的控制和约束，自主地处理遇到的一切问题；但是另一方面，由于自身社会阅历浅，生活能力有限，经济上仍要依赖家庭，生活学习上更是离不开学校、老师及家人的指导、监督。因此每当陷入困境时，自然会去寻求某种依靠，这种既想寻求独立又有依赖性、想摆脱依赖又希望有所依靠的心理冲突，常常使大学生感到苦恼、不知所措。

（五）渴望交往与自我封闭的矛盾和冲突

马斯洛的需要层次理论认为，人与生俱来有五种需要。从低级到高级依次为生理、安全、爱、尊重以及自我实现的需要。当大学生的生理需要、安全需要、爱的需要和尊重的需要得到一定的满足时，便会渴望交流。特别是大学新生刚进入大学校园，远离了熟悉的环境和亲朋好友，交往的欲望更加强烈，期盼来到大学能够交上新朋友，渴望拥有一个温暖的人际环境。而实际上有些大学生由于性格比较内向拘谨，缺乏基本的交往技能，在融入集体过程中容易受到挫折，因此很少参加集体活动，容易产生孤独感，甚至把自己封闭起来。有些大学生很乐意与他人交往，但是，一旦进入稳定的交往期很容易失去耐心和兴趣，有时不愿意倾听他人的心声，也很少向对方敞开心扉、吐露心里话等。另一方面，大学生处于人格发展的青年期阶段，自尊心较强，渴望独立，不愿意轻易表露自己的内心世界，再加上外显的情绪和思想的掩盖，导致他人不能轻易走进内心，这也是造成大学生自我封闭的一个原因。这种自我封闭与渴望交往的心理矛盾，使内心处于不平衡状态，从而产生了矛盾和冲突。

二、大学生自我意识偏差产生的原因

自我评价是自我意识的核心要素，也是自我教育，促进自我发展、自我完善、自我实现的必要条件，也直接影响着个体在实际生活中的人际交往等行为表现。在自我意识完善过程中，有时候不能客观评价自己，认识自我，出现了自我意识的偏差，甚至造成自我认知障碍。大学生自我意识偏差产生的原因如下：

（一）较低的自我评价能力

自我评价是与个体认知能力发展相关的一种自我意识的表现，是一种包含社会行为准则的知识和主观经验的复杂心理与行为。自我评价是指个体对自身的思想、能力、水平等所做出的评价，它是自我调节机制的主要成分。自我评价的能力只有在青年期才开始成熟。大学生对自己是否有一个既科学又合理的自我评价，关系到大学生的身心是否能够健康地发展。一个正确合理的自我评价会给自己带来积极的影响，促进自我意识和心理品质的健康发展；而一个片面的、不合理的自我评价，则会使大学生出现消极的自我体验，从而导致大学生出现一些极端矛盾心理,如自负、自卑等。在现实生活中,很少有大学生能够有意识地进行自我评价,他们还没有学会如何正确地认识自己,自我评价能力普遍较低。因此,大学生原有的自我评价能力在限制了他们正确地进行自我评价的同时,也影响了大学生自我意识的发展和完善。

（二）不正确的归因方式

归因,是指个体根据自己的主观感受和体验以及其他有关信息和线索对自己或者他人的行为或态度的原因进行推测与判断的过程,归因方式包括内部归因和外部归因,而不同的归因方式会对大学生产生不同的心理影响。内部归因例如部分大学生把失败的原因归结于自身原因,比如智力水平有限、能力一般等,而不去考虑那些客观存在的外在因素,这就会导致大学生容易形成较低的自我评价,出现丧失信心、缺乏勇气、焦虑、逃避等消极情绪,导致大学生出现自卑心理、难以接受自己等不良现象。外部归因例如有的人一味地把自己的失败归结于环境原因,比如"这次考试不及格,肯定是试卷太难了",其实主要原因在于自己没有做好复习准备,觉得是外界条件导致自己失败的,而没有从自己的身上去找原因。

（三）不恰当的相互比较

在大学期间,部分大学生常会与自己的同学或者朋友进行比较,总会发现自己有很多地方不如他人,比如长相不如别人漂亮,人际关系没有别人处理得好,家庭条件没有别人优越等,于是对自己越来越没有信心,自卑心理随之产生。事实上,大学生所处的阶段正是自我认知发展的关键时期,对上述问题的反应极其敏感,加上当代大学生都很要强,不甘落于人后,因此很容易出现不恰当的相互比较心理。然而,个体之间毕竟存在差异,如果盲目地拿自己的短处去和他人的长处进行比较,而不正视自己的优势,就会放大自己的劣势,从而导致自我认知出现偏差,影响自我意识的健康发展。

三、大学生自我意识矛盾的影响因素

如何看待差异

大学时期,是个体人格形成和发展的重要阶段,是人生的一个转折点,也是个体自我意识走向完善的重要时期。大学生自我意识的形成和发展就是自我同一性确立的过程,影响大学生自我意识矛盾的因素有自身因素和外界因素两个方面。

（一）自身因素

1. 心理和生理上的发展不平衡

生理年龄与心理年龄的冲突是大学生面临的主要冲突之一。大学生虽然已经有着成人的生理特征,但是对父母、对老师的依赖感还是很强烈,比如来到了大学校园,学习或生活中遇到一些困难,常常不主动思考就希望他人能给予答案和帮助,依赖感较强。而外界社会对大学生的定位是即将成人的年龄,认为大学生各方面都已经成熟了,就会以成人的思想和行为来要求他们,而有些大学生虽然已经到了成人年龄,但由于是独生子女,没有和兄弟姐妹相处的家庭环境,导致部分大学生不懂得如何去关爱和分享,会显得不够成熟,所以进入大学后,经常会感到迷茫,没有明确的目标,可能会出现从众心理等,容易导致自我意识的矛盾。

2. 自我关系和社会关系的认识存在偏差

自我意识的另外一个重要内容就是社会自我,社会自我是一种归属感,即个体感到自己从属于某一个社会群体，他接受自己所属社会群体的价值观念，可以容忍群体的一些不足。通过了解群体的期望，并按照群体所期望的社会角色规范去行事，从而在社会中找到自己的位置，并感受到自己的存在对于他人而言是有意义和有价值的。如果大学生不能正确认识自我与社会之间的关系，或没有获得良好地适应社会所要具备的知识与技能，也就是没有正确处理自我与社会的关系，就会给确立自我意识带来困难，容易产生自我意识矛盾。

（二）外界因素

1. 社会因素

（1）多元文化对传统文化的冲击。当代大学生是在社会多元化、不连续文化下成长的。由于教育普及化以及互联网的飞速发展，他们在发展上的选择机会比前几代人要相对增多。在自我追求中，多数大学生有自己的想法，觉得自己有能力做出决定，不愿按照父母所安排的路去走，也不愿再走子承父业的旧路。随着个体主观认知能力的提升，就逐渐形成了当代大学生革新与守旧交织缠绕的双重影响。

（2）新时代下就业形势的影响。目前就业压力较大，部分毕业生就业认知出现偏差。而进入新时代，产业结构转型升级、供求市场变化等因素导致传统高耗能型、环境不友好型、劳动密集型等中低端岗位逐渐减少，对人工智能、大数据技术与应用等专业和高层次人才的需求急剧增加，这体现了就业结构性变化，部分大学生由于对就业形势了解不足，就业认知出现偏差，就业期望过高、对工作要求过分理想化，导致求职屡屡受挫。因此，在面临着前所未有的就业压力的基础上，就业预期与实际就业岗位存在一定落差，求职的挫败感和心理落差会加剧大学生焦虑、浮躁的心理，导致部分大学生“知难而退”，产生消极、畏缩的心理，进而被迫无奈地通过“慢就业”心理缓解现实求职中的压力，这就导致了大学生在职业选择倾向上产生了一些冲突和矛盾。

2. 学校因素

学校环境的目标导向和文化氛围对大学生的发展具有影响作用。丰富多彩的校园文化活动能够给大学生提供表现自己的机会，形成开放、活跃、生动向上的学校文化氛围，有利于大学生自我意识的发展。

（1）教育理念和教育方式。不同学校的教育理念和教育方式会导致出现不同自我意识状态的学生。我国大学对学生的要求是德、智、体、美、劳全面发展，要培养有用的人才，学校和老师对学生的要求比较严格。教师对学生不仅在学业上有要求，在学生的行为上也加以约束和管教。在某种意义上来说，老师起着家长的管教作用，这与中国的传统“子不教，父之过；教不严，师之惰”有关。以学生为中心的教育理念有利于学生成长成才，促进大学生的同一性发展。

（2）学校的人文环境。学校整体的人文环境对大学生确立同一性有着很大的影响。学校的校风、学风对大学生有着至关重要的作用，良好的校风学风可以让学生积极上进，树立崇高的理想。学校的整体氛围宽松，就能够给予大学生更多机会去探索自我。

3. 家庭因素

父母的教育方式也会影响一个人一生发展。良好的家庭教育会使自我意识伴随着生理的成长而不断得到完善。而家庭的经济状况、父母的文化水平、家庭的整体氛围等都会对一个人的自我意识发展产生重大的影响。当代的大学生们大部分是独生子女，从小在父母及四位老人的精心呵护下长大，受到了过多的宠爱。部分父母为了减少孩子成长过程中的困难，几乎扫除了所有孩子要走的路上的障碍，剥夺了他们自我意识成长的空间和机会，容易导致“自我中心”或“迷失自我”的不良倾向，出现一切以自己为中心，对自己没有正确的认识，对自己评价过高等现象。有些父母对孩子寄予过高的期望，在无形之中给孩子过高的压力，当孩子无法实现父母的期望时，就会形成较低的自我评价。

4. 同伴群体因素

同伴群体，它是由地位、年龄、兴趣、爱好、价值观和行为方式大体相同的人组成的一种非正式群体。在大学生自我意识确立的过程中，同伴关系起着很重要的作用，同伴能为他们提供学习新的社会技能、规则和互助的机会，同伴群体中蕴含的观察学习、模仿、行为强化和激励的教育力量，能够引发群体之间的心理共鸣，促进心理相容和心理认同，还能使大学生体会到表达自我同一性的归属和爱，弥补亲子关系不善带来的创伤。同时，当大学生在进入大学，第一次离开家庭，与父母的联系开始松散时，朋友和同伴群体能够填补他们内部的心理空缺。比如在大学期间，根据不同的朋辈榜样互助的类型进行设计，如设立入学适应互助型、学习互助型、人际成长互助型、情绪互助型、求职互助型等多种互助小组，不同阶段朋辈互助内容应有所侧重。大学生可以根据不同阶段和具体需求选择不同的朋辈互助类型。比如有部分大学新生刚入学出现心理适应不良等问题，可以组织加入入学适应互助小组，让大学生尽快适应大学生活。

心理热点

“灰姑娘效应”与自证预言

试分析王某的情况

心理语录

如果我不能漂亮，我将使我聪明！一个人要想真正的成长，必须在洞悉自己并坦然接受的同时又有所追求。

——卡伦·霍妮

第三节　大学生自我意识的形成与培养

自我意识对大学生的心理健康起着很重要的作用，它制约着人格的形成发展，影响个人的健康成长，健全的自我意识是心理健康的重要标准，是人类自身内在的一种成功机制，在人才发展中发挥着重要作用。引导大学生形成健全的自我意识，就是引导大学生做一个有自知之明的人，既能够清楚认识到自己的优势，也能够认识到自己的劣势，正确全面地进行自我评价、自我发展；做到自我认识、自我体验和自我控制相互协调一致，积极自我肯定并与外界环境保持一致；做到理想我与现实我相统一，积极进取不断前进。

一、自我意识的形成

（一）在实践中形成自我意识

通过实践活动，全面施展自己的才华，在活动中发现自己的优点和缺点、特长与不足。同时客观、公正地对自己在实践活动中的表现进行分析，再将自己对活动结果的分析与别人对活动结果的分析进行比对，若存在不足的地方要进一步探索其原因。

（二）在他人评价中形成自我意识

这是人形成对自身认识的基本途径。在自我意识的建立与完善过程中，大学生更希望他人能够对自己有良好的评价，随着自尊、自立意识的增强，他们十分注重自我在公众中的形象。因此，以他人为镜，是认识自我最好的途径。

（三）在比较中形成自我意识

在比较过程中，发现自己与别人有哪些不同之处，即“有比较，才有鉴别”，在看到别人优点的同时也要看到他们的缺点，同样地，认识自我的过程，也要看到自己的优点和不足之处，全面客观地评价自己。

（四）在内省中形成自我意识

随着年龄的增长，自我逐渐成为注意的中心。自我认识、自我观察需要自身积极创造条件，在日常生活、学习、工作中，要保持自省的状态，不断反思、总结，只有通过内省，我们才能够更好地了解自己，发现自己的优点和不足，从而改进自己，更好地理解我们内心的世界。

二、自我意识的培养

小故事

（一）完善自我意识

1. 正确地认识自我

正确认识自我，就是要全面客观地了解自己的身心状态，包括自己的身体、外貌等生理特征，也包括自己的气质、能力、性格、爱好、意志品质等心理方面的特征，还包括自己与群体的关系、在社会群体中所处的位置以及在人际交往时所展示的形象，还有未来的职业理想等。大学生一直都生活在校园里，学习生活环境较为单纯，受到较高的社会期望，在认识自我的过程中可能出现自我评价过高，或过低的情况，无法正确地认识自我。大学生在认识自我的过程中，可以通过经验法、比较法、反省法三种途径来深入认识自己，主要体现在逐步学会通过对自我评价和反思了解自我，通过社会反映了解自我，通过社会比较了解自我。

（1）经验法。从我与事的关系认识自我。首先，应当让大学生学会正确地认识社会、了解人生，不了解社会，不了解人生就会失去评价自我的社会尺度，从而做出错误的判断。这就需要大学生从平时做事的经验中认识自我，一般是通过自己的努力所取得的成果，或者是通过社会实践中所获得的一些经验。他们的经验价值也是不同的，比如聪明又善于运用智慧的人，成功或失败的经验都可以促使他们再成功，因为他们了解自己的优势或劣势，善于在经验中找到规律，找到处理问题的方法，而对于那些较为脆弱的人来说，失败的经验更令他们失败，特别是经历失败之后，更加不敢去尝试，不断回避退缩。所以在日常的学习过程中，应加强政治理论学习，引导大学生用唯物辩证法去考察社会、人生和自己。

（2）比较法。从我与人的关系认识自我。他人和社会都是一面“镜子”，这面“镜子”是了解自我、评价自我的一个媒介，尤其是家人、老师、同学的评价。大学生要利用好多面“镜子”，学会观察和分析多数人对自己的评价。同时，大学生要积极地参加社会实践和社交活动，有助于寻找正确的参照系来认识自己。要让他们在实践中检验“理想我”与“现实我”的差距，并不断地修正“理想我”，使“理想我”在指引人生道路上更可行、更有价值。在平时的社会交往中与他人进行比较，既和比自己优秀的、相似的人相比，也和不如自己的人相比，这样才能客观、全面地认识自我。同时在听取他人的评价时，要懂得取舍，应分析评价所持的态度、观点，然后有选择地接受他人的评价，形成关于自我的正确认识。

（3）反省法。从我与己的关系认识自己。自我反省是自我认识的一个重要方面。他人评价不等于自我评价，二者往往存在一定出入。大学生必须学会自我反省，勇于“解剖”自我并进行反思，以便有的放矢地进行自我调整。大多数人都会通过自己的行为结果来评价自我的能力和品质。因此，大学生要积极参与社会交往和社会实践活动，在活动中发现和展示自己的能力和才华，从不同领域、不同层次、不同角度寻找认识自我、评价自我的机会，从而能够客观全面地进行自我评价。

心理科学

乔哈里窗口理论

学会欣赏自己

2. 积极地悦纳自我

正确地对待自我就是要悦纳自我。每个人都不是十全十美的，悦纳自我是发展与增进健康自我意识的关键和核心，也是个体获得自尊感、自信心、克服自卑感的重要基础。个人要努力学会在学习生活中充分展现自己的优点，同时还应接受自己的缺点和不足，积极调整自己的状态、弥补自己的缺点，从内心深处积极地接受、容纳自我的状态。一个人只有热爱自我，才会变得更加自信，才有可能产生积极向上的愿望和情感，才能积极地对待生活，充分发挥自身的潜力，最终实现自我价值。另外，要努力掌握应对困难的态度和方法，如从困难或消极事件中挖掘积极的品质，将压力转化为动力，找出其中的病因或症结，有的放矢、对症下药，形成坚忍不拔的性格，进而保持自身的乐观、坚韧的奋斗拼搏精神，才可使自己守住底线，勇敢地面对困难，也可使自己对未来充满信心。

心态乐观的人会自然地从内心接受和认可自己，而悲观的人却更容易对生活和自己产生不满情绪。由于外貌、性格、能力、家庭条件等各种主观、客观因素的影响，大学生会下意识地形成自信或自卑的心理，自卑的人不敢直视自己，对生活偶有抱怨，这就可能引起心理困扰或心理障碍。因此，要正视现实，比如学习成绩差的人更加需要认识到学习成绩是可以通过努力改变的，要勇于打破现状，主动接受自我并实现个人提升。

3. 培养自我控制的能力

培养大学生的自我控制能力可以从以下三方面着手。

测测意志力

第一，重视对大学生个体良好稳定的心理素质的培养，加强心理素质训练，不断完善个性和心理结构，在大学生中开展心理健康辅导和咨询，促进大学生进行自我调适，修正自我，完善自我，使已产生的自我意识的矛盾和冲突得以调适。

第二，在外部形成一种约束机制，既包括思想、行为的塑造，也要有相应的管理规章、奖惩制度，使大学生的行为有规可依，以便强化他们的自制力。

第三，自我控制要求大学生注重培养辩证思维方法。学会用乐观的情绪和积极的心态去对待问题，客观公正地看待事物，增加自我意识中的理性成分，消除偏激和肤浅的缺点。自我控制是主动改变"现实我"以达到"理想我"的过程。要使自我控制这一过程有效，首先要保证大学生们"理想我"的正确性和适宜性，既要与我国的教育目标相一致，还要面对现实，从实际出发，把大的理想分成一个个经过努力就可以达到的小目标。其次，要有意志力来保证，即下定决心为目标的实现而努力，能够容忍失败和挫折，能够排除消极情绪的影响。同时还要有自尊、自爱之心，要让大学生感受到自己是对社会、对他人、对集体有用的人，自己是有希望并能成功的人。这样，大学生才会产生积极的动力，才能对自我进行有效的控制。

4. 提高自我实现的能力

确立自我意识的重要部分就是自我实现，当"现实我"付诸社会实践，才会发现"理想我"与"现实我"存在差异的真正原因所在，才能够正确地了解"现实我"。在对个人进行合理的分析和认识后，要认清自己的优缺点，明白人无完人，克服心理障碍，主动接受自我。在此基础上，可以通过不断参与社会实践活动或者社团活动，扩大交际面，让自己融入群体中，学会与人交流，树立自信心。当然，自我完善是一个长期的过程，在此发展阶段中要明确奋斗目标，不断激励自己奋勇向前；为了实现目标，需要做好时间规划，并不断培养自己的自制力，抵制前进路上遇到的各种诱惑，排除障碍，努力实现目标。

（二）构建社会支持系统

社会支持系统在大学生自我意识确立中起辅助作用，营造良好的社会支持系统，能让大学生更好地发展自我，体现在以下三方面。

1. 宽容的社会环境

宽容的社会环境对大学生自我意识有着很大的影响。社会应给予他们充分的认识自我、探索自我、确定自我的时间，给予他们更多地接触各种人生观、价值观的机会，尝试进行选择，反复循环，最终确定自己的人生观、价值观和职业取向。

2. 树立良好的社会榜样

大学生对自己未来将成为什么样的人，不是完全凭空臆想的，在他们心中一般都有一个值得效仿的对象。社会应该给大学生提供良好的榜样，树立一种积极、勤奋的形象，这就需要整个社会达成这样的共识，为刚成长起来的青年一代指引正确的道路。

3. 积极应对多元文化

互联网的快速发展以及在高校的普及应用，让大学生接触了更多的文化，其中也包括许多外来的文化。国家应该增加舆论对传统文化的支持，发扬中国优秀的传统文化；允许非主流文化的出现，取其精华，去其糟粕。加强舆论监督，避免大学生在多元价值观中迷失自我。

（三）创造健康的教育环境

学校应该充分挖掘各类资源，提升对大学生自我意识的关注程度。在课程设置上，要加强心理健康教育和思想政治教育教师队伍的建设，充分发挥两者在确定大学生自我意识中的作用。同时，学校可以通过成立一些学生组织或者社团、开设一些有关自我成长问题的讲座或者活动等，发挥校园文化积极向上的功能，推动文化的交流，为大学生提供自由、开放的空间和多元文化的氛围，学校可以组织大学生参加各类社会实践活动，比如勤工助学、志愿服务、社会调查、参观考察、实习等，将“单个自我”融入“集体自我”中，在接触、了解、认识社会的同时改造自己，充实自己。

案例分析

自卑与超越

汤姆斯 16 岁的时候又高又瘦，他的身材经常受到其他小男孩的嘲笑，所以当他穿着自己父亲的旧衣服以及几乎快要脱落的大鞋子的时候，他深感羞怯，烦恼和自卑笼罩着他。后来的一次演讲比赛，在母亲的鼓励下，他花了很多时间进行演讲准备，为了将演讲稿全部背下来，他对着牛羊和树木练了许多遍，最后取得了第一名的好成绩。观众对他欢呼，曾经讥笑他的人现在对他羡慕不已，这次比赛成了他人生的转机，使他获得了极大的自信，逐步走向成功的大门。

从这个案例中，我们发现汤姆斯最开始因为自己的身材而感到自卑，但是只有当他坦然面对自己的身材，接纳自己的不完美的时候，才是他开始改变的时候。后来在一次演讲比赛中，他努力去准备，不断练习，最后获得了好成绩，正是因为这次演讲比赛，改变了他的一生，他变得自信，善于去挖掘自己的闪光点，学会自我体验，获得自信心，增强自我意识，从而不断地改变自我，超越自我。

心灵保健操

自我接纳问卷

自我接纳问卷（self acceptance questionnaire，SAQ）用于评定近 3 个月以来的自尊心理现状，以及测量个人的自我接纳程度。

指导语：以下句子是关于近期个人对自己的一些看法，请你根据自己的实际感受，在句子右面合适的选项打“√”。答案没有对错之分，对每一个句子无须多考虑。

1. 我内心的愿望从不敢说出来	非常相同	基本相同	基本不同	非常不同
2. 我几乎全是优点和长处	非常相同	基本相同	基本不同	非常不同
3. 我认为异性肯定会喜欢我的	非常相同	基本相同	基本不同	非常不同
4. 我总是因害怕做不好而不敢做事	非常相同	基本相同	基本不同	非常不同
5. 我对自己的身材相貌感到很满意	非常相同	基本相同	基本不同	非常不同
6. 总的来说，我对自己很满意	非常相同	基本相同	基本不同	非常不同
7. 做任何事情只有得到别人的肯定我才放心	非常相同	基本相同	基本不同	非常不同
8. 我总是担心会受到别人的批评或指责	非常相同	基本相同	基本不同	非常不同
9. 学新东西时我总比别人学得快	非常相同	基本相同	基本不同	非常不同
10. 我对自己的口才感到很满意	非常相同	基本相同	基本不同	非常不同
11. 做任何事情之前我总是预想到自己会失败	非常相同	基本相同	基本不同	非常不同
12. 我能做好自己所有的事情	非常相同	基本相同	基本不同	非常不同
13. 我认为别人都不喜欢我	非常相同	基本相同	基本不同	非常不同
14. 我总担心自己会惹别人不高兴	非常相同	基本相同	基本不同	非常不同
15. 我很喜欢自己的性格特点	非常相同	基本相同	基本不同	非常不同
16. 我总是担心别人会看不起我	非常相同	基本相同	基本不同	非常不同

结果评价：本测试包含自我接纳和自我评价 2 个维度，共 16 个项目，其中，每个维度各有 8 题，采用 4 级（1~4 分）评分，针对每个项目，被试者根据自己的实际情况作答。回答“非常相同”计 4 分，“基本相同”计 3 分，“基本不同”计 2 分，“非常不同”计 1 分。1、4、7、8、11、13、14、16 为反向计分，反向计分依次取 1、2、3、4。将各项得分相加，总分越高，自我接纳水平越高。

心灵补给站

推荐书籍《阿甘正传》

该书讲述了阿甘是一个智力有缺陷的孩子，从小就在单亲妈妈的呵护下成长，跟普通孩子不一样的他备受同龄人的欺负。被欺负的阿甘只知道奔跑躲避欺负，也因此结识了保护他的女孩珍妮，同样是家庭不幸福的珍妮不嫌弃阿甘的白痴行为，两个人一起玩耍结成了深厚的友谊，阿甘因智力原因被公立学校退学转学到所谓的白痴学校，后因为身高被老师发掘去做了橄榄球运动员，但是天性善良的阿甘只知道奔跑躲避伤害，无法攻击别人，但是教练发掘后让他利用特长从边线带球跑冲破重围直达球门，很快入选全州美式橄榄球明星队，上了一个有名的大学，后来因意外被退学后参与了越南战争，在战争中利用奔跑的优势救下了被炸掉一条腿的队长，同样用自己的正能量帮助其做起航海生意，成为百万富翁。

电影赏析《垫底辣妹》

该影片讲述的是一个被父亲忽视的、被老师厌弃的女孩，在高二之前都是在学校混日子。后来偶然遇到了补习社老师坪田，在母亲和坪田老师的鼓励下，女孩的人生发生了巨大的转变，改变了自己的认知，奋发图强，最终考上名校的逆袭故事。

复习思考题

1. 从生理、社会、心理三个方面客观地分析描述自我。
   (1) 我的优点是：
   (2) 我的不足是：
   (3) 你是如何扬长避短，使自己发展得更好？
2. 认识自我的途径有哪几种？
3. 大学生常见的自我意识偏差有哪些？
4. 自卑者与自信者的区别有哪些？
5. 学习了本章内容，大学生可以通过哪些方式完善自我意识？

即测即评

第三章

活在当下——大学生探索生命与珍爱生活

心灵导航

学习目标

1. 深化生命认知，培养大学生对生命的敬畏和尊重；
2. 探索生命意义，鼓励大学生反思生活，思考个人的使命和责任；
3. 塑造生命价值观，鼓励大学生积极投身社会，为社会的和谐与进步作出贡献；
4. 增强生命韧性，教授大学生应对挫折的技能，提升面对逆境的能力。

重难点

重点为对生命有深度的认识，学会关爱与珍惜生命；

难点为认识生命的内涵，从中得到启发，激发学生对美好生活的向往，珍爱生命、热爱生命，积极阳光地生活。

心灵故事

生　与　死

人生最为宝贵的莫过于我们的生命，因为生命只有一次；生命又是脆弱的，因为总会受到来自生理、心理、社会等多方面的威胁。每个人都拥有生命，但并非每个人都会珍惜生命、懂得生命的真谛。

大学阶段是一个人成长中举足轻重的阶段，是从校园走向社会所迈出的第一步，也是人生中最迷茫的阶段。很多大学生不仅对外在的事物感兴趣，同时也对自己的生命充满好奇——我为何而活着？在这个世上我活着的意义是什么？我的生命价值是什么？我是谁？我从哪里来？我要到哪里去？

在生与死之间的存在时间内，人们有权利、有义务、有自由活出一个自认为有意义的生命历程。

那么，我们应该如何理解生命、尊重生命并珍爱生命呢？如何把控自己生命之舟的方向盘，使自己的生活变得更加精彩，创造生命的奇迹呢？这是值得我们每一个人认真思考的问题。

心理语录

「为了茁壮成长，你必须先把你的根部深深地穿进虚无之中，并且学会去面对你最寂寥的孤独。

——《当尼采哭泣》」

第一节　认识生命的内涵

温暖的光

从小到大，我们都会听到这样的话："小花小草都是生命，我们要爱护它们；小猫小狗也是生命，我们也要呵护它们。"人类是生命，植物动物也是生命。生命在这个宇宙间是最神奇、最珍贵的存在，承载着无尽的可能与希望。对于大学生而言，认识生命的内涵，不仅是对自我存在的探索，更是对未来人生的定位和规划。

生命并非指某一个特定的具体时刻，而是指个体活动的整体过程。而个体生命的全过程，则是由个体一次次的生命活动所积攒构建而成的。在个体生命活动的过程当中，每一次生命活动的质量，都在影响着个体生命全过程的质量；重视每一次生命活动的质量，就是重视生命全过程的质量。

一、生命的定义与内涵

生命是一个复杂而神秘的现象，它包含了生物学、心理学、社会学等多个层面的意义。从生物学角度来看，生命是指具有生长、繁殖、代谢、感知、运动等能力的生物体。然而，生命的内涵远不止于此，它还包括了心理、精神、文化等多个方面的内容。

在心理学领域，生命被视为一种心理体验，是人类感知世界、认识自我、追求幸福的过程。这种体验不仅与个体的生理结构、生理状态有关，还与个体的文化背景、社会环境、人际关系等因素密切相关。

在社会学领域,生命被看作是一种社会关系和社会实践。人的生命不仅仅是个人的,也是社会的。人们在相互交往中形成了各种社会关系,这些关系不仅影响着个体的生命体验,也塑造着整个社会的生命状态。

二、个体生命的三种属性

心理学中所讲的生命,其内涵比生物学概念丰富得多。人不是植物,也不是动物,人是一个非常复杂的生命体。

动物的生存是为了繁衍,而人生存的目的和意义比单纯的繁衍后代要丰富得多。人类可以通过自觉的目的行为进行一系列生命活动,满足内心的多种心理需求。

马克思的人性观认为,人具有两种属性:一种是自然属性,另一种是社会属性。人的社会属性最为根本,它是人之所以为人的关键所在,因为人与动物的本质区别就在于社会劳动;心理学则认为人的属性主要有三种:

(一) 生物性生命

人作为自然生理性的肉体生命而存在,这是人与自然界的广大生物都共同具有的基本属性。生命的自然活动包括新陈代谢、生长、发育、遗传、变异、感应、运动等。

(二) 精神性生命

人与动物非常显著的一个区别就在于人具有高于动物的意识活动,大脑中存在超越动物的精神世界。人不但思考如何可以存活下来,而且还会思考如何能更好地生活。人只要存在于世界,大脑就不会停止思考,就会不断地认识和改造世界。

(三) 价值性生命

人的一生都要思考"为何活着"等一系列问题,这些问题是人对于生命意义发自内心的追问,是人对价值生命的一种追求。人的价值性生命,为人的生存夯实了根基,提供了足够的动力。

三、生命的特征

受精卵的发育过程

生命的特征是自然的规律,不可违背,也无法违背。

(一) 不可逆性

从胚胎发育开始,生命便一直生长、发育,直至死亡。这是一个单行的过程,不论怎样曲折地拐弯,都不会走回头路。因此,生命不会"倒流",也不可能返老还童。

(二) 不可再生性

生命对于每一个人来说,都只有一次。在无垠的时空之中,再也不会有同样的机会。生命一旦失去,就不可能再回来。俗话说:"人死不能复生。"因此,对于每个人来说,生命都是最为珍贵的。

(三) 不可交换性

生命是个体所私有的,相互之间无法交换,彼此之间无可替代。每一个生命体都具有其独特的天赋、兴趣、特征等,都是独一无二、与众不同的存在。因此,请尊重自己和其他个体的生命,珍惜生命。

(四)有限性

生命的存活时间是有限的,随着身体发育而成长,随着机能衰退而最终机能停顿。任何人都逃脱不了死亡。因此,我们无法把身体的寿命延长至我们理想的程度,但我们可以把有限时间花在有意义的事情上面,最大限度实现人生的价值。

(五)无常性

生老病死、旦夕祸福等,我们无法预测。在生命的旅程当中,自然而然地会遇到许许多多的艰辛、挫折、困顿等,但同时也会收获不少的愉悦、甜蜜、欢笑。苦难也好,幸福也罢,都是生命的一部分。因此,面对生命进程的曲折起伏,我们要始终保持乐观的心态、昂扬的姿态,不断地成长、成熟。

(六)群体性

个体生命是无法离群索居生活的,每个人都需要别人的帮助、支持和关怀。个人的能力都是有限的,在集体中可以互相配合,砥砺前行,共同编纂生命的乐章。因此,不但要努力提升自己,同时也要帮助身边的同学共同进步。

善待生命,享受人生。短暂的人生只是浩瀚的历史长河的一小部分。

纪录片介绍

四、关于生命与死亡的困惑

生命是一个很美丽的事物,死亡总是让人感到沉重。但是有生命就会有死亡,就像硬币的正反两面。从生理意义上说,生死的界限可能比较精确,但在心理上是互相交织的。生命是一种暂时的存在状态,从出生开始到死亡结束;另一方面,死亡是标志着生命结束的自然过程。死亡并非生的对立面,而是作为生命的一部分永存。虽然我们倾向于将生与死视为截然不同和独立的两端,但它们实际上是存在着连续循环的两个部分——生命延续的同时也在更靠近死亡;死亡为新生命铺平了道路。

泰戈尔在《飞鸟集》中写道,“生来如同璀璨的夏日之花,不凋不败,妖冶如火,承受心跳的负荷和呼吸的累赘,乐此不疲;……死时如同静美的秋日落叶,不盛不乱,姿态如烟,即便枯萎也保留丰肌清骨的傲然,玄之又玄。”

在谈及死亡话题的时候,很多人都忌讳如深。在思考生与死的意义时,又会陷入困惑之中:既然人从出生的时候开始,就注定要走向死亡,那么活着还有什么意义呢?死亡代表了什么?人生是一段注定走向死亡的旅程,如何对待死亡,在一定程度上影响了我们对待生命的态度。

(一)如何面对死亡的恐惧与焦虑

大学生如何面对死亡的恐惧和焦虑呢?不妨反思一下,在焦虑和恐惧背后究竟是什么,焦虑和恐惧在向我们传递着什么样的信息?

面对死亡的焦虑情绪在提醒我们:生命是重要的,生命只有一次,生命有时候是脆弱的,需要我们珍惜生命、保护生命;面对死亡的恐惧情绪在提醒我们:死亡是可怕的,死亡是不可逆的,生命没有重启的机会,生命只有一次,需要我们关爱生命、善待生命。

（二）丧失与哀伤

虽然每个人都不希望失去重要的人、关系或事物，但是丧失是每个人生命历程中都必须要面临的经历。

一个人面对丧失，尤其是面对丧失重要的人的时候，会产生强烈的痛苦和悲痛。而哀伤则是个人处理、消化这些痛苦和悲痛的过程。通常哀伤会经历以下五个阶段：

第一阶段：否认。否认丧失的事实，不愿承认事情的发生。

第二阶段：愤怒。针对别人，甚至指责别人，或将自己的愤怒情绪强加于他人身上。

第三阶段：讨价还价。个人通过讨价还价的方式，渴望能改变事件，改变失落无助的状态。

第四阶段：情绪低落。感到愧疚、无力、无助、悲痛等，有的人还会意志消沉、自暴自弃。这是个人在面对丧失重要的人的时候比较难过的关口。

第五阶段：接受。这是哀伤的最后一个阶段，开始意识到生活必须继续下去，开始接受失去重要的人的事实，逐渐地走出哀伤，变得坚强。

在哀伤的过程当中，并非所有人都会经历以上五个阶段，有的人由于害怕丧失，因此一直否认丧失这个事实；有的人则认为自己应该坚强，而不应该表现出脆弱。

经历丧失的人，要面对自己内心的悲痛，将自己内心的悲痛和伤心释放出来，这有助于从哀伤中走出来。

案例分析

小红（化名），女，大二学生，出生在城市，性格内敛、沉默寡言，经常独来独往，朋友较少。家庭成员3人，父母做生意。父亲不怎么理会家中的事情，经常喝酒、抽烟；母亲经常因作业等事情苛责小红。

大二开学不久，疼爱小红的爷爷因交通意外抢救无效而离世，家人担心影响小红学业没有及时告知，安葬后小红才得知爷爷离世的消息。近两个月，小红入睡困难，易醒，醒后难以再次入睡，甚至彻夜无眠。

爷爷的逝世，让小红难以接受，更让小红无法释怀的是爷爷生命的最后时刻自己没有陪伴在身边，使其深深地自责，对父母埋怨，遗憾的荆棘在心头缠绕，感觉痛苦不堪，像陷入泥潭一般。上课无法集中注意力，变得更加沉默寡言，经常一个人躺在宿舍的床上听音乐。易产生疲倦感，时常感到头晕头痛，终日闷闷不乐，情绪极为低落。对生活失去了信心，时而会思考什么时候死亡、活着的意义又是什么等与生命相关的问题，对活着的意义感到迷茫。

分析：在大自然面前，生命弱小而又脆弱，并充斥着意外。但同时，生命是宝贵而又尊贵的，充满着希望。每一段生命的存在，甚至离开，都有其意义所在。在历史长河之中，一段又一段的生命在传承中不断地向前发展。离去的人，只是肉体的离世，记忆仍存留在我们的大脑里，帮助我们成就一个更好的自己。悲伤、沉沦，甚至对学校、工作、生活产生不良影响，这并非先人的遗愿。对生命重新定义，打开生命格局，直面生命困境，释放心中压力，减少生命的内耗，在创伤中成长，容纳过去，与自己达成和解，成为真正的自己。

心理语录

「活着本身很艰难，延续生命就得艰难地活着。正因为异常艰难，活着才具有深刻的含义。没有比活着更美好的事，也没有比活着更艰难的事。

——余华」

第二节　思考生命的价值

生命是顽强的，坚不可摧；生命是不可逆的，无法回到过去重新开始；生命是有限的，主要在于细胞的分裂次数受到限制；生命是不可交换的，彼此不可替代；生命是不可再来的，人死不能复生；生命是无价的，它无法用任何东西去衡量；生命是有价值的，它的价值在于为人类奉献和为社会创造财富。通过个人的不懈努力，让生命发挥更大的价值。认识和理解生命价值，有助于个体更好地认识自己、珍惜生命、追求幸福。同时，它也能为个体提供精神支柱，帮助大学生在面对困境时保持坚韧不拔的意志。因此，探讨生命的价值，对于提高大学生的心理健康素质、促进大学生全面发展具有重要的意义。

误解是人生常态

一、生命价值的内涵

生命价值是指个体生命所具有的意义、作用及重要性。它既包括个体生命对社会的贡献，也包括个体生命对自身的意义。生命价值不仅体现在生命的延续和传承上，更体现在对生命的尊重、热爱和追求中。因此，生命价值的来源是多维度、多层次的，它涵盖了生物学、心理学、社会学等多个领域。在生物学层面，生命价值体现为生命的起源、演化和生存；在心理学层面，生命价值则关联着个体的自我认知、情感体验和人格发展；在社会学层面，生命价值则与人的社会关系、责任担当和贡献紧密相连。

二、生命意识概述

生命的产生，使宇宙中事物存在的互为对象关系进入“自我对象关系”，从而宇宙“所蕴含的理性得到意识”。生命意识是指每一个现存的生命个体对自己生命的自我觉察与自我意识。其中包括生存意识、安全意识、死亡意识等。“有意识的生命活动”是个体自身意识经过“反思”升华为“我”的依据。生命意识作为“此时此刻的存在的规定”，不仅随着生命活动的展开而展开，而且使生命活动在其展开中展开。

生命意识包括生存意识和生活意识。生存意识使生命在“量”的方面延伸，生活意识使生命在“质”的方面拓展。生存意识和生活意识交融所引发的生命活动推动着人类不断进步。生命活动中有不同的阶段。在不同阶段,生命都顺着本身客观存在的固有规律活动。本身客观存在的固有规律是由构成本身的物质的运动规律所影响和决定的。

(一)有意识的生命活动之于作为生命意识的"我"

人类之所以能够进行与动物区分开来的生命活动,是因为人可以使自己的生命活动本身变成自己意志和意识的对象。一个种类的特性在于其生命活动的性质,有意识的生命活动就是构建"为我而存在"关系的实践活动。

生命意识与"我"不可分离,总是"我"的生命意识——总是以"我"为主体的生命意识,总是以"我"的生命活动为内容的生命意识。对他人生命活动的意识固然有助于形成和丰富"我"的生命意识,然而以"我"为主体的生命意识依然为本体。生命以及生命意识,是在本质上不可替代的"我"的生命以及"我"的生命意识。

(二)生命意识中的生存意识和生活意识

生命的存在可以理解为生存,生命的发展可以理解为生活。生命只有存在才谈得上发展,而只有存在领悟的基础上生存才有可能。生命是生存和生活的统一,生命意识是作为"我"所意识到的自己的存在及活动。

1. 生存意识和生活意识中的有限与对有限的突破

在社会活动基础上人的需要的丰富性及其满足与生命意识中"我"的生活意识相联系,即努力地使"我"的生命活动突破生命的有限性,在质上不断拓展。

2. 生存意识和生活意识中内蕴的"趋利避害"

在趋利避害中,"趋利"是目的,"避害"是为了"趋利",以使生物体生存并在生存的基础上发展。生命意识中"我"的生存意识和生活意识,使"我"的生命活动以高级方式遵循着生物界生命活动趋利避害的基本规律。

3. 生存意识与生活意识的交融、变化和发展

随着生命所处环境的变化,生存意识与生活意识在生命意识中的地位亦发生着变化。美国心理学家马斯洛认为,生命过程中,面对恶劣环境"我"的生存意识会凸显为主要方面;当生理和安全的需要得到了满足,那么"我"的生活意识就会取代生存意识凸显为主要方面。

(三)常识和法律中的生命意识

通过生命活动体现出来的"我"的生命意识,在相互作用中会离开个人的大脑,通过某种社会符号体系凝结在某种物质或精神的载体上,从而形成脱离任何个人经验而独立存在的以社会为主体的生命意识。这种以社会为主体的生命意识体现在社会意识的诸多领域,并通过各种途径对实践活动发生作用。

1. 作为常识的"追求活命"和"追求美好生活"

生存意识包含很多内容,但可归结为追求活命;生活意识包含很多内容,但可归结为追求美好生活。生命意识中将追求活命和追求美好生活作为广泛认同的信念,经过亿万次的重复,在社会意识中积淀为常识。作为常识核心的生命意识绝不可违。

2. 法的命令是成为一个人

在法律的构建中,法的抽象性决定了法律条文往往局限于否定的方面,法律内容是以禁令为基础的。法与国家的强制力量相结合,通过法律条文将侵犯人的行为判定为违法和犯罪,从而予以刑罚。法律通过强制刑罚体现其从反面维护"成为一个人"的权威,给侵犯生命

权的行为主体以威慑。

3. 在常识和法律的相互作用中强化生命意识

生命意识在常识和法律中以不同的方式对人的生命活动发生作用，并且以不同方式对人的生命活动所发生的作用之间又发生相互作用，由此生命意识对生命活动的作用得到进一步发展。由生命意识的作用所促成的生命活动，为价值世界构建活动提供源源不绝的原动力。这体现了社会意识对于以价值世界构建为本体的社会发展的能动作用。

三、生命意识的唤醒

一个人对生命意义的认识需要一个过程，当人们了解了自己与他人的关系，体验了亲情、友情、爱情等之后，就会自觉或不自觉地思考自己与自己、与他人、与社会的本质关系问题，形成个体生命、个人与社会的基本观点。对生命中所遇到的一系列问题，每个人都会有自己独立的体会和认识。

（一）认识生命价值

生命不仅仅属于自己，每一个个体都和周围的人有着千丝万缕的联系。教育和引导青年大学生运用马克思主义的世界观和方法论，正确认识生命与死亡、珍爱生命与不怕牺牲、延长寿命与提升生命质量、珍爱自己生命与关爱他人生命之间的辩证关系，深刻领悟生命的本质和意义，对促进青年大学生成长成才、实现生命价值、提升生命品质，对培育与弘扬社会主义核心价值观和构建社会主义和谐社会，都具有重要的理论和现实意义。

1. 生命的内在价值

人类作为宇宙间已知的唯一的智慧生物，其存在本身就是一种无法替代的价值。每个生命都是独特且不可复制的，因此具有无可估量的内在价值。

2. 生命的外在价值

生命不仅对自身有价值，还对他人、社会、自然乃至整个宇宙都具有重要价值。生命通过创造、贡献和传递爱心与智慧，为社会进步和人类文明发展作出贡献。

（二）敬畏生命

敬畏生命就是尊重一切生命，任何生命都有存在的价值。保持生命、促进生命，使可发展的生命实现其最高的价值；恶则是毁灭生命、伤害生命、压制生命的发展。这是必然的、普遍的、绝对的伦理原则。人生的意义实质上是生命的一种精神性存在，这种精神存在源于生命有理想、有信仰。失去信仰就失去了生命的意义，也失去了生活的意义。

（三）珍惜有限的生命

生命无价，没有了生命一切就无从谈起。对于任何生物体来说，生命只有一次，失去了就无法挽回。生命在人的价值体系中处于最基本却又最重要的地位，对生命的渴求是人的本能，只有珍惜生命，才能成就自我。人的生命如此短暂，应倍加珍惜和善待生命，切不可无端伤害和自毁生命。

（四）做自己命运的主人

“我命在我”这一生命的强音，高扬了生命的主体精神，强调了人在生命历程中的主体性，指出了人的生命是由自己把握的，要做自己命运的主宰者。人的一生难免会遇到各种磨难、痛苦和挫折，关键是要以怎样的态度对待生命，用什么样的方式走完自己的生命历程。

（五）正确看待死亡

之所以要正确看待死亡，在于大学生的世界观尚未完全形成，且缺乏必要的生活经验，因而面对一些消极的人生观、价值观的时候缺乏必要的鉴别能力和防范能力，致使像“人为财死，鸟为食亡”“今朝有酒今朝醉”等一些腐朽的人生信条和一些人所宣扬的悲观厌世主义及享乐主义很容易腐蚀他们的灵魂，甚至使部分大学生自甘堕落。

一堂哲学课

四、大学生生命价值观的现状

大学生作为社会的新鲜血液和未来的希望，其生命价值观关系到大学生个体的身心健康和全面发展，是大学生树立正确的世界观、人生观和价值观的重要前提和基础，新时代大学生生命价值观教育是心理健康教育的重要内容，也是培育时代新人的前提。

随着社会的快速发展和变革，大学生的生命价值观也发生了显著的变化。当前大学生的生命价值观呈现出多元化、个性化等特点。大多数大学生能够认识到生命的宝贵和重要性，但也存在部分大学生生命价值观模糊、消极甚至扭曲的现象。

近年来，我国大学生群体中不断出现藐视生命、践踏生命的现象，比如伤人、自残、自杀等情况时有发生。由于对大学生群体生命教育的忽视，人的生命并没有得到尊重和珍惜，以至于一些大学生在面对困难和挫折时，采用偏激的行为来解决，导致生命之花过早枯萎。从张璇（2022）“新时代大学生生命价值观教育研究”[①]的调查与分析中可以了解到大学生生命价值观的现状：

（一）大学生在思想上能够懂得珍惜和尊重生命

在如何看待自己生命的这一问题上，86%的学生表示非常重要；另外有12%的学生认为比较重要；还有2%的学生认为生命不重要。其中非常重要和比较重要的学生合计98%，这一数据表明，绝大多数学生都能够认真对待生命。但是需要引起重视的是，其中有12%的学生只是认为生命比较重要，并不是将生命放在非常重要的位置，没有做到从根本上重视生命，这一点值得关注，因为对生命本身的看法会进一步影响到大学生对生命价值的认知和追寻。每个人生命的终点都是死亡，在谈及对死亡的恐惧感时，57%的学生感到比较恐惧，21.33%的学生对死亡感到非常恐惧，21.67%的学生一点也感觉不到对死亡的恐惧。这说明大多数学生都对死亡抱着敬畏和尊重的心态，总体上呈现出珍惜和热爱生命的状态，对生命抱有最基本的尊重和重视。

（二）大学生在生活中能够保持积极乐观的生活态度

30.67%的学生认为自己的心理承受能力很好；42%的学生认为自己的心理承受能力还不错；22%的学生认为自己的心理承受能力一般；只有4.33%和1%的学生分别认为自己的心理承受能力不太好和很差。这说明大学生虽然有时会处于一定的生命困境中，但总体而言，心理承压能力普遍较强，能够在一定程度上对生命困境保持正确的认识，合理调节压力

① 张璇，新时代大学生生命价值观教育研究.山东师范大学硕士学术学位论文，2022.5.

放松自己，以积极乐观的生活态度面对生命，享受生活。

（三）大学生在社会价值上能够认同个人与社会的统一

在被问到“您认为生命价值是什么”这一问题时，74%的学生认为生命价值是个人价值和社会价值相统一的共同体，14%的学生认为生命价值是个人价值，这些学生认为个人理想的实现才是生命价值的最高目标；12%的学生认为生命价值就是社会价值的最终实现，生命价值在于对国家和社会的服务和奉献。虽然部分学生对生命价值的看法较为片面，但是大部分对生命价值有着正确的认识，能够正确理解个人价值和社会价值的关系，将个人的小我自觉主动融入社会和国家的大我中，在个人与社会的统一中实现生命价值。

（四）大学生对生命本体的认知不清晰

在被问到“您认为生命的意义和价值是什么（多选题）”这一问题时，有 82%的学生认为生命就在于不断向自我发出挑战，争取实现个人梦想；有 73.67%的学生认为生命本身的价值就是对社会的服务和贡献；有 64%的学生认为生命存在的意义就是为了获得他人的尊重和社会的认可；有 50.33%的学生认为生命的价值和追求就是要获得较高的社会地位和比较雄厚的经济实力；有 36.33%的学生认为生命就是最终回归于安稳平淡的人生；有 24.67%的学生认为生命就是吃喝玩乐、享受人生。从以上调查结果可以得知，新时代大学生对生命价值的观点和看法的趋势是积极的，但是受社会形势的影响，学生群体出现过于追求物质、没有理想信仰、“躺平”不作为等错误思想，一些学生对生命本体的认知不清晰，过度追求金钱和地位，或者过度安于现状，过度注重自身的利益，最终导致对生命价值和意义的追求失去兴趣和动力。

（五）大学生缺乏对生命价值的信仰和追求

在被问到“您是否有明确的人生目标”这一问题时，21%的学生的人生目标很明确；42%的学生的人生目标比较明确；27.67%的学生的人生目标是一般程度的明确；7.33%的学生的人生目标不太明确；2%的学生的人生目标很不明确。根据调查结果可知，有 1/3 的学生对于自己的人生目标有着不同程度的困惑和迷茫。人生目标的模糊容易消减学生对人生理想和人生价值的热情和欲望，导致学生在人生价值的追求中出现懈怠和疲惫的状态。经调查发现，78.67%的学生都认为在人生历程中需要有坚定的信仰作为动力支撑，15%的学生认为人生信仰可有可无，6.33%的学生认为人生历程中无须信仰。这说明从总体而言，大学生群体对于生命价值的信仰是崇高而坚定的，但仍有部分学生缺乏对生命价值的信仰和追求。

（六）大学生在追求生命价值的实践中存在偏差

在被调查的 786 名学生问及对自杀行为的看法时，大部分学生都能够认识到生命是宝贵的，自杀是对生命的漠视和对家庭、社会的不负责；有 136 名学生认为自杀是个人的一种权利，应得到尊重；有 89 名学生认为，有自杀行为的人不值得同情；有 62 名学生认为，自杀虽然比较极端但可以摆脱痛苦，这说明有一部分同学知道这种伤及性命的做法是不对的，但是他们却没有产生生命共情，甚至还有大学生对自杀行为持偏执看法。在被问及“您是否有过自杀的想法或行为”这一问题时，67.67%的学生表示从来没有自杀的想法或行为；22%的学生表示有过这种想法或行为，但很快就会消失；10.33%的学生表示有过自杀的计划或行为。也就是说在被调查的这 786 名学生中，有 254 名大学生都曾经产生过自杀的想法，甚至还有 81 名学生有过自杀的计划或行为。这样看来，某些学生目前尚未形成热爱生命、珍惜生命的态度,没有认识到生命的有限性和唯一性,因此也就无法真正做到珍惜生命、尊重生命,在社会实践中不能实现生命的价值。在被问及“您对生命及人生的态度主要受哪些因素影响(多选题)”这一问题时,选择最多的是“自己的知识经验和经历的积累”,由此可见,学生主要是通过自身的成长和努力去认识和处理关于生命价值的问题,但事实上个体的成长发展离不开学校、家庭和社会等的共同努力,因此缺少学校、家庭和社会的教育和引导,学生在自行学习和实践的过程中可能会产生偏差,造成不良影响。

五、心理健康与生命价值的关系

生命价值与心理健康之间存在着相互影响、相互作用的密切联系。一方面,健康积极的生命价值观是大学生心理健康和全面发展的重要保障,也是心理健康的根基和导向,对心理健康有着积极的影响。它能够增强个体的自尊、自信,提升幸福感,促进个体的心理健康、增强心理韧性,帮助个体更好地应对生活中的挑战和困难;另一方面,良好的心理健康状态是个体生命价值得以实现的重要前提和保障,有助于个体更好地认识自己、理解他人、面对困难、享受生活,更好地认识和理解生命价值,促进个体对生命价值的深入认识和理解,使个体更加珍视和热爱生命,实现生命的意义。

一个心理健康的人,能够积极面对生活中的挑战和困境,充分发挥自己的潜能和才能,实现自我价值和社会价值的统一。反之,如果个体存在心理问题或心理障碍,不仅会影响其价值的实现,甚至可能导致生命价值的丧失。心理健康是个体心理功能正常、完整和协调的状态,是生命价值得以实现的重要基础。

通过生命教育,大学生可以更加深入地认识自己、理解自己、接纳自己,从而建立起健康、积极、向上的心理状态。同时,生命教育还可以帮助大学生建立起健康的人际关系和社会支持系统,使他们在面对困难和挑战时能够得到及时地帮助和支持。

心灵保健操

心理适应性量表

指导语:

下面这些问题和你在学校、在家里的行为有关,请你回忆自己过去半年以来的表现,和下面的20种情形比较一下,请你根据这个标准,在每题后面选择一个数字,用一个圆圈把它圈起来。

	非常符合	比较符合	有时符合	不太符合	完全不符合
1. 我的考试成绩常低于我真实的学习能力和水平。	A	B	C	D	E
2. 我喜欢尝试我从没吃过的味道或名称古怪的食物。	A	B	C	D	E

续表

	非常符合	比较符合	有时符合	不太符合	完全不符合
3. 到一个新地方，我常消化不良、皮肤过敏或失眠。	A	B	C	D	E
4. 我参加正式运动会的成绩比体育课或平时练习成绩好。	A	B	C	D	E
5. 该背的课文已经背熟了，可是一到课堂上背就出差错。	A	B	C	D	E
6. 我开会发言时不紧张，措辞自然，临场发挥自如。	A	B	C	D	E
7. 我冬天比别人怕冷，夏天比别人怕热，夜里比别人怕黑。	A	B	C	D	E
8. 在嘈杂混乱的环境中，我照常做手里的事且效率不低。	A	B	C	D	E
9. 体检时，我的脉搏、血压等指标因为紧张而比平时高。	A	B	C	D	E
10. 如果需要，我可以熬一个通宵，精力充沛地做事。	A	B	C	D	E
11. 当家里有人来，父母让我去见客人时，我不想去。	A	B	C	D	E
12. 出门在外，我能很快习惯新的、变化了的生活条件。	A	B	C	D	E
13. 体育课或运动会上，同学们越给我加油，我越紧张。	A	B	C	D	E
14. 上课回答问题时，我冷静地把想好的一切完整说出来。	A	B	C	D	E
15. 我一个人做事比和大家一起做事效率高。	A	B	C	D	E
16. 为了和睦相处，我宁愿放弃自己的意见，附和大家。	A	B	C	D	E
17. 当着众人、生人或异性的面，我感到腼腆，不自在。	A	B	C	D	E
18. 发生紧急情况，大家都慌乱时，我很镇静。	A	B	C	D	E
19. 和别人争辩时我常语塞，事先想好的话也说不出来。	A	B	C	D	E
20. 和陌生人接触时，我不大设防，容易攀谈起来。	A	B	C	D	E

计分标准：

1. 凡单号题（1、3、5……）从 A 到 E 五种回答依次记 1,2,3,4,5 分；
2. 凡双号题（2、4、6……）从 A 到 E 五种回答依次记 5,4,3,2,1 分。

分量表 1（身体与体育竞赛适应）：包括 7 个项目，3、4、7、9、11、12、13。

分量表 2（陌生情境与学习情境适应）：包括 7 个项目，2、6、10、14、17、18、19。

分量表 3（考试焦虑情境适应）：包括 4 个项目，1、5、8、20。

分量表 4（群体活动适应）：包括 2 个项目，15、16。

性别差异：量表总分男生比女生高 2.14 分，有统计意义。

各题分数相加则为总分。

量表常模：

适应水平		很差	较差	中等	较好	很好
身体与体育竞赛适应		7—17	18—23	24—28	28—33	34—35
陌生情境与学习情境适应		7—12	13—17	18—24	25—30	31—35
考试焦虑情境适应		4—5	6—8	9—12	13—14	15—16
群体活动适应		2	3—4	5—7	8—9	10
总分	男	20—49	50—59	60—70	71—81	82—100
	女	18—47	48—57	58—68	69—79	80—100

心理语录

“自由自在地做自己”的唯一办法就是无条件地接纳和喜欢自己。

——《你在为谁而活》

第三节　生命的蜕变、挑战与提升

后浪

当代大学生接触的新生事物比较多，思维独立、追求自我意识较强。信息化时代所带来的便捷，使得很多大学生喜欢通过网络来学习知识，了解时事动态。大学生的生理发育基本完成，但心理还处于蜕变的状态。

一、大学生生命的蜕变

生命，这个宇宙间最神奇的存在，自诞生之日起便踏上了不断蜕变与迎接挑战的征程。在生命的自然蜕变中，经历了从婴儿到青少年再到成年的过程，每一个阶段都伴随着生理和心理的变化。婴儿期的我们，对世界充满好奇，每一次尝试都是对未知世界的探索；青少年时期，我们开始形成自己的个性和价值观，同时也面临着身心快速发展的挑战；而成年以后，我们则需要承担起更多的社会责任，学会独立思考和决策。这些蜕变是生命发展的自然规律，也是我们成长的必经之路。

对于大学生而言，理解生命的蜕变，不仅是个人成长的必修课，更是塑造健康心理、积极人生观的重要基石。这一阶段，是大学生人生中充满变化与探索的重要时期，不仅面临着学业压力、人际关系、自我认知等多方面的压力，还需要在心理上适应并应对这些变化。

（一）大学生自我认知的深化

大学时期是大学生自我认知的深化阶段。在这一时期，大学生开始关注自己的内心世界，思考自己的价值、目标和意义。通过反思和自我探索，大学生逐渐形成了更加清晰、稳定的自我认知，为未来的成长奠定了坚实的基础。

（二）大学生情感关系的丰富

大学时期也是大学生情感关系的丰富阶段。在这一时期，大学生开始建立更加复杂、多元的情感关系，包括友情、爱情、亲情等。这些情感关系的建立和处理，对于大学生的心理健康和成长具有重要的意义。

（三）大学生社会角色的转变

大学时期还是大学生社会角色的转变阶段。在这一时期，大学生逐渐从校园走向社会，开始承担更多的社会责任和角色。这一转变不仅要求大学生具备更加全面的知识和技能，还需要他们在心理上做好充分的准备。

然而，除了这些自然的蜕变之外，生命中还充满了各种挑战。

二、大学生所要面临的生命的挑战

（一）大学生的学业压力

大学生活，对许多刚步入校门的新生来说，是一个全新的世界。高中时期的固定课程和紧凑的学习节奏被大学的自主学习和丰富的课余生活替代。这种转变，对于许多学生来说，既是一种期待，也是一种挑战。大学生需要掌握更加专业和深入的知识，同时还需要学会自主学习、批判性思维和团队协作等技能。这些压力要求大学生具备较强的心理承受能力和自我调节能力，因为这些压力不仅会影响大学生的学习效果，还可能对他们的心理健康造成负面影响。

（二）大学生的人际关系困惑

大学时期的人际关系相对复杂，包括同学关系、师生关系、室友关系等多个方面。大学生需要与同学、老师、家长等多方建立良好的关系。然而，由于每个人都有自己独特的个性和处事方式，且均来自不同的地区，身处不同的家庭背景，从而可能会出现沟通不畅、矛盾冲突面临人际关系紧张、社交焦虑等问题。若不能得到妥善处理，这些问题可能对他们的心理健康造成困扰。

（三）大学生的自我价值追求与困惑

大学不仅是学习知识的地方，更是为未来职业生涯打基础的地方。大学生在追求自我价值的过程中，可能会遇到各种困惑和挑战。在选择专业时，许多大学生可能并没有完全了解自己的兴趣和优势，以至于在后续的学习中出现困难，对自己的能力、价值产生怀疑，或者在职业选择、人生规划等方面感到迷茫，不知道应该如何规划。久而久之，这些困惑和挑战可能会对大学生的心理健康造成负面影响。因此，大学生需要深入了解自己的兴趣和能力，选择适合自己的专业和兴趣，明确职业方向和目标。

（四）大学生面临的情感挑战

大学生活是一个情感丰富的阶段。大学生面临着情感独立、恋爱关系、家庭关系等多方面的情感挑战。在这个过程中,大学生可能会因为面临异地恋、情感纠葛等而导致情感波动、情感困惑和情感危机等问题出现。因此,大学生需要建立健康的情感观念,提高情感调节能力。

三、大学生生命价值的提升

对大学生而言,对生命的认识与态度,树立怎样的世界观、人生观、价值观,将会直接影响大学生在校期间的学习与生活,进而影响未来人生的发展规划。随着部分大学生物质追求的迷失、个人道德的衰落、身心发展的迟缓、有限岁月的虚度,提升大学生生命价值显得尤为重要。

(一) 正确认识生命的特征

现实生活中之所以出现大学生自杀的案例,大多与他们还不能够正确看待生命的价值有直接关系。大学生应牢记尊重生命,热爱生命,时刻注意保护自己珍贵的生命。生命是个体生存和发展的首要条件。没有生命,再宏伟远大的理想也只能如幻影。人最宝贵的是生命,生命又是如此有限和脆弱,在人生的旅途中会碰到许许多多威胁我们生命的因素,只有善待生命,懂得珍惜生命,才会有丰富多彩的社会活动,也才会有精彩的人生。

(二) 树立远大的理想信念和积极的人生态度

大学生是同龄人中的佼佼者,是国家未来的建设者。大学生生命价值的提升不仅与自身生命价值的实现有关,还与社会发展和国家命运息息相关。一个没有远大理想和崇高信念的大学生,就不会对其生命价值进行反思,就很容易沉溺于“声色犬马”不思进取,丧失社会责任感和使命感,从而迷失生命的方向。因此大学生只有树立远大理想和崇高信念,才能认清自己的前途和前进的方向,应对时代的挑战。

(三) 挖掘自身的潜能

生命的价值不仅是存在,更重要的是实现。人的生命具有通过自身的实践活动不断地去超越本身的能力。潜能,是人先天固有的一种禀赋条件和内在特质。人们往往生活在经验之中,长期形成的风俗习惯“冻僵”了不少人的思维。人的潜能是可以开发的,大学生正处于开发潜能的最佳阶段,在这个时期,大学生需要全面认识自己,明确自己的兴趣和爱好,制订合理的职业发展计划,最大限度地开发自己的潜能。当今社会正处于科技飞速发展的时期,努力挖掘自身的潜能是每个人刻不容缓的事情。

(四) 提升心理素质

素质是在长期的过程中逐渐形成的一种价值观、一种生活方式,素质需要不断地通过合理的自制能力、正向的好心态,以及不断完善、提升自己,是我们一生都做不完的功课。人的素质体现着人的生存价值,有素质的人深受他人爱戴,备受他人尊重。良好的心理素质是人适应社会、生存和发展自我的资本,而大学生又是社会中一个具有相对优势的群体,所以大学生不仅应具备较高的科技文化素质,而且还应该具备良好的心理素质来适应不断变化的社会环境。

大学生心理素质的发展并不像生理发展那样是一个自动化过程。相反,这是一个需要不断学习、主动建构的过程。对我国大学生而言,不仅要不断提高自己的学术素质,而且必须从认知能力、情感能力和人际关系能力三个方面发展自己的心理素质,才能有效地抵御来自内部和外部的各种有害心理健康的不良刺激。在这个纷繁复杂的信息社会中获得发展和成功。

四、感受生命价值的体验活动

生命价值的体验活动对于个人的成长和发展具有重要意义。感受生命价值的体验活动多种多样,在参与活动的过程中能让大学生更深入地反思生命的意义,体验生活的美好,并激发对生命的珍视和尊重。以下是几个关于生命价值体验活动的介绍:

(一)生生不息

用心种植一粒种子,感受生命的能量;用视、听、闻、触、味体会植物的成长,感受生命的美好。

挑选自己喜欢的植物种子,准备花盆、泥土、水、肥料等,根据植物的特性用心栽培,观察植物的变化。

在种子种植的惊喜与遗憾中,感受大自然的奇妙,领悟自然的生命与生命的纯粹动力,感叹生命虽然弱小但坚韧与顽强。

(二)自然探索之旅

组织大学生参加一次户外探险活动,如徒步、露营或野外生存训练等。

这些活动不仅可以锻炼身体,提高户外生存技能,还能培养对自然的敬畏之心和环保意识。通过接触大自然,可以亲身体验自然的鬼斧神工,欣赏壮丽的自然风光;可以让大学生更加珍惜生命,认识到人类与自然之间的紧密联系;体验到生命的顽强和美丽,以及与自然和谐共生的重要性。

(三)"我的人生五样"小游戏

"我的人生五样"小游戏在"舍弃"和"选择"的过程当中,可以帮助大学生树立正确的价值观,明确生命的价值和意义。深入探索生命中什么是被自己真正重视的,什么是最难以舍弃的,并进一步思考怎样让自己的生命更有意义。过程如下:

(1) 先让自己的身心放松,让大脑处于宁静状态,然后在白纸的顶端,一笔一画地写上"我的人生五样"6个字。

(2) 闭上眼睛,在头脑中搜索自己相关联的记忆片段,并在白纸上以最快的速度写下你认为生命中最重要的五样东西。

(3) 假设你的生活中出了一点意外,生命中最宝贵的五样东西需要舍去一样。请你拿起笔,把五样之中的某一样抹去。

(4) 现在你的五样只剩下了四样。假设你的生活又面临一次严峻的挑战,现有的四样也保不住了,还要再舍弃一样。请你拿起笔,把四样之中的某一样抹去。

(5) 看着剩余的三样。假设生活再次和你开了个不小的玩笑,你必须再放弃一次。请慎重选择,拿起笔,把三样之中的某一样抹去。

(6) 现在你面前只剩下宝贵的两样了。接下来做最后的、最艰难的选择,请保留其中的一个,拿起笔,把另一样抹去。

“我的人生五样”这个心理游戏的核心价值就是——学会放弃；最重要的目的是对自己心灵的觉察和领悟。该游戏在我们每个人的不同阶段，都有着不同的变化，通过游戏体验审视、整理自己的内心，了解自己，帮助自己认清人生的意义，学会与自己的内心连接，让我们在杂乱中静心，聆听自己内心深处的声音，在生命的最深处，与自己相遇。

（四）日记分享

将自己关于成长的经历、对生命的感悟、面对困难的挑战等日记内容分享给信任的人，听取他们的反馈，从不同的视角看待自己的生命经历。另外，听取他人的日记分享，感受他人的经历故事和情感起伏，从而获得一些启发与启示。在日记分享的过程当中，通过互动讨论，进一步深化对生命的理解和认识。

通过生命日记分享活动，鼓励大学生展示自己的成长和感悟，并从他人的故事中汲取力量和启示。这种互动式的分享方式不仅可以记录自己的生活，还有助于增进同学之间的情感交流和相互理解，增进彼此的了解和信任，促进校园文化的和谐发展，共同创造更加美好的校园生活。同时，活动也有助于引导大学生更加珍惜生命、积极面对生活的挑战，树立正确的人生观和价值观。

（五）志愿服务活动

志愿服务活动是一种无私奉献的行为，是一种充满爱心和正能量的行为。

通过参与社区服务等志愿活动，如帮助老人、关爱孤儿、环保等，大学生可以深刻感受到生命的价值和意义，有助于培养他们的感恩之心和社会责任感。同时，志愿服务也能够促进社区凝聚力的提升，推动社会和谐与进步。

（六）生涯规划

人生在不同阶段，有不同的生活重心——婴儿成长发育、青少年学习、壮年工作、老年衰退，最终走向死亡的生命旋律，而死亡是生命最终的归宿。

大学生正值青年时期，对于未来的青年期、壮年期、老年期应该如何面对以及进行规划，如升学、就业、成家、立业、休闲活动、参加义工、服务社会等，可以编制一份从现在开始的生涯规划表(见表 3-1)。

表 3-1 生涯规划表

项目 期间	想做到什么	如何去实现	备注
青年期			
壮年期			
老年期			

（七）“葡萄干正念”

“葡萄干正念”可以不加批判地觉察我们的内在和周围正在发生什么，接纳一切，让心止于一处，认识当下，回归当下，活在当下。在正念的觉察当中，更深层地体会与认识生命。过程如下：

（1）拿起一粒葡萄干，把它放在右手手心之上。

（2）假设自己从未见过葡萄干，全神贯注地凝视手心上的这粒葡萄干。用眼睛探索它的每一个部分（光线照亮的高光部位、较暗的凹陷、褶皱和肉脊，以及它上面任何不对称的或独有的特征等）。

（3）用手指翻转这粒葡萄干，触摸感受其质地（可以闭着眼睛，如果闭着眼睛能增强触觉感受的话）。

（4）把葡萄干放在鼻子下面，感受每次吸气时这粒葡萄干可能散发出的任何气味、香气或香的感受。

（5）慢慢地把这粒葡萄干放在嘴边，轻轻地将葡萄干放入口中。用舌头探索它，花点时间关注自己把它放在嘴里的感觉；轻轻地咀嚼这粒葡萄干，注意咀嚼过程中的感受；缓缓地吞咽这粒葡萄干之前，稍微停留片刻，察觉到吞咽的意图。

（6）感觉葡萄干向下移动到胃里的过程，时刻保持对葡萄干的关注和专注，并在完成这个练习后感受整个身体的感觉。

（7）用一点时间感受吃完葡萄干后的影响。口腔中是否还有余味？没有了葡萄干，口腔的感受如何？是否有再拿一颗葡萄干的想法？

（8）下意识地思考葡萄干与地球以及人类之间的相互联系。思考葡萄干的生长过程以及葡萄干是如何到你手上的等问题。

（9）第二颗葡萄干（可选）。在完全专注的情况下，按照自己的节奏来吃掉第二颗葡萄干。当吃完后，花一些时间反思体验，思考这个葡萄干带来了哪些新的感受和认识。

“葡萄干正念”练习可以帮助大学生更好地关注当下，体验生活中的细节和美好。通过专注于葡萄干的感觉和味道，更好地感受自己的身体和感官，减少分散注意力的干扰，提高专注力和自我意识，并帮助我们更好地品味生活中的点滴美好，培养感恩和珍惜的心态。

五、不断成长与发展的生命过程

生命的蜕变与挑战是大学生心理健康教育的重要课题。生命从出生到成熟，经历了一系列的生理和心理变化。大学生正处于从青少年向成年人过渡的重要阶段，面临着身心发展的多重变化。

身体发育的成熟、机能的增强等变化，不仅影响了大学生的身材外貌，同时也影响了大学生对自我的认知以及内在的心理状态。大学生开始思考更多更深层次的问题，如人生意义、自我价值等。同时，大学生的认知、情感、意志等心理过程也在不断地发展和完善。大学生开始从家庭、学校走向社会，社会角色也在不断地发生着变化，开始承担更多的社会责任和义务，需要学习如何与他人建立良好的人际关系、如何适应社会规范、如何在社会中找到自己的位置。

在生命的发展过程中，大学生面临着各种挑战。这些挑战可能来自内部，也可能来自外部。大学生需要清晰地认识自己，了解自己的优点和不足，平衡学业与兴趣，制定合适的人生规划，积极面对挑战，珍惜生命的每一次蜕变与成长机会。

通过学习和实践相关的应对策略，增强自我认知、提升情感素养和进行职业规划等，促进大学生全面发展和健康成长，以更加积极的态度面对生活中的种种挑战、更好地应对生命的蜕变，实现自我成长和超越。

心灵奇旅

心灵补给站

电影推荐《心灵奇旅》

《心灵奇旅》于2020年12月25日在美国网络播映，并于同日在中国大陆上映。影片获得了2021年第78届美国电影电视金球奖最佳动画长片奖和2021年第48届美国动画安妮奖最佳动画长片奖等奖项。

该片讲述了梦想成为爵士钢琴家的中学音乐教师乔伊·高纳不懈地追逐梦想，最终获得梦寐以求的登台演奏机会。可因为一次意外事故，乔伊的肉体几近死亡，而灵魂却误入了一个奇幻之境——“生之来处”。在这里，人类的自我意识在生命诞生之前先接受培训，每个灵魂只有觅得自身的“火花”，才能投身于地球。一个孤僻、早熟而厌世的灵魂“22”由于迟迟未能找寻到自身的“火花”，而长时间游荡停留于此。一次阴差阳错的经历，乔伊和“22”的命运互相牵连，两人重返地球，共同体验了一段诡谲而奇妙的生命旅程，并开始重构自身存在的价值与意义。

复习思考题

1. 人的生命有限性表现在哪些方面？
2. 死亡对生命的启示？
3. 心理健康对个体生命质量的影响是什么？
4. 假如现在你得了一种疾病，目前没有药能够医治，医生告诉你，你的生命只剩下三个月。请写下在这最后三个月里，你最想完成的10件事。
5. 请根据个人成长经历，谈谈在你生命中哪些人对你的成长产生过重大影响，按其对你影响的大小列出三个，并具体谈谈这些人对你有什么影响，这些影响是积极的还是消极的。

即测即评

第四章

绝处逢生——大学生常见心理障碍预防与危机应对

心灵导航

第一节　大学生常见心理障碍及预防
第二节　大学生心理危机的识别与评估

学习目标

1. 了解大学生常见的心理障碍有哪些；
2. 掌握抑郁症和焦虑障碍常见的症状；
3. 熟悉心理危机的常见信号和正确的应对方式。

重难点

重点为学会觉察自己和身边人是否出现心理障碍的症状；
难点为识别出有心理危机的人群并能作出基本反应。

心灵故事

小雨与抑郁症

在一个小小的城市里，住着一个名叫小雨(化名)的女孩。她总是戴着一顶深色的帽子，默默地走在人群的后头，仿佛整个世界都与她无关。小雨有一个秘密——她患有抑郁症。

每天，当阳光洒满大地，人们开始忙碌的时候，小雨却依旧沉浸在自己的世界里。她觉得一切都失去了色彩，甚至连曾经珍藏的巧克力也变得索然无味。她不再和朋友分享欢笑，也不再和家人倾诉心事，只是一个人静静地坐在窗前，看着窗外的世界。

小雨的父母发现了她的变化，心疼女儿，却不知如何是好。他们带小雨去看医生，医生开了药，但小雨的病情依旧没有好转。她知道，心病还需心药医，而她的心药，却难以寻找。

有一天，小雨无意间走进了一家旧书店。她随手翻开了一本书，书页间飘落的文字像有魔力一般，吸引了她。她开始沉浸在书的世界里，忘记了时间的流逝。书中的故事让她感受到了不同的情感，她开始理解，每个人都有自己的痛苦，但也有属于自己的幸福。

渐渐地，小雨开始和书店的老板聊天，分享自己的感受。老板是一个温和的人，他耐心地听着小雨的故事，给她推荐了一本又一本的书。小雨发现，原来与人交流可以让自己感到轻松，原来世界上还有那么多美好的事情等着她去发现。

虽然小雨的抑郁症还没有完全康复，但她已经学会了如何面对自己的情绪。她开始尝试走出自己的世界，重新拥抱生活。而那家旧书店，也成了她心灵的港湾，陪伴着她走过每一个艰难的时刻。

思考：什么是抑郁症？为什么人会得抑郁症？得了抑郁症会怎样？

心理语录

「乘兴相寻涉万山，扁舟亦复及门还。莫将身病为心病，可是无关却有关。

——王阳明《寄石潭二绝》」

第一节　大学生常见心理障碍及预防

人的内心如同天空中变幻莫测的云彩，时而宁静如湖面，时而翻滚如狂风骤雨。它如同一个敏感的调色板，随着生活的节奏色彩不断变化。有时，它是淡淡的喜悦，如同清晨的阳光洒落，带给人无尽的温暖和希望；有时，它是深深的忧伤，如同夜幕下的月色，虽美却带着一丝凄凉和寂寞。情绪，就是这样一种既微妙又复杂的存在，它伴随着我们成长，见证着我们的喜怒哀乐，也影响着我们的行为和决策。

在这个世界里，有人因为学业的压力而感到焦虑不安，有人因为人际关系的复杂而感到孤独迷茫，还有人因为未来的不确定性而感到恐惧和担忧。这些心理变化如同一把双刃剑，既可以激发人们的潜力和动力，也可能成为阻碍人们前进的绊脚石，甚至演变成心理障碍。

一、大学生常见的心理障碍

大学生作为一个特殊的群体，正经历着从青少年到成年的过渡阶段，面临着学业、社交、职业发展、未来规划等多重压力。因此，更容易出现一些心理障碍。下面将介绍大学生常见的心理障碍，并分析其成因和应对措施。

（一）抑郁症

抑郁症是大学生中较常见的心理障碍之一。由于学业、人际关系、就业等多方面原因，大学生会出现情绪低落、失去兴趣、失眠、食欲不振等症状。抑郁症严重时，可能会产生自杀念头和行为。

（二）焦虑障碍

焦虑障碍是大学生中另一种常见的心理障碍。大学生面临着考试、面试、社交等多种场合的压力，容易出现紧张、担忧、不安等情绪。长期处于焦虑的状态中会影响大学生的学习和生活，甚至导致出现心理障碍。

（三）社交恐惧症

社交恐惧症也是大学生中较常见的一种心理障碍。由于大学生处于社交活动较为频繁的时期，很多人会担心自己在社交场合表现不佳或被他人评价不好，从而出现紧张、害怕、回避社交等情况。患社交恐惧症不仅会影响大学生的社交能力，还可能会导致出现自卑、孤独等心理问题。

（四）强迫症

强迫症是一种表现为强迫性思维和行为的心理障碍。大学生中有一部分人可能会出现反复洗手、反复检查门窗是否关好、反复计数等强迫性行为，以及强迫性思维，如不断担心自己是否说过不合适的话等。这些症状会严重影响大学生的日常生活和学习。

（五）人格障碍

人格障碍是指在人格发展上出现偏离正常的情况，表现为情绪不稳定、行为异常、人际关系不良等。大学生中常见的人格障碍包括依赖型人格障碍、分裂型人格障碍、反社会型人格障碍等。这些障碍的形成可能与大学生的成长环境、家庭教育等有关。

（六）精神分裂症

虽然精神分裂症在大学生中的发病率相对较低，但仍有一部分大学生可能会出现此类障碍。精神分裂症是一种严重的精神障碍，表现为幻觉、妄想、思维混乱等症状。这些症状会严重影响大学生的认知能力和社会功能。

（七）神经性厌食症和神经性贪食症

由于大学生面临着较大的学业压力和身材焦虑，一些人可能会出现神经性厌食症或神经性贪食症。这些障碍表现为对食物的过度控制或过度渴望，可能会对大学生的身体健康造成严重影响。

除了以上几种心理障碍外，大学生还可能面临其他心理问题，如自卑、嫉妒、自负、网络成瘾等。这些心理问题会影响大学生的自尊心和自信心，甚至可能导致出现心理障碍。

二、焦虑障碍及其预防

焦虑障碍是一种常见的心理障碍，影响着越来越多的人，特别是大学生等处于高压环境的群体。2023 年 9 月中国科学院心理研究所、社会科学文献出版社联合发布了我国第三本心理健康蓝皮书。书中公布了《2022 年大学生心理健康状况调查报告》（以下简称“报告”），该报告涵盖了对山东、河北等 31 个省（自治区、直辖市）近 8 万名 15—26 岁大学生的生活方式、学业生涯规划和恋爱心理健康，以及抑郁和焦虑风险等方面的调查和分析。

报告显示，当代大学生心理健康状况总体良好，但大约 21.48% 的大学生可能存在抑郁风险,45.28%的大学生可能存在焦虑风险。其中,不同性别、学校、户口和学段大学生之间的心理健康状况存在显著差异。(城镇户口的大学生抑郁和焦虑风险均显著高于农村户口,重点院校学生的抑郁和焦虑风险也比非重点院校的大学生更高;本科生的抑郁和焦虑风险显著高于专科生。)

相较于其他年龄组,18 岁至 24 岁的青年为抑郁高风险群体,抑郁风险检出率达 24.1%。而在成年人群中,月收入 2 000 元以下组的抑郁风险检出率最高,公司职员和公务员群体相对抑郁风险较高。工作倦怠对抑郁风险的影响更为突出,严重工作倦怠的组别中,抑郁风险检出率超过 40%。

从报告中可以看出焦虑障碍是当代年轻人常见的心理障碍,需要引起每一位大学生的重视。

(一) 焦虑障碍的症状

焦虑障碍症状的表现多种多样,其症状及诊断标准主要通常参考《精神障碍诊断与统计手册》(DSM-5)或《国际疾病分类》(ICD-10)等权威的精神健康指南,主要包括情绪症状、身体症状、行为症状、认知症状和其他特定类型的焦虑障碍症状。

1. 情绪症状

焦虑障碍患者首先会表现出明显的情绪症状。他们常常会感到过度担忧、紧张和恐惧,这种情绪状态可能持续存在,也可能突然发作。患者往往无法控制自己的担忧情绪,对日常生活中的各种事情感到过分忧虑。即使是日常的小事,如家庭琐事、工作进展或社交活动,都可能成为他们担忧的对象。这种过度的焦虑状态可能影响到患者的日常生活和工作,导致难以集中注意力,甚至无法正常与他人交往。

2. 身体症状

焦虑障碍的身体症状也非常显著。常见的身体症状包括心悸、心慌、胸闷、气短等心血管系统症状。患者可能感到心跳加快、呼吸急促,甚至有时会出现胸痛或窒息感。此外,消化系统症状也较为常见,如胃痛、腹泻、恶心等。部分患者还可能出现头痛、肌肉紧张、四肢麻木等身体不适症状。这些身体症状可能会加重患者的焦虑情绪,形成恶性循环。

3. 行为症状

焦虑障碍患者的行为症状同样值得关注。他们可能会表现出回避行为,避免与某些情境或活动接触,以减轻焦虑感。例如,患者可能有意避免参加社交活动、公开发言或乘坐公共交通工具等。这种行为模式可能会导致患者的生活质量下降,影响他们的社交和职业发展。此外,患者还可能出现坐立不安、无法静坐等症状,频繁地走来走去,无法保持静止状态。

4. 认知症状

除了上述情绪、身体和行为症状外,焦虑障碍患者还可能表现出认知方面的症状。主要表现在过度关注自己的身体状况,甚至出现错觉或幻觉。此外,患者还可能出现注意力不集中、记忆力下降等认知功能障碍。这些症状可能会进一步影响患者的日常生活和工作能力。

5. 其他特定类型的焦虑障碍症状

除了广泛性焦虑障碍外,还有其他特定类型的焦虑障碍,如社交焦虑障碍、广场恐惧症、特定恐惧症和分离性焦虑障碍等。这些特定类型的焦虑障碍具有各自独特的症状表现。例如,社交焦虑障碍患者在社交场合中感到极度不安和恐惧;广场恐惧症患者对公共场所或开放空间产生过度恐惧;特定恐惧症患者对特定的事物或情境产生强烈恐惧;分离性焦虑障碍患者则在与亲人或其他重要的人分离时感到极度不安和担忧。

焦虑障碍的诊断标准

案例分析

小李是一名大二学生。他来自一个普通的家庭,平时性格内向,不善言辞。在进入大学之前,小李一直过着相对安稳的生活,学习和生活父母都为他安排得井井有条。然而,进入大学后,小李突然失去了这种生活的支撑,面对突如其来的自由和选择,他感到无比迷茫和焦虑。

小李的学习成绩一直名列前茅,但进入大学后,他发现身边的同学都非常优秀,他害怕自己的成绩下滑,害怕被同学超越。于是,他开始过度努力,几乎每天都在图书馆度过。但是,无论他如何努力,成绩始终都无法达到他的预期。这种努力与结果之间的不平衡让小李感到越来越焦虑。除了学习上的压力,小李还面临着社交上的困扰。他渴望与同学建立深厚的友谊,但又不知道如何开口。每当看到其他同学轻松自如地交流时,他就会感到自己格格不入。他担心被同学孤立,担心自己无法融入这个新的环境。在这种双重压力下,小李的焦虑情绪日益严重。他开始失眠,食欲不振,甚至在课堂上也难以集中注意力。他感到自己的世界变得越来越灰暗,对未来的生活充满了恐惧和不安。

在一次偶然的机会下,小李参加了学校举办的心理健康讲座。在讲座中,他了解到了焦虑障碍的相关知识,也听到了许多与他有类似经历的同学的分享。这次讲座让小李意识到,他并不是一个人在战斗,他还有许多同学和老师可以依靠。于是,小李鼓起勇气,向学校的心理咨询师寻求帮助。在心理咨询师的引导下,小李开始学会正视自己的焦虑情绪,学会放松自己,学会调整自己的心态。同时,心理咨询师还为他推荐了一些适合他的放松方法,如深呼吸、瑜伽等。除了寻求专业帮助外,小李还开始主动参加各种社交活动,尝试与同学交流。虽然一开始他感到很困难,但随着时间的推移,他逐渐学会了如何与人交往,如何表达自己的想法和感受。他也开始学会调整自己的学习方式,不再过分追求成绩,而是注重学习过程和自我提升。

（二）焦虑障碍的成因

焦虑障碍是一种以焦虑、紧张、恐惧情绪为主,伴有自主神经系统症状和以运动不安等为特征的神经症。其病因复杂且多样化,涉及生物学、心理学和社会学等多个方面。焦虑障碍病因主要由以下四个因素引起:

1. 生物学因素

关于焦虑障碍的形成,生物学的相关研究表明,部分人天生容易得焦虑障碍,生物学因素包括遗传基因、神经生物化学因素、荷尔蒙因素、脑结构和功能异常以及疾病和药物因素。

（1）遗传基因。焦虑障碍在家族中有明显的遗传倾向。大量研究表明,患有焦虑障碍的父母,其子女患病的风险显著高于一般人群。这种遗传倾向可能与特定的基因变异有关,这些基因变异可能影响个体对应激的敏感性、情绪调节能力以及神经递质的平衡等。然而,焦虑障碍并非单一基因遗传病,而是基因和环境因素共同作用的结果。

（2）神经生物化学因素。神经生物化学在焦虑障碍的发病中起着关键作用。脑内的神经递质，如γ-氨基丁酸、5-羟色胺、去甲肾上腺素等，在调节情绪、睡眠、认知等方面发挥着重要作用。当这些神经递质的平衡被打破时，可能就会导致焦虑障碍的出现。例如，5-羟色胺水平降低可能会导致情绪低落和焦虑；去甲肾上腺素水平升高则与紧张和焦虑有关。此外，神经回路的功能异常也可能导致焦虑障碍的发生。

（3）荷尔蒙因素。荷尔蒙在调节人体生理功能方面发挥着重要作用，与焦虑障碍的发病密切相关。例如，甲状腺激素的异常分泌可能导致情绪波动和焦虑障碍状；肾上腺皮质激素水平的升高则与应激反应和焦虑情绪有关。此外，性激素水平紊乱也可能增加焦虑障碍的发病风险，女性在经前、产后等时期由于性激素水平的变化，也容易出现焦虑障碍。

（4）脑结构和功能异常。神经影像学研究发现，焦虑障碍患者可能存在脑结构和功能的异常。例如，杏仁核、前额叶等脑区在情绪调节和认知控制方面发挥着重要作用。焦虑障碍患者可能存在这些脑区的体积变化、代谢异常或神经活动异常等情况，从而影响情绪调节能力和认知功能的正常运行。

（5）疾病和药物因素。某些身体疾病或药物也可能导致焦虑障碍的发生。例如，甲状腺、糖尿病等慢性疾病可能影响患者的心理状态，从而引发焦虑情绪；而某些药物如咖啡因、尼古丁等成瘾性物质也可能干扰大脑的正常功能，导致焦虑障碍的出现。此外，长期使用某些药物如镇静剂、抗抑郁药等也可能引起药物性焦虑。

2. 心理因素

心理因素在焦虑障碍的发病和维持中起着至关重要的作用，导致焦虑障碍的心理因素主要有认知因素、情绪因素、人格特质、应对方式以及社会和心理支持。

（1）认知因素。认知因素在焦虑障碍中扮演着重要的角色。焦虑障碍患者往往存在一种倾向于将注意力集中在潜在威胁上的认知偏差，过度关注可能的危险，而忽视积极的信息或安全的线索。这种选择性的信息处理方式会加剧焦虑感，并维持焦虑障碍的存在。此外，患者可能对自己的能力、价值和控制感产生怀疑，这种自我否定的认知模式会进一步削弱患者的自信心和应对能力。

（2）情绪因素。情绪调节困难是焦虑障碍的另一个重要心理因素。焦虑障碍患者往往难以有效地管理和调节自己的情绪。他们可能缺乏情绪调节策略，在面对压力或挑战时无法保持冷静和理智。这种情绪调节困难可能会导致焦虑情绪的持续存在和加重。此外，过去的创伤性事件或痛苦经历也可能在情绪上留下深刻的烙印，使患者对某些事物或情境产生过度的恐惧和焦虑。

（3）人格特质。某些人格特质与焦虑障碍的发生和持续存在密切关系。例如，神经质是一种倾向于体验负面情绪和对压力敏感的人格特质。高神经质的人更容易感到焦虑和不安，对潜在的威胁更加警觉。此外，低自尊、完美主义、依赖性强等人格特质也与焦虑障碍的风险增加有关。这些特质可能会导致个体在面对挑战时缺乏自信，容易产生焦虑和恐惧心理。

（4）应对方式。应对方式是个体在面对压力和挑战时所采用的策略和方法。焦虑障碍患者往往会采用消极的应对方式，如回避、逃避或过度依赖他人。这种消极的应对方式会削弱他们的自我效能感，增加焦虑感，并形成恶性循环。

（5）社会和心理支持。社会和心理支持在焦虑障碍的心理因素中也起着重要的作用。

缺乏支持和理解的环境可以加剧焦虑障碍，而家庭、朋友和社会的支持可以帮助患者减轻焦虑感，增强应对能力。然而，如果个体所处的环境缺乏这种支持，或者存在冲突和矛盾，致使内心的焦虑感无法得到排解，就可能会加重焦虑障碍。

3. 社会因素

社会因素在焦虑障碍的发病和维持中起着重要的作用，涉及家庭、学校、工作场所等多个方面，主要包括家庭环境、学校教育、工作环境、社会文化以及社会变革与适应五个方面。

（1）家庭环境。家庭环境是个体成长过程中较重要的社会因素之一。家庭氛围、教育方式以及家庭成员之间的关系都可能会对个体的心理健康产生深远的影响。在紧张、冲突或缺乏支持的家庭环境中成长的孩子，可能更容易形成焦虑、紧张或抑郁的心理。父母对子女的期望过高，或者对子女的行为过度控制，都可能导致子女在成长过程中缺乏自信，从而产生焦虑情绪。相反，一个温暖、支持、和谐的家庭环境则有助于个体形成健康的心理状态，更好地应对生活中的挑战和压力。

内卷

（2）学校教育。学校教育是个体社会化的重要过程，也是焦虑障碍社会因素的重要组成部分。学校中的竞争压力、同伴关系以及教育方式都可能对学生的心理健康产生影响。当前，许多学校过于强调学业成绩和竞争，导致学生面临着巨大的学习压力。这种压力可能会引发学生的焦虑情绪，主要表现为考试焦虑、学业焦虑等。此外，同伴关系也是影响学生心理健康的重要因素。被同伴排斥、孤立或欺凌都可能导致学生产生焦虑、抑郁等心理问题。因此，学校应该加强对学生的心理健康教育，创造一个积极、健康的学习环境，减轻学生的学习压力，促进学生的全面发展。

（3）工作环境。工作环境是未来大学生生活中重要的社会因素之一，与焦虑障碍的产生密切相关。工作压力、职业竞争、人际关系等都可能引发个体的焦虑情绪。例如，工作压力过大可能导致个体产生职业倦怠，表现为情绪低落、焦虑不安等。职业竞争也可能引发个体的焦虑感，如过于担心自己的职业发展前景和经济状况。此外，人际关系也是影响工作环境的重要因素之一。与同事或领导之间的冲突和矛盾也可能导致个体产生焦虑、紧张等负面情绪。

（4）社会文化。社会文化也是焦虑障碍社会因素的一个重要层面。在不同的社会文化背景下，个体面临的压力和挑战可能有所不同，从而导致焦虑障碍的发病率和表现形式也存在一定差异。在一些文化中，重视个人成就、竞争和攀比等价值观念可能导致个体面临巨大的社会压力。这种压力可能引发个体的焦虑情绪，表现为对失败的恐惧、对成功的渴望等。此外，社会舆论和媒体也可能对个体的心理健康产生影响。如负面新闻、暴力事件、网络舆论等都可能引发个体的焦虑感，使其感到不安和恐惧。因此，社会应该倡导积极、健康的价值观念，营造和谐、包容的社会氛围，减少个体的社会压力。

（5）社会变革与适应。社会变革是推动社会发展的重要动力，但也可能带来一系列心理适应问题。社会的快速变革可能导致个体面临生活节奏加快、社会角色转变、价值观念冲突等挑战。这些挑战可能会引发个体的焦虑情绪，表现为对新环境的不适应、对未来的担忧等。因此，在社会变革过程中，应该关注个体的心理健康需求，为其提供必要的心理支持和干预措施，帮助个体更好地适应新的社会环境。

4. 综合因素

实际上，焦虑障碍的发生往往是多种因素相互作用的结果。生物学因素为焦虑障碍提供了情感基础，心理学因素在焦虑障碍状的产生和维持中起着关键作用，而社会因素则通过影响个体的生活环境和心理状态来加剧或减轻焦虑障碍。

（三）焦虑障碍的预防

（1）焦虑障碍可防可治不可怕。每个大学生都有必要了解如何预防焦虑障碍，通过了解焦虑障碍的预防措施和手段可以降低焦虑障碍的发病率和减少所带来的影响。

（2）认识焦虑障碍。首先，大学生需要了解什么是焦虑障碍。了解焦虑障碍的定义、类型和表现，这有助于大学生更好地识别自己的心理状态，及时发现焦虑情绪并采取相应措施进行调整。

（3）寻找焦虑源并解决问题。大学生应该学会寻找自己的焦虑源，即导致自己焦虑的根本原因。这些原因可能包括学业压力、人际关系问题、未来规划不明确等。找到焦虑源后，可以尝试采取一些具体的措施来解决问题，如制订合理的学习计划、改善人际关系、明确职业目标等。通过解决问题，可以消除焦虑的根源，从而减轻焦虑情绪。

（4）学会放松和调节情绪。当大学生感到焦虑时，可以尝试一些放松和调节情绪的方法。例如，深呼吸、冥想、瑜伽等都可以帮助缓解紧张情绪，让身心得到放松。此外，也可以尝试将注意力从焦虑的事物上转移开，关注一些其他感兴趣的事物，以减轻焦虑感。在日常生活中，大学生要尽可能保持积极的心态，以乐观的态度面对生活中的挑战和困难。

（5）培养良好的生活习惯。良好的生活习惯对于预防焦虑障碍也具有重要意义。大学生应该保持规律的作息时间，保证充足的睡眠和合理的饮食。同时，还应该适当参加一些体育锻炼和户外活动，以增强身体素质和免疫力。此外，避免过度使用电子产品和沉迷网络游戏等也有助于预防焦虑障碍。

（6）建立支持系统并寻求帮助。当大学生感到无法独自应对焦虑情绪时，可以积极寻求家人、朋友或专业心理咨询师的支持和帮助。与他人分享自己的感受和困扰，听取适合的建议和意见，有助于更好地应对焦虑情绪。同时，也可以加入一些心理健康社团或组织，与志同道合的人一起交流心得和经验，共同提高心理素质和应对能力。

（7）关注自我成长和提升自我价值感。大学生应该关注自我成长和提升自我价值感。通过不断学习新知识、掌握新技能来提升自己的综合素质和能力水平。同时，也应该关注自己的兴趣爱好和特长发展，积极参与社会实践和志愿服务等活动来拓宽自己的视野。这些努力不仅有助于提升自我价值感、增强自信心，还可以帮助大学生更好地应对未来的挑战和机遇。

焦虑障碍的治疗

三、抑郁障碍及其预防

抑郁障碍，是一种以显著而持久的心境低落为主要特征的心理疾病，正在全球范围内呈现出日益严重的态势。这种情感性精神障碍不仅仅给个体的心理健康带来了威胁，更对社会稳定、经济发展和人类福祉产生了深远的影响。

近年来，抑郁障碍在全球范围内的发病率不断攀升。根据世界卫生组织（WHO）的数据显示，抑郁障碍已经成为全球第二大疾病，预计到2030年将跃升至首位。在全球范围内，约有3.8亿人患有抑郁障碍，这意味着每20个人中就有1个人受到此病的困扰。更令人担忧的是，这一数字还在持续增长，且年轻化趋势明显。

（一）抑郁障碍的症状

抑郁障碍，作为一种情感性精神障碍，其症状丰富且多样，深刻影响着患者的情绪、思维、行为和身体健康。这些症状不仅令患者痛苦不堪，还可能导致其社会功能严重受损。如果大学生患上抑郁障碍还会对学习和交友产生显著影响。

1. 情绪症状

抑郁障碍最核心的症状是情绪低落。患者常常感到心情沉重、沮丧和悲伤，这种情绪状态与周围环境并不相称。即使在愉快的环境中，患者也难以体验到快乐。患者对未来感到绝望，认为自己毫无价值，不值得被爱和关注，这种负面情绪可能持续数周、数月甚至更长时间。

2. 思维症状

抑郁障碍患者的思维明显迟缓，感到自己的大脑好像生锈了一样，无法正常运转。注意力难以集中，记忆力减退，学习和工作效率明显下降。患者常常陷入自责和内疚中，认为自己一无是处，对过去的错误和失败耿耿于怀。还可能出现妄想和幻觉等精神疾病症状，如坚信自己犯了不可饶恕的罪行或身患绝症等。

3. 行为症状

抑郁障碍患者的行为往往受到明显的抑制。开始变得孤僻、退缩，不愿与人交往。兴趣爱好丧失，对原本喜欢的事情也提不起兴趣。日常生活变得懒散，不修边幅，甚至忽视个人卫生。此外，患者还可能出现自伤和自杀行为，试图通过伤害自己来缓解内心的痛苦。

4. 躯体症状

抑郁障碍患者常伴有多种躯体不适。可能出现睡眠障碍，如失眠、早醒或嗜睡等。食欲和体重也可能发生变化，部分患者表现为食欲减退和体重下降，而另一些患者则可能出现食欲亢进且体重增加的情况。性功能障碍在抑郁障碍患者中也较为常见，包括性欲减退和性高潮缺失等。此外，患者还可能出现头痛、背痛、胸闷、心悸等躯体症状，但经过医学检查并未发现明显异常。

5. 认知症状

抑郁障碍患者的认知功能也会受到不同程度的损害。常常感觉自己反应迟钝、思路闭塞，好像大脑一片空白。决策能力下降，对复杂问题难以做出判断。注意力分散，无法专注于当前任务。这些认知症状进一步加重了患者的功能障碍和生活质量下降。

6. 社交症状

抑郁障碍患者的社交功能明显受损。感觉自己与周围人格格不入，难以融入集体生活。在人际交往中表现得敏感多疑，对他人的言行容易产生误解和猜疑。部分患者还可能出现社交恐惧症，害怕在公共场合表现不佳或被人嘲笑。这些社交症状使得患者更加孤立无援，难以获得社会支持。

7. 其他症状

除了以上六大类症状外，抑郁障碍患者还可能表现出其他一些非特异性症状。例如，感到疲乏无力、精力不足；对任何事物都提不起兴趣；感到生活没有意义和价值等。这些症状可能单独出现或与其他症状同时存在,进一步增加了抑郁障碍的复杂性和多样性。

抑郁障碍的症状涉及情绪、思维、行为、躯体和认知等多个方面。这些症状相互交织、相互影响,共同构成了抑郁障碍的复杂临床表现。对于患者而言,这些症状不仅严重影响了他们的生活质量和社会功能,还可能给他们的身心健康带来长期负面影响。因此,及时识别和治疗抑郁障碍对于个人的身心健康至关重要。通过药物治疗、心理治疗和物理治疗等综合手段,可以有效缓解患者的症状,帮助他们重返健康的生活轨道。同时,社会大众也应加强对抑郁障碍的认识和理解,消除歧视和偏见,为患者提供更多的支持和帮助。

（二）抑郁障碍的成因

作为现代社会普遍存在的心理健康问题,抑郁障碍已经引起了广泛的关注。它是一种以显著而持久的心境低落为主要特征的心理疾病,会对患者的生活质量和社会功能造成严重影响。然而,抑郁障碍的形成并非某个单一因素引起的,而是多个层面的复杂因素相互作用的结果。具体包括:

1. 生物因素

生物因素在抑郁障碍的发病中起着重要的作用。首先,遗传因素是抑郁障碍的重要影响因素之一。家族研究表明,抑郁症患者的亲属患病风险显著增加,这可能与遗传物质的传递有关。多个基因的异常以及基因间的相互作用可能共同参与了抑郁障碍的发病过程。此外,神经递质系统、神经内分泌和神经影像学等方面的研究也为抑郁障碍的生物成因提供了有力支持。例如,去甲肾上腺素、多巴胺和5-羟色胺等神经递质在抑郁障碍的发病中扮演了关键角色,而患者下丘脑-垂体-肾上腺轴的功能异常也可能与抑郁障碍的发生有关。

2. 心理因素

心理因素在抑郁障碍的发病和持续过程中同样起着重要的作用。生活中的应激事件,如亲人丧失、婚姻关系不良、失业和严重躯体疾病等,都是抑郁障碍发生的心理因素。这些负面生活事件可能导致患者产生消极情绪和无助感,从而引发抑郁障碍。此外,低自尊、缺乏亲密关系以及消极的应对策略等心理因素也可能增加患抑郁障碍的风险。需要指出的是,心理因素与生物因素之间并非孤立存在,而是相互作用、共同影响抑郁障碍的发生和发展。

3. 社会环境因素

社会环境因素在抑郁障碍的发病中同样不容忽视。社会支持、生活压力和世代影响等因素都与抑郁障碍的发生密切相关。良好的社会支持可以降低患抑郁障碍的风险,而生活压力和负面的世代经历则可能增加患病风险。此外,脑内化学物质、睡眠和饮食等生物环境因素也与抑郁障碍的发生有关。例如,抑郁症患者的大脑内神经递质水平可能发生异常,而睡眠质量差和不良饮食习惯也可能加重患者的抑郁症状,严重影响生活质量。

4. 综合因素

造成抑郁障碍的成因是多方面的,这些因素相互交织、相互影响,共同构成了抑郁障碍的复杂病因。需要指出的是,不同患者抑郁障碍的成因可能存在一定的差异,因此在治疗过程中需要针对患者的具体情况制定个性化的治疗方案。

抑郁障碍的诊断标准

心灵保健操

绘出彩色的天空

每个同学先用铅笔或黑色笔以“雨中人”为主题，在A4纸上绘出自己心中的场景。绘画完成后，与身边的同学分享自己所画的“雨中人”。5分钟分享后，用水彩笔为自己的作品添加鲜艳的色彩。最后再与同学分享作品和自己的感受。

（三）抑郁障碍的预防

近年来，大学生抑郁障碍的发病率呈逐年上升的趋势，这无疑对大学生的身心健康构成了严重威胁。为了有效降低抑郁障碍在大学生群体中的发病率，提高大学生的身心健康水平，可以从以下方面加强对大学生抑郁障碍的预防。

1. 提高大学生自我认知

自我认知是个体对自己的认知和评价，对于预防抑郁障碍具有重要意义。首先，大学生应深入了解自己的情感、需求和价值观，提高自我认知水平。通过自我反思、心理咨询等途径，发现自己存在的心理问题，并及时调整心态。其次，大学生应建立积极向上的自我形象，关注自己的优点和长处，增强自信心和自尊心。避免过分关注自身的缺点和不足，以免陷入消极情绪。最后，大学生需要学会应对压力的方法，如调整心态、寻求支持、放松训练等。在面对压力时，保持冷静和理性，积极寻求解决问题的途径。

为了提高自我认知，大学生还可以积极参加各类社团活动和课外实践，通过与他人的交流互动，更好地认识自己，发现自己的优点和不足，从而有针对性地进行改进和提升。

2. 构建良好的社会支持网络

社会支持网络是个体在面对压力时能够获得的来自家庭、朋友、校园等社会关系的支持和帮助。对于大学生而言，构建良好的社会支持网络是预防抑郁障碍的重要手段。

首先，家庭是大学生最重要的支持来源之一。家长应不断关注孩子的心理健康发展，为其提供情感支持和物质支持，帮助孩子建立积极的生活态度，树立正确的价值观。同时，家长也应尊重孩子的独立性和自主性，给予孩子适当的自由和空间。

其次，朋友支持对于大学生的身心发展也至关重要。大学生之间应建立亲密的友谊关系，互相支持、理解和鼓励。在面对困难时，能够相互扶持，共同渡过难关。此外，大学生还可以通过参加各类社交活动和志愿服务等，拓宽社交圈子，结交更多志同道合的朋友。

最后，校园支持也不容忽视。学校应建立健全心理健康教育体系，提供心理咨询、辅导等服务。同时，鼓励学生参与校园活动、社会实践等，拓宽社交圈子，增强社会适应能力。学校还可以通过开展心理健康讲座、心理剧表演等活动，增强学生的心理健康意识。

3. 加强心理健康教育

心理健康教育是预防抑郁障碍的重要途径之一。首先，学校应定期开展心理健康教育课程，普及心理健康知识，让学生了解抑郁障碍等心理问题的成因、症状和预防方法。其次，通过心理训练、拓展活动等方式，提高学生的心理素质，增强心理承受能力，帮助学生建立积极的心态，提高应对挫折和困难的能力。最后，学校应建立学生心理档案，记录学生的心理健康状况和心理测试结果。这有助于及时发现心理问题，采取有针对性的措施。

为了加强心理健康教育，学校还可以邀请专业的心理咨询师或心理医生来校举办讲座或开设工作坊，为学生提供更加专业的心理健康指导和帮助。

4. 实施早期干预

早期干预是预防抑郁障碍的关键环节。学校和家庭应共同关注大学生的心理健康状况，一旦发现学生出现抑郁障碍症状，如情绪低落、兴趣丧失、睡眠障碍等，应及时就医并寻求专业心理咨询。对于已经确诊为抑郁障碍的学生，学校应提供心理咨询、心理治疗等服务，帮助学生缓解抑郁症状，恢复正常生活和学习。同时，学校和家庭应进行跟踪随访，关注其康复情况，必要时可提供持续的心理支持和帮助，防止复发。

5. 定期评估

定期评估是预防抑郁障碍的重要手段之一。学校应定期开展心理测评工作，了解学生的心理健康状况。通过测评结果，及时发现学生潜在的心理问题，为预防抑郁障碍提供依据。同时，学校和家庭应建立反馈机制，及时沟通学生的心理健康状况。对于存在心理问题的学生，家校应共同制定有针对性的干预措施，帮助其尽快恢复健康。

心理语录

「生命是不容易得来的，也不能轻易地舍掉。

——老舍」

第二节　大学生心理危机的识别与评估

近年来，大学生自杀事件仍有发生，引起了社会各界的广泛关注。2023 年 4 月，张家界某学院一名女大学生因不堪忍受前男友的骚扰和威胁，选择在校内跳楼身亡。据其同学反映，该女生曾多次向前男友提出分手，但对方一直纠缠不清，甚至以公开裸照等隐私信息相威胁。事件曝光后，引起了社会的广泛关注和讨论。

当前我国正处于百年未有之大变局的关键期，国际竞争日益激烈，复杂的社会环境与家庭压力、学业压力、就业压力、生活压力等相互交织导致大学生心理健康问题日益突出。特别是近些年来大学生心理健康问题一直呈现出快速增长的态势，如果这一问题得不到有效解决将严重影响大学生的学习、生活甚至是生命健康。从长远来看，甚至会对整个社会发展造成不利影响。因此，高度重视大学生心理健康问题十分必要。

一、心理危机概述

（一）心理危机的定义

心理危机（psychological crisis）指的是个体在面对突然或重大的生活事件、困难或变化时，由于无法通过自己的资源和应对方式来解决这些问题，所产生的严重心理反应状态。这种状态通常会涉及情绪、认知、行为以及生理等方面，可能会导致个体陷入极度的困扰中不能自拔，甚至产生自杀等极端行为。

心理危机的发生往往与生活中的突发事件有关，如自然灾害、恐怖袭击、亲人过世、严重疾病、失恋、失业等。这些事件会打破个体的心理平衡，使其陷入无法应对的困境中。此时，个体可能会产生恐惧、无助、绝望、焦虑、悲伤等负面情绪，同时还会出现注意力不集中、记忆力减退、失眠、食欲不振等生理反应。

（二）心理危机的特征

1. 心理危机的普遍性与特殊性

美国“9·11”事件

心理危机的普遍性是其最显著的特征。每个人在生活的某个阶段，都可能经历心理危机。这些危机可能源于生活中的重大变故，如失业、疾病、失恋等，也可能源于内心深处的挣扎和困惑。然而，尽管心理危机普遍存在，每个人对于危机的反应和应对方式却是不同的。这取决于个体的性格、经历、价值观等多种因素。因此，在理解和应对心理危机时，需要充分考虑到其普遍性与特殊性的结合。

2. 心理危机的动力性

心理危机往往伴随着强烈的情绪波动和内心冲突。这为变化提供了动力，推动个体寻求解决问题的方法和途径。在这个过程中，个体可能会经历一系列的心理反应，如否认、愤怒、沮丧、接受等。这些反应不仅是个体对危机的正常应对过程，也是其心理成长和发展的必经之路。

3. 心理危机的机遇性

虽然心理危机可能会给个体带来巨大的痛苦和压力，但它同时也蕴藏着机遇。危机可以打破个体原有的心理平衡和行为模式，促使其寻求新的解决方案和应对策略。在这个过程中，个体可能会发现自己的潜力、价值和意义，从而实现自我超越和成长。因此，心理危机不仅是一种挑战，更是一种机遇。

4. 心理危机的复杂性与多维性

心理危机的产生和发展往往涉及多个方面。它可能源于生物性、环境性或社会性的原因，也可能与个体的认知、情感和行为等多个层面相关。这种复杂性和多维性使得心理危机的识别和应对变得尤为困难。因此，在面对心理危机时，需要从多个角度进行分析和评估，以制定全面、有效的干预策略。

5. 心理危机的可预防性

尽管心理危机具有复杂性和普遍性，但通过早期的预防和干预，我们可以降低其发生的概率和减轻其影响程度。这包括加强心理健康教育、提高个体的心理素质和应对能力、建立有效的社会支持网络等。这些措施可以帮助个体更好地应对生活中的挑战和压力，从而减少心理危机的发生。

（三）心理危机的表现

心理危机的表现多样且复杂，主要体现在以下几个方面：

1. 情绪反应

产生心理危机时，个体的情绪反应通常十分强烈且不稳定。患者可能会感觉到极度的恐惧、焦虑、抑郁、愤怒或绝望。这些情绪可能突然爆发，也可能持续存在，影响个体的日常生活和心理健康。例如，患者可能经常感到心情低落，对任何事情都提不起兴趣；或者情绪波动极大，时而愤怒激动，时而悲伤哭泣。

2. 认知障碍

产生心理危机时，个体的认知功能也可能受到影响。患者可能会出现注意力不集中、记忆力减退、思维迟缓、决策困难等情况。这些认知障碍可能导致个体难以应对生活中的挑战，进一步加剧心理危机。例如，患者可能无法集中精力学习或工作，甚至无法做出简单的日常决策。

3. 行为异常

产生心理危机时，个体的行为也可能出现异常。患者可能会出现逃避行为，如故意回避社交场合、退缩到自己的空间等；也可能出现攻击行为，如对他人或自己实施暴力等。此外，患者还可能表现出一些不良的生活习惯，如过度饮食、酗酒、吸烟等。这些异常行为都可能会进一步加剧个体的心理危机。

4. 身体反应

产生心理危机时，个体的身体反应也可能出现明显的异常。患者可能会出现失眠、头痛、肌肉紧张、食欲不振等生理反应。这些身体反应不仅会加重个体的痛苦，还可能影响其日常生活和工作。例如，失眠可能导致个体疲劳无力，提不起精神，影响其第二天的精神状态和工作效率。

5. 社会功能受损

产生心理危机时，个体的社会功能也可能受到严重影响。患者可能无法正常工作或学习，无法与他人建立良好的人际关系，甚至无法维持基本的生活。这些社会功能的受损可能导致个体进一步陷入困境，加重心理危机。

（四）心理危机的发展阶段

心理危机的出现不是一瞬间的，而是一个复杂多变的过程，多位心理学家对心理危机的发展过程作过详细的研究，发现心理危机是由于心理平衡被打破，导致情感、认知和行为出现明显异常反应的情况。它经过多个阶段，这些阶段有助于我们更好地理解心理危机的本质，从而采取有效的干预措施。

1. 第一阶段：冲击期（或震惊期）

当个体突然遭遇心理危机时，首先会进入冲击期。在这一阶段，个体会感到震惊、恍惚、麻木，甚至否认事实的发生。这是一种自然的心理防御机制，帮助个体暂时逃避痛苦的现实。然而，长时间的否认和逃避不利于问题的解决，甚至会导致个体陷入更深的困境。

2. 第二阶段：预警期与危机期

预警期是心理危机的一个关键阶段，此时个体会感受到一些即将到来的威胁或压力，但尚未直接面对。而危机期则是当个体直接遭遇压力或创伤性事件时，其心理平衡被严重打破的阶段。在这两个阶段中，个体会经历强烈的情绪波动、认知混乱和行为异常。

3. 第三阶段：防御退缩期

在直接面对危机后，个体会进入防御退缩期。在这一阶段，个体为了保护自己，会采取各种防御机制，如否认、投射、合理化等。这些防御机制可以暂时减轻个体的痛苦，但也阻碍他们正视问题和寻求帮助。

4. 第四阶段：适应期

随着时间的推移，个体逐渐从防御退缩期中走出，进入适应期。在这一阶段，个体开始正视心理危机，并尝试采取积极的应对策略。他们可能会通过寻求社会支持、调整生活方式、改变思维模式等途径，以适应新的现实。这一阶段是个体心理成长的关键时期，也是走出危机的转折点。

5. 第五阶段：成长期

如果个体能够成功度过适应期，他们将进入成长期。在这一阶段，个体不仅能从危机中恢复过来，还能在心理、认知和行为方面实现显著的成长。他们会获得新的洞见、发展新的技能、建立更健康的人际关系等。这种成长不仅有助于个体应对当前的危机，还为未来的挑战奠定坚实的基础。

然而，值得注意的是，并非所有人都能顺利度过心理危机的发展阶段。有些人可能长时间停留在某一阶段，无法摆脱困境；有些人则可能反复经历不同阶段的循环，无法走出心理危机的漩涡。这可能与个体的性格、经历、社会支持等多种因素有关。

因此，在面对心理危机时，我们需要关注个体的不同发展阶段，并为其提供相应的支持和干预。对于处于冲击期、预警期、危机期或防御退缩期的个体，我们需要给予足够的理解和关怀，帮助他们逐渐接受现实并走出困境。对于处于适应期和成长期的个体，我们需要对其进行有针对性的指导，帮助他们实现心理成长和发展。

二、心理危机的识别

即使心理危机很紧急很危险，但并不是完全没法解决，心理学家经过多年的研究发现，任何心理危机在出现的过程中都伴有一定的信号。俗语说："救人一命，胜造七级浮屠。"当别人出现心理危机的时候，如果我们能通过外在的一些信号及时识别到，并采取一定的措施，是可以帮助他人度过危机的。一般可以通过观察言行举止和了解生活事件与背景发现他人存在的心理危机。

（一）观察言行举止

1. 言语表达方面

言语是了解他人心理状态的重要窗口。在心理危机时期，个体的言语表达会发生明显的变化。他们会频繁使用消极、悲观的词汇，如"绝望""无助"等，来描述自己的感受和处境。同时，他们的语气会变得沉重、无力，甚至带有哭腔。此外，个体还可能出现言语混乱、逻辑不清的情况，这是由于他们内心的混乱和挣扎导致的。当听到这些异常的言语表达时，应该保持高度敏感，提高对个体的关注度，及时给予个体关心和支持。

2. 行为表现方面

行为是个体心理状态的直接反映。在心理危机时期，个体的行为表现会出现明显的异常。他们可能会表现出逃避行为，如回避社交场合、避免与他人交流等，这是由于他们内心的恐惧和不安导致的。同时，个体还可能出现攻击行为，如对他人或自己实施暴力，这是由于他们内心的愤怒和失控导致的。此外，个体还可能出现生活习惯上的改变，如过度饮食、酗酒、吸烟等，他们试图通过改变日常习惯来缓解内心的痛苦。当观察到这些异常的行为表现时，应该及时采取措施，防止个体做出伤害自己或他人的行为。

3. 身体反应方面

心理危机不仅会影响个体的心理状态，还会在他们的身体上出现一定程度的反应。比如失眠、头痛、肌肉紧张等，这可能是由于他们内心的压力和紧张导致的。同时，个体还可能表现出食欲不振、体重下降等身体状况，这可能是由于他们内心的痛苦和困扰导致的。这些身体反应不仅会加重个体的痛苦，还可能影响其日常生活和工作。因此，需要关注个体的身体反应，及时发现异常情况，并为其提供必要的支持和帮助。

4. 社会功能方面

心理危机还影响个体的社会功能。在心理危机时期，个体会出现社交障碍、沟通困难等问题，导致他们无法正常工作或学习。他们会感到孤独、无助，甚至产生自我封闭的想法。此外，他们还可能丧失基本的生活自理能力，无法维持正常的生活秩序。这些社会功能的受损也是出现心理危机的信号之一。因此，需要关注个体的社会功能状况，及时发现异常情况，并提供必要的支持和帮助。

5. 观察言行举止的注意事项

在观察言行举止以觉察心理危机时，需要注意以下几点：首先，要保持客观和中立的态度，避免主观臆断或偏见对观察结果的影响；其次，要尊重个体的隐私和权益，避免过度干涉或侵犯他们的个人空间；最后，要注意观察的时机和方式，选择适当的场合和时间进行观察，以获得更准确的信息。

（二）了解生活事件与背景

心理危机往往源于生活事件与个体背景的相互影响。了解这些要素，对于及时发现并干预心理危机至关重要。从生活事件、背景因素及两者的相互作用，觉察个体可能面临的心理危机。

1. 生活事件：心理危机的触发器

生活事件，如失业、疾病、婚恋问题等，往往对个体的心理状态产生直接冲击。这些事件可能导致个体出现焦虑、抑郁等负面情绪，甚至引发自杀意念。因此，关注生活事件，特别是重大生活事件，对于预防心理危机具有重要意义。

在关注生活事件时，可以重视事件的性质、影响程度及个体的应对策略。不同性质的事件对个体的影响程度不同，而个体的应对策略也直接影响其心理危机的发生与发展。例如，面对失业，有些人能够积极调整心态，寻找新的工作机会，而有些人则陷入深深的绝望。这种差异在很大程度上取决于个体的心理韧性、社会支持等因素。

2. 背景因素：心理危机的深层土壤

背景因素，如家庭环境、成长经历、社会地位等，都会对个体的心理健康产生深远影响。

这些因素可能塑造个体的性格特质、价值观及应对方式，从而影响其心理危机的易感性。

在了解背景因素时，可以从个体的家庭氛围、教育经历、社会经济地位等多加关注。这些因素不仅影响个体的心理健康水平，还与其当前的心理危机存在密切关联。例如，长期生活在家庭暴力环境中的个体，更容易出现情绪障碍、人际困扰等问题。

3. 生活事件与背景因素的相互作用

生活事件与背景因素并非独立存在的，它们往往相互交织，共同影响个体的心理状态。例如，一个长期遭受家庭冷暴力的个体，在面对失恋这一生活事件时，更容易陷入深深的抑郁状态中。因此，在觉察心理危机时，需要综合考虑生活事件与背景因素的相互作用，以便更准确地评估个体的心理状态及危机风险。

三、心理危机的评估

（一）量表评估

心理危机的评估是心理健康领域中的一项重要任务，它有助于及时发现并干预潜在的心理问题，从而保护个体的心理健康。在评估心理危机时，量表作为一种标准化的测量工具，具有客观、简便、易操作等优点，被广泛应用于实践中。

1. 心理危机评估的重要性

心理危机评估是对个体心理状况进行系统化、量化的评估过程，旨在识别个体是否存在心理危机以及危机的严重程度。通过评估，可以为后续的干预和治疗提供重要参考，这有助于制定针对性的干预策略，提高心理健康服务的有效性。此外，心理危机评估还有助于预防心理问题的进一步发展，减少不良事件的发生。

2. 常用心理危机评估量表

（1）症状自评量表（SCL-90）。该量表共包含 90 个项目，涵盖了九个方面的心理症状，如抑郁、焦虑、敌对、恐怖等。通过让被试者根据自己的实际情况进行自我评定，可以了解个体在各方面的症状表现及其严重程度。该量表在心理危机评估中具有较高的应用价值，可以识别个体是否存在心理症状及其严重程度。

（2）抑郁自评量表（SDS）。该量表主要用于评估个体的抑郁症状。量表共包含 20 个项目，涉及抑郁心境、兴趣丧失、疲劳感、睡眠障碍等多个方面。被试者根据自己的实际情况进行自评，可以了解个体在抑郁症状上的表现及其严重程度。SDS 量表在心理危机评估中具有重要的参考价值，可以识别个体是否存在抑郁症状及其严重程度。

（3）焦虑自评量表（SAS）。该量表主要用于评估个体的焦虑症状。量表共包含 20 个项目，涉及主观焦虑感受、躯体化症状、对未来的担忧等多个方面。被试者根据自己的实际情况进行自评，可以了解个体在焦虑症状上的表现及其严重程度。SAS 量表在心理危机评估中同样具有重要的应用价值，有助于识别个体的焦虑症状及其严重程度。

3. 量表评估的注意事项

在使用量表进行心理危机评估时，需要注意以下几个方面：

（1）量表的适用性。不同的量表适用于不同的年龄、文化和背景人群。因此，在选择量表时，需要考虑到被试者的实际情况，选择适合的量表进行评估。同时，也需要注意量表的信度和效度,确保其评估结果的可靠性和有效性。

(2) 量表的解释与反馈。在使用量表进行评估后,需要对评估结果进行合理的解释和反馈。这需要对评估结果进行全面的分析,并结合被评估者的实际情况,给出具有针对性的建议和指导。同时,也需要注意与被试者沟通时的方式和语气,避免对其造成额外的心理压力。

(3) 量表的局限性。量表评估虽然具有一定的客观性和便利性,但也存在一定的局限性。例如,量表无法涵盖所有的心理症状和问题,或者在某些情况下受到被试者主观因素的影响。因此,在使用量表进行评估时,需要充分考虑其局限性,并结合其他评估方法,如临床访谈、观察等,进行综合评估。

4. 量表评估与其他评估方法的结合

心理危机评估并非只依赖量表评估,而是需要与其他评估方法相结合,以获取更全面、准确的评估结果。例如,临床访谈可以深入了解被试者的心理状况、生活经历和社会支持等方面的情况;观察法可以评估被试者的行为表现、情绪反应等;心理测验则可以评估被试者的认知能力、人格特点等。将这些方法与量表评估相结合,可以相互补充、验证和提高评估的准确性。

(二) 访谈

在心理健康工作中,与处于心理危机中的个体进行访谈是一项极为重要且需要高度专业技巧的任务。这样的访谈不仅要求我们具备扎实的专业知识,还需要掌握一系列有效的沟通和访谈技巧。如未经过专业学习和训练的人员,仅需了解即可。

1. 访谈原则

(1) 建立信任。在产生心理危机情况下,个体往往处于高度敏感和脆弱的状态。因此,建立信任关系是至关重要的第一步。访谈者应通过非言语行为(如倾听、点头表示理解)和言语表达(如肯定、安慰)来传达对个体的关心和支持。

(2) 尊重与接纳。无论个体的情感表达多么强烈或与众不同,访谈者都应保持尊重和接纳的态度。这有助于创造一个安全的环境,使个体更愿意分享自己的感受和经历。

(3) 保持专业。尽管访谈者可能会与个体建立深厚的情感联系,但交谈中始终保持专业界限是非常重要的。这有助于确保访谈的有效性和个体的安全。

2. 访谈技巧

(1) 开放式问题。使用开放式问题(如“你能告诉我你现在感觉如何吗?”)鼓励个体自由表达自己的感受和想法。这类问题有助于收集丰富的信息,同时避免对个体过多的引导或暗示。

(2) 积极倾听。积极倾听是一种强调理解和共情的技术。访谈者应通过反馈(如重述、澄清)来表明自己理解了个体的感受,并鼓励其继续分享。

(3) 情感反映。情感反映是一种表达理解和共情的方法。访谈者通过用自己的话复述个体的情感表达,可以帮助个体确认并深化对自己情感的认知。

(4) 提问澄清。当个体的表达含糊或自相矛盾时,访谈者可以通过提问澄清等方式来获取更准确的信息。这种技巧有助于理解个体的真实意图和感受。

四、大学生心理危机的干预策略

（一）紧急心理干预

大学生心理危机的紧急心理干预是指在大学生面临严重心理困扰、危机或自我伤害风险时，采取及时、有效的心理干预措施，以缓解其心理压力、防止危机事件的发生或减轻危机事件对其造成的负面影响。以下是一些紧急心理干预的策略。

（1）立即建立联系。首先，与处于心理危机中的大学生建立紧急联系。可以与他们的朋友、家人或室友联系，以便尽快找到他们并提供支持。

（2）倾听与理解。以倾听和理解的态度与大学生交流，给予他们充分表达情感的机会。避免批评或指责，而是尝试理解他们的感受和经历。

（3）提供安全环境。确保大学生处于安全的环境中，避免任何可能增加他们风险的行为或情境。这可能涉及将他们转移到安全地点，或与他们共同制订安全计划。

（4）稳定情绪。帮助大学生稳定情绪，缓解紧张和焦虑。包括提供深呼吸、放松训练或其他情绪调节技巧。

（5）提供心理支持。帮助大学生应对危机事件和负面情绪。这涉及为其提供心理教育、应对策略或情绪管理技巧。

（6）寻求专业帮助。如果大学生的心理危机严重或持续存在，应及时寻求专业心理咨询或治疗。与心理咨询师或精神科医生合作，制定个性化的干预方案。

（7）建立支持系统。与大学生的家人、朋友和其他支持者建立联系，共同为大学生提供支持和帮助。确保了解大学生的情况，并提供必要的支持和资源。

（8）持续关注与评估。在紧急干预后，持续关注大学生的心理状况，定期评估他们的进展和需要。根据需要调整干预策略，确保他们得到持续的支持和帮助。

（二）危机热线与心理咨询

当大学生面临心理危机时，危机热线和心理咨询是两种重要的心理援助方式。这些服务旨在提供即时的情绪支持和专业的心理援助，帮助大学生减轻压力、缓解心理困扰，并防止危机事件进一步恶化。

1. 危机热线

危机热线是一种电话热线服务，通常由专业的心理健康工作者或志愿者接听。这些热线提供 24 小时的服务，以确保为患者提供不间断的心理援助。大学生在面临心理危机时，可以通过拨打危机热线电话，获得及时的情绪支持和心理援助。热线工作者会倾听他们的问题和困扰，并提供相关的建议、信息和资源，以帮助他们缓解危机情绪、找到解决问题的方法。

全国免费
心理热线

然而，需要注意的是，在拨打危机热线时，大学生应谨慎甄别电话号码的来源和真实性，确保拨打的是正规、可靠的危机热线电话，保障个人信息的安全。

2. 心理咨询

心理咨询是一种更为深入和个性化的心理支持服务。与危机热线相比，心理咨询通常需要预约，由专业的心理咨询师或心理治疗师为个体提供面对面的咨询或治疗服务。心理咨询师会与大学生建立长期的合作关系,深入了解他们的问题和需求,制定个性化的干预方案,以帮助他们解决心理困扰、增强心理韧性。

在寻求心理咨询时,大学生应选择正规的心理咨询机构或专业的心理咨询师,确保获得高质量的心理支持。同时,也应提前了解心理咨询的过程和原则,与咨询师建立良好的合作关系,积极参与咨询过程,以获得最佳的咨询效果。

(三)现场紧急处理与转介

1. 现场紧急处理

当大学生出现心理危机时,现场紧急处理至关重要,以下是一些建议。

(1)确保安全。确保大学生的身体安全。将他们移至安全的环境,远离可能造成伤害的物体或情境。

(2)建立联系。与大学生建立友好的联系,通过倾听和表达关心来稳定他们的情绪,并使用温和、非威胁性的语言进行交流。

(3)评估风险。快速评估大学生的风险水平。考虑他们是否有自伤、自残或伤害他人的倾向,以及是否需要立即进行医疗或精神卫生干预。

(4)提供支持。提供情绪支持和安慰,让大学生感到被理解和支持。鼓励他们分享自己的感受和经历,但不要强迫,要多加引导。

(5)获取帮助。如果大学生出现的心理危机超出能力范围,应立即寻求专业心理咨询机构的帮助。例如,联系校内的心理咨询中心、精神卫生服务机构或拨打紧急救援电话来解决问题。

2. 转介

在某些情况下,大学生需要更专业的心理健康服务。这时,将他们及时转介给专业的心理健康专家是至关重要的。

(1)确定需要。评估大学生的情况,确定是否需要转介。考虑他们的症状严重程度、持续时间以及对日常生活的影响。

(2)提供信息。向大学生解释转介的原因和目的,以及他们将接受的服务类型。确保他们了解转介的过程和可能的结果。

(3)协调安排。与专业的心理健康机构或专家进行协调,安排大学生的转介事宜。确保信息的准确传递和服务的顺利衔接。

(4)持续支持。在转介过程中,继续为大学生提供必要的支持,包括情绪支持、信息提供或协助解决其他问题。

(5)跟踪反馈。与接收转介的机构保持联系,了解大学生的进展和反馈。根据需要调整支持计划,以确保他们得到适当的帮助。

总之,大学生心理危机的现场紧急处理和转介需要迅速、专业和有针对性的行动。通过确保安全、建立联系、评估风险、提供支持和获取帮助等步骤,可以有效地帮助大学生应对心理危机。同时,通过确定需要、提供信息、协调安排、持续支持和跟踪反馈等过程,可以确保大学生得到适当的心理健康服务。

心灵补给站

书籍推荐《生命的重建》

《生命的重建》是名副其实的心理励志世界畅销书，被全世界读者誉为人类身心健康的福音书。书中为我们揭示了追求身心和谐的心理模式，从而开辟了重建和谐生命的完美道路。该书将深刻的哲理、科学的精神与博大的爱，结合作者的坎坷经历，以浅显生动的语言娓娓道来，如清泉般滋润每个人的心灵。

复习思考题

1. 抑郁症的主要症状有哪些？如何准确识别抑郁症的迹象？
2. 心理危机通常是由哪些因素触发的？如何及时察觉个体是否处于心理危机之中？
3. 在处理心理危机时，哪些专业资源和服务是可以利用的？如何引导患者及其家人寻求这些资源？
4. 如何区分正常的情绪波动与抑郁症的征兆？有哪些具体的评估工具和方法？
5. 如何通过教育和培训提高公众对抑郁症和心理危机的认识，以便更早地发现和介入潜在的心理问题？

即测即评

第五章

我的情绪我做主——大学生情绪管理与调节

心灵导航

第一节　情绪概述
第二节　情绪对人的影响
第三节　情绪管理我能行

学习目标

1. 了解情绪的基本内涵及产生过程；
2. 掌握情绪的调节方法；
3. 熟悉情绪的作用和实际应用。

重难点

重点为运用情绪的特点解决生活难题和养成积极情绪模式；
难点为负性情绪的管理和调节。

心灵故事

放下心中的包袱

庄子是中国古代著名的哲学家和思想家。他的生活态度中充满了对情绪的智慧调节。

有一次，庄子的朋友惠子因为一些琐事而心情郁闷，便去找庄子倾诉。庄子听后，并没有直接给惠子建议，而是带他来到一片林间。那时正是秋天，树叶随风飘落，地上已积了厚厚的一层树叶。庄子指着那些落叶说："人生如梦，这些树叶就像是世间的纷扰和烦忧，时而聚集，时而飘散。但风过后，它们终究会归于尘土，化为大地的滋养。"惠子听后，心情稍有舒缓。庄子又说："人生中的得失、荣辱，都不过是过眼云烟。当我们过于执着于这些时，就会失去内心的平静。而真正的智者，懂得随遇而安，不为外物所动。”惠子听完深有感触，他明白庄子是在告诉他，要学会放下心中的包袱，用平和的心态去面对生活中的一切。从那以后，每当惠子遇到烦恼时，他都会想起庄子的话，心情也随之变得平静许多。

这个故事不仅展示了庄子深邃的哲学思想，也体现了他对情绪调节的独到见解。在庄子看来，保持内心的平静和淡泊，是面对生活挑战的最好方式。

心理语录

「怒不过夺，喜不过予。

——荀子」

第一节 情绪概述

人与动物最大的区别在于人有明显的情绪和深厚情感，能通过情绪和情感跟世界万物建立联系。正是因为这个联系，让人们体验到了生活的价值和意义；正是因为这个联系，让人们明白原来每个人都很重要；正是因为这个联系，让人们不断地追求和创造。

一、揭开情绪的神秘面纱

（一）情绪的内涵

“你今天快乐吗？”这样一个简单的问题，每个大学生都能快速地回答出来“快乐”或者“不快乐”。谈及情绪，每个大学生都曾经体验过快乐和痛苦，甚至更多样化的感受。那么情绪到底是什么呢？

情绪，作为人类心理活动中不可或缺的一部分，是心灵的镜子，反射出人内在的情感波动与变化。它既可以是微妙的细腻感受，也可以是强烈的情感冲击；既可以是短暂的瞬间闪现，也可以是持久的内心体验。情绪如同生活的调色板，为人们的日常经历增添了丰富的色彩。

从心理学角度来看，情绪是对一系列主观认知经验的统称，是人对客观事物的态度体验以及相应的行为反应。它通常与个体的愿望和需求密切相关，当客观事物或情境符合人们的愿望和需求时，就会产生积极的情绪，如快乐、满足；反之，则会产生消极的情绪，如悲伤、愤怒。情绪是个体与环境之间相互作用的结果，涉及生理、认知、行为和社会等多个层面。

（二）情绪的基本特征

情绪通常被定义为个体对外部刺激和内部心理状态的主观体验和反应。它包括喜、怒、

哀、乐等基本类型,以及更为复杂和混合的情绪体验。其主要具有以下几个基本特征:

1. 主观性

情绪是个体主观的感受和体验,不同人可能对同一刺激产生不同的情绪反应。

2. 生理性

情绪往往伴随着生理上的变化,如心率、血压、呼吸等方面的改变。

3. 表达性

情绪可以通过面部表情、身体姿态、言语和行为等方式进行表达。

踢猫效应

4. 功能性

情绪对个体的认知、行为和生理状态等具有重要影响,有助于适应环境和应对挑战。

(三) 情绪的成分

从情绪定义来看,情绪不仅包括主观体验,还伴随着相应的外部表现和生理反应。

1. 主观体验

主观体验包括人的思维、情感、意志和行为。比如遇到不好的事情,人就会紧张、不安、烦躁、焦虑,这些情况就叫主观体验。遇到开心的事情,人就会喜笑颜开。主观体验都是自己的感觉,只要感受器官没有出现问题,刺激的强度足够大的时候,就会出现情绪。因此,在研究他人情绪时,很大程度上要依赖被研究对象的主观体验。

主观体验也是心理过程的一个基础,是持续的心理状态。个体能够适应环境,具有完善的个性特征。在现实社会生活中,能够正确地认识自我,自觉控制自己的意识与行为,正确看待外界的一切影响,使心理保持平衡与协调的状态。

2. 外部表现

外部表现是个体的表情和行为;个体通过面部表情、手势姿势和声调语气等来更好地表达自己。例如,不同的情绪会产生不同的面部表情。面部表情能精细、准确地反映人的情绪,它是人类表达情绪最主要的表情动作。心理学家伊扎德将人们面部分为额眉——鼻根区、眼——鼻颊区,认为这三个区域的活动构成了不同的面部表情,表达着相应的情绪。比如,人愉快时,额眉——鼻根区放松,眉毛下降;眼——鼻颊区眼睛眯小,面颊上提,鼻面扩张;口唇——下巴区嘴角后收、上翘。这三个区域的肌肉运动组合起来就构成了笑的面部表情。

3. 生理反应

情绪的生理反应是指在情绪活动中伴随发生的一系列生理变化。它主要是根据自主神经系统和内分泌系统活动的改变而引起的。

(1) 自主神经系统的情绪生理反应多数情况下表现为交感神经系统活动的相对亢进。例如,在动物发动防御反应时,可出现骨骼肌血管舒张,皮肤内脏血管收缩,血压升高和心率加快的交感活动的改变。这些变化可使各器官的血流量得到重新分配,使骨骼肌获得充足的血液供应。

(2) 内分泌系统的情绪生理反应涉及的激素种类很多。例如,由于创伤、疼痛等原因引起应激而出现痛苦、恐惧、焦虑等情绪的反应中,血中促肾上腺皮质激素和肾上腺糖皮质激素浓度明显升高,肾上腺素、去甲肾上腺素、甲状腺激素等浓度也升高;又如情绪激动时往往会出现性激素分泌紊乱,并引起育龄期女性月经失调和性周期紊乱等情况。

二、情绪的来源

（一）情绪的心理理论

从科学心理学诞生以来，不少的心理学家都想通过研究弄明白人类的心理到底是怎样产生的，又是怎样影响人的。下面是近代心理学家对情绪研究的简介。

1. 外围神经理论

美国心理学家詹姆斯和丹麦生理学家兰格分别于 1884 年和 1885 年提出了内容相同的一种情绪理论。该理论强调情绪的产生是植物性神经活动的产物。后人称它为情绪的外周理论。即情绪刺激引起身体的生理反应，而生理反应进一步导致情绪体验的产生，该理论偏向生物学的本能论。

2. 丘脑情绪理论

提出者是美国生理学家沃尔特·坎农，后来得到其弟子菲利普·巴德的支持和扩充，该理论也称“丘脑情绪说”。丘脑情绪理论认为情绪情感的中枢不在外周系统，而是中枢神经系统的丘脑，并且强调，大脑对丘脑抑制的解除，使自主神经活跃起来，加强身体生理反应，而产生情绪。

3. 评定-兴奋学说

美国心理学家阿诺德于 20 世纪 50 年代提出了情绪的评定-兴奋学说，该学说强调情绪的来源是对情境的评估，而这种评估是在大脑皮层产生的。阿诺德举例指出，在森林里看到熊会产生恐惧，而在动物园里看到关内在笼子里的熊却不产生恐惧。情绪产生取决于人对情境的认知和估价，通过评价来确定刺激情景对人的意义。因此，阿诺德给情绪下定义为“情绪是对趋向知觉为有益的、离开知觉为有害的东西的一种体验的倾向，这种体验倾向被一种相应的接近或退避的生理变化模式所伴随”。

4. 情绪两因素论

美国社会心理学家沙赫特的情绪理论认为，情绪的产生有两个不可缺少的因素：一是个体必须体验到高度的生理唤醒，二是个体必须对生理状态的变化进行认知性的唤醒。情绪状态是由认知过程、生理状态、环境因素在大脑皮层中整合的结果。

5. 认知-评价理论

美国心理学家拉扎勒斯的认知-评价理论认为情绪是人与环境相互作用的产物。在情绪活动中，人不仅仅反应环境中的刺激事件对自己的影响，同时要调节自己对刺激的反应。具体有三个层次的评价：初评价、次评价、再评价。

（二）影响情绪的因素

1. 认识因素

认识在情绪体验中是一个非常重要的因素。相同的情境，如果作出的认识评价不同，就会产生不同的情绪体验。例如，两个同时都想学习开车的学生，结果都没能如愿，对他们来说的确是件不顺心的事。但是，甲同学把这件事当作是对自己的考验（作出良好的认识评价），就会产生积极的情绪体验，并努力克服面前的困难，做好组织上分配的工作。而乙同学则认为自己很倒霉（作出不好的认识评价），就会产生消极的情绪体验，抱怨领导对自己不公平。由此不难看出，一件事情到底是好还是坏，就看你如何认识它、如何评价它，看你作出什么样的选择。一定程度上，认知的高度决定了情绪的稳定程度。

客观事件是无法左右的，有些事件是不以人的意志为转移的，但主观信念是可以通过努力加以控制的。虽然无法避免所有不合理的信念，但应充分认识它的存在，尽量减少其对生活所产生的负面影响。不合理信念具有以下三个特征。

(1) 绝对化要求。它通常与“必须”“应该”这类字眼连在一起。比如，“我必须获得成功”“别人必须很好地对待我”“生活应该是很容易的”等。俗话说，“人生不如意事十之八九”“计划不如变化快”生活中很多事情是不以人的意志为转移的，人不可能在每一件事情上都获得成功；同样，周围的人和事物的表现和发展也不可能以人的意志为转移。

(2) 过分概括化。过分概括化是一种逻辑谬误，也是人们在日常生活和思维中常犯的错误之一。它指的是在不充分的证据支持下，将个别或特定的情况不恰当地推广到一般或普遍的情况。这种概括超出了实际证据所能支持的范围，因此可能导致错误的结论和偏见。过分概括化的表现形式多种多样。例如，一个人可能因为某次不愉快的经历而对整个群体或事物产生消极的看法，即使这种经历只是个别情况。或者，人们可能因为某个特定事件或现象而对整个时期或地域做出片面的评价。这种一概而论的做法忽视了个体的差异性和复杂性，容易出现误解和偏见。

(3) 糟糕至极。糟糕就是不好、坏事了的意思。当一个人讲什么事情都糟透了、糟极了的时候，对他来说往往意味着碰到的是最坏的事情，是一种灭顶之灾。人当然希望不要发生其所认为的非常不好的事情，但是没有任何理由说这些事情绝对不该发生。当一切已成事实，就必须努力去接受现实，尽可能地去改变这种状况；实在不可能改变时，则要学会在这种状况下生活下去。

2. 气质类型

现代心理学家认为，气质是人典型的、稳定的心理特点，主要表现在情绪体验的强弱、快慢上，表现在隐显动作敏感或迟钝方面，它是高级神经活动类型的外部表现。人的气质类型有四种，不同气质的人，情绪表现特点也各不相同。

(1) 胆汁质。也叫作不可遏制型。这种气质类型的人情绪兴奋性高、感情强烈、易于激昂、脾气急躁，情绪体验的波动性比较大。

(2) 多血质。这种气质类型的人属于活泼型。他们情感丰富，反应灵敏、灵活，接物待人乐观热情，情绪易变，在面临各种应激情境时具有很强的自我调节能力。

(3) 黏液质。这种气质类型的人属于安静型。他们情绪兴奋性低，对外界反应慢，情感不外露，遇事冷静，情绪不会大起大落，有时表现得压抑，但有很强的自我调节能力。

(4) 抑郁质。也称弱型。这种气质类型的人对外界刺激反应不强烈，而且反应慢，情绪易低落。这种类型的人情绪易压抑，感情易脆弱，内心深层情感体验强烈，经不起挫折和打击，容易表现出神经症的症状。

气质对情绪的影响并不是不可改变的。每个人通过经营生活，不断塑造自己的个性，磨炼意志，充分发挥气质的积极方面，克服自身的弱点，都可以不断完善自己。

3. 环境因素

环境因素对人的情绪影响是不可忽视的。例如生物钟、大自然变化、颜色刺激都会对情绪产生影响。

（1）生物钟。人体的一切生理活动都是有规律的。人体的血压、体温、脉搏、心跳、神经的兴奋抑制、激素的分泌等100多种生理活动都要受生物钟规律的支配，从而产生生理活动的高潮和低潮，高潮时期情绪往往比较饱满，工作效率高；低潮时期情绪则比较低落，容易表现出不耐烦、易怒等不良情绪反应，办事效率低下，容易出差错。一般来说，中午和黄昏以后这两个时间段生物钟处于低潮期，人们互相之间应尽量避免打扰，特别是不要安排重要的活动内容。

（2）大自然变化。一般来说，阴雨天气人们往往容易产生低落情绪；如果天气转晴，心情也就跟着好多了。连天的阴雨，人们容易烦躁不安，对人对事极不耐烦，处理事务也欠考虑。现代医学研究表明，人脑中的自然电磁压力在满月时会发生变化。对月亮敏感的人，大脑右半球的电磁压力在满月时期会增加，其后果是导致情绪不稳定，容易激动。有关专家建议，在满月的日子里对月光敏感的人工作量不要太大，要多休息。

（3）颜色刺激。大家可能深有体会，到了春天，大自然就像一扇画屏，人在画屏中行走，烦恼的情绪一时也被荡涤殆尽。于是到了阳春三月，人们便养成了到郊外踏青的习俗。一般来说，鲜艳的颜色能驱赶人的不良情绪，心情易于好转。所以在花红柳绿的春天，人们的情绪往往非常好。

感觉剥夺

案例分析

小李是一名大一的学生，平时性格内向，不太善于与人交流。最近，他因为高考的成绩不理想而陷入了深深的沮丧之中。那天，成绩公布后，小李看到自己辛辛苦苦准备的科目竟然只得了勉强及格的分数，顿时感到心如刀绞。他觉得自己已经付出了很多努力，但结果却如此残酷，考上的不是第一志愿学校。这种失落和挫败感让他一时间难以接受。

在大学开学的几天里，小李的情绪一直很低落。他不再像以前那样积极参与课堂讨论和课外活动，而是经常一个人默默地坐在角落里发呆。他的脸上失去了往日的笑容，取而代之的是一副愁眉苦脸的表情。室友们注意到了小李的变化，主动询问他发生了什么事情。但小李只是简单地说自己心情不好，并没有过多解释。他觉得自己的失败是一件很丢人的事情，不想让别人知道。然而，这种情绪的低落和封闭并没有让小李感到好受一些。相反，他越来越觉得自己与周围的人格格不入，心中的孤独感也越来越强烈。

最终，在一位心理咨询师的帮助下，小李逐渐打开了心扉，开始正视自己的情绪问题。他意识到，每个人都会有失败的时候，重要的是如何面对和克服这些失败。通过与他人交流和倾诉，小李慢慢走出了阴影，重新找回了自信和积极的生活态度。

三、情绪的分类

（一）情绪的基本分类

关于情绪的类别，长期以来说法不一。我国古代有喜、怒、忧、思、悲、恐、惊的七情说，美国心理学家普拉切克则提出了八种基本情绪：悲痛、恐惧、惊奇、接受、狂喜、狂怒、警惕、憎恨,还有的心理学家提出了九种类别。虽然类别很多,但普遍认为有四种天生的情绪,分别是快乐、愤怒、恐惧和悲哀。

1. 快乐

快乐是指一个人盼望和追求的目的达到后产生的情绪体验。由于需要得到满足,愿望得以实现,心理的急迫感和紧张感解除,快乐随之而生。快乐有强度的差异,从愉快、兴奋到狂喜,这种差异和所追求的目的对自身的意义以及实现的难易程度有关。

2. 愤怒

愤怒是指所追求的目的受到阻碍,愿望无法实现时产生的情绪体验。愤怒时紧张感增加,有时不能自我控制,甚至出现攻击行为。愤怒也有程度上的区别,一般的愿望无法实现时,只会感到不快或生气,但当遇到不合理的阻碍或恶意的破坏时,愤怒会急剧爆发。这种情绪对人身心的伤害也是最为明显的。

3. 恐惧

恐惧是企图摆脱和逃避某种危险情景而又无力应对时产生的情绪体验。所以,恐惧的产生不仅仅由于危险情景的存在,还与个人排除危险的能力和应对危险的手段有关。一个初次出海的人遇到骇浪或者鲨鱼袭击会感到恐惧无比,而一个经验丰富的水手对此已经司空见惯,泰然自若。婴儿身上的恐惧情绪表现较晚,与他对恐惧情景的认知较晚有关。

4. 悲哀

悲哀(悲伤)是指心爱的事物失去时,或理想和愿望破灭时产生的情绪体验。悲哀的程度取决于失去的事物对当事人的重要性和价值。悲哀时带来的紧张的释放,会导致哭泣。当然,悲哀并不总是消极的,它有时能够转化为前进的动力。

人类这些最基本的情绪与动物的情绪表现有本质的不同。因为即使是人的生理需要也打上了社会的烙印,人们不再茹毛饮血,在满足衣、食、住、行需要的同时也会考虑适当的方式和现有的社会条件。

(二) 情绪状态分类

情绪除了以是否天生为判断标准以外,还可根据情绪状态持续时间长短分为三类:心境、激情和应激。

1. 心境

心境是一种微弱、平静和持久的情绪状态。生活中人们常说"人逢喜事精神爽",指发生一件喜事能让人们很长时间保持着愉快的心情;但有时候一件不如意的事也会让人们很长一段时间忧心忡忡,情绪低落。这些都是心境的表现。

心境具有弥散性和长期性。心境的弥散性是指当人具有了某种心境时,这种心境表现出的态度体验会向周围的一切事物扩散。一个在班上受到表彰的同学,会感到心情愉快,回到家里同家人会谈笑风生,遇到邻居会笑脸相迎,走在路上也会觉得天高气爽;而当他心情郁闷时,在单位、在家里都会情绪低落,无精打采,甚至会"对花落泪,对月伤情"。古语中说人们对同一种事物,"忧者见之而忧,喜者见之而喜",也是心境弥散性的表现。心境的长期性是指心境产生后在相当长的时间内主导人的情绪表现。虽然人的基本情绪跟情境有关,但心境中的喜悦、悲伤、生气、害怕却要维持一段较长的时间,有时甚至成为人一生的主导心境。如有的人一生历尽坎坷,却总是豁达、开朗,以乐观的心境面对生活;有的人总觉得命运对自己不公平，或觉得别人都对自己不友好，结果总是保持着抑郁愁闷的心境。

导致心境产生的原因很多，生活中的顺境和逆境，工作、学习上的成功和失败，人际关系的亲与疏，个人健康的好与坏，自然气候的变化，都可能引起某种心境的产生。但心境并不完全取决于外部因素，还同人的世界观和人生观有一定的联系。一个有高尚人生追求的人会无视人生的失意和挫折，始终以乐观的心境面对生活。如陈毅元帅的《梅岭三章》可以说就是这种心境的体现。

心境对人们的生活、工作和健康都有很大的影响。人们每天总是在一定的心境中学习、工作和交往，积极良好的心境可以提高学习和工作的效率，帮助人们克服困难，保持身心健康；消极不良的心境则会使人意志消沉，悲观绝望，无法正常工作和交往，甚至导致一些身心疾病。所以，保持一种积极健康、乐观向上的心境对每个人都有重要意义。

2. 激情

激情是一种爆发强烈而持续时间较短的一种情绪状态。人们在生活中的狂喜、狂怒、深重的悲痛和异常的恐惧等都是激情的表现。和心境相比，激情在强度上更高，但维持的时间一般较短暂。

激情具有爆发性和冲动性，同时伴有明显的生理变化和行为表现。当激情到来的时候，大量心理能量在短时间内积聚而出，如疾风骤雨，使得当事人失去了对自己行为的控制力。如《儒林外史》中的范进听到自己中举的消息后，狂喜之下，竟然意识混乱、手舞足蹈、疯疯癫癫；有些人在暴怒之下，双目圆睁、咬牙切齿甚至拳脚相加，这些都属于激情的表现。但这些激情在宣泄之后，人又会很快平息下来，甚至出现精力衰竭的状态。

激情常由生活事件所引起，那些对个体有特殊意义的事件会导致激情的产生，如考上大学，找到满意的工作等；出乎意料的突发事件会引起激情，如多年失去音信的亲人突然回归，常会欣喜若狂。另外，违背个体意愿的事件也会引起激情，中国古书中记载，春秋战国时期的伍子胥过昭关，因担心被抓回楚国，父仇不能报，一夜之间竟然愁白了头。可见，不同的生活事件会引发不同的激情。

激情对人的影响有积极和消极两个方面。一方面，激情可以激发内在的心理能量，成为行为的巨大动力，提高工作效率并有所创造。如战士在战场上冲锋陷阵，一往无前；画家在创作中，尽情挥洒，浑然忘我；运动员在报效祖国的激情感染下，敢于拼搏，勇夺金牌。但另一方面，激情也有很大的破坏性和危害性。激情中的人有时任性而为，不计后果，对人对己都可能造成一定伤害。一些青少年犯罪，就是在激情的控制下，一时冲动，酿成大错，甚至可能带来一生的遗憾。激情有时还会引起强烈的生理变化，使人言语混乱，动作失调，甚至休克。所以，在生活中应该适当地控制激情，多发挥其积极作用。

3. 应激

应激是出乎意料的紧张和危急情况引起的情绪状态。如在日常生活中突然遇到火灾、地震，飞行员在执行任务中突然遇到恶劣天气，旅途中突然遭到歹徒的抢劫等。无论天灾还是人祸，这些突发事件常常会给人们心理上造成高度警醒和紧张，并产生相应的反应，这都是应激的表现。

人在应激状态下常伴随明显的生理变化，这是因为个体在意外刺激作用下必须调动体内全部的能量以应对紧急事件和重大变故。这个生理反应的具体过程为：紧张刺激作用于大脑，使得下丘脑兴奋，肾上腺髓质释放大量肾上腺素和去甲状腺素，从而大大增加通向体内某些器官和肌肉处的血流量，提高机体应对紧张刺激的能力。有学者把整个应激反应过程分为动员、阻抗和衰竭三个阶段：首先是有机体通过自身生理机能的变化和调整做好防御性的准备；其次是借助呼吸心率变化和血糖增加等调动内在潜能，应对环境变化；最后当刺激不能及时消除时，持续的阻抗使得内在机能受损，防御能力下降，从而导致疾病。

应激的生理反应大致相同，但外部表现可能存在很大差异。积极的应激反应表现为沉着冷静、急中生智，全力以赴地去排除危险，克服困难；消极的应激反应表现为惊慌失措、一筹莫展，或者发生错误的行为，加剧了事态的严重性。这两种截然不同的行为表现，既同个人的能力和素质有关，也同平时的训练和经验积累有关。如果接受过防火演习和救生训练，当遇到类似的突发事故时，就能正确及时地逃生和救人。

心灵保健操

情绪猜谜游戏

教师或一名学生描述一个情境或事件，例如："你刚刚赢得了一场比赛"或"你的作业被老师表扬了"。然后，其他学生需要猜测这个情境或事件可能会引发哪种情绪，并说明理由。

四、情绪的功能

情绪的出现并不是一个简单的生理现象，而是一个复杂的心理现象，同时这种心理现象蕴含着更多社会文化的功能和信息，能指引人们更好地去生活。

（一）适应功能

个人在生存和发展的过程中，有多种适应方式。情绪就是其中的一种。如动物遇到危险时产生恐惧的呼叫，就是动物求生的一种手段。

情绪是人类早期赖以生存的手段。婴儿出生时，并不具备独立的生存能力和言语交际能力，这时就主要依赖情绪来传递信息（哭泣、笑声和肢体动作），与成人进行交流，得到成人的关注和需要的满足。成人也正是通过婴儿的情绪反应，及时为婴儿提供各种生活条件。在成人的生活中，情绪与人的基本适应行为有关，包括攻击行为、躲避行为、寻求舒适、帮助别人和生殖行为等。这些行为有助于人的生存及成功地适应周围环境。情绪直接反映着人的生存状况，是人心理活动的"气象局"，如通过愉快可以表示处境良好，通过痛苦可以表示面临困难；人还可以通过情绪进行社会适应，如用微笑表示友好，通过移情维护人际关系，通过察言观色了解对方的情绪状况，进而采取相应的措施或对策等。

总之，人能够通过情绪了解自身或他人的处境，适应社会的需求，得到更好的生存和发展。当然，情绪有时也存在一定的负面作用，如一些人在喝醉酒后就会表现出极度兴奋或者悲伤的状态，胡乱说话，破坏公共财产，甚至造成人身伤亡。

（二）动机功能

情绪是动机的源泉之一，是人类动机系统的一个基本成分。它能激励人的活动，提高人的活动效率。适度的情绪兴奋,可以使身心处于活动的最佳状态,推动人们有效地完成各种任务。研究表明,适度的紧张和焦虑能促使人积极地思考和解决问题。同时,情绪对于生理内驱力也具有放大的作用,成为驱使人的行为的强大动力。如人在饥饿的情况下,产生了进食的生理需要,这种生理内驱力可能暂时没有足够的力量去激励行为,但是,一段时间后人的恐慌感和急迫感就会放大和增强内驱力,使之成为行为的强大动力。

(三)组织作用

情绪的组织作用是指情绪对其他心理过程的影响。情绪心理学家认为,情绪作为脑内的一个检测系统,对其他心理活动具有组织的作用。这种作用表现为积极情绪的协调作用和消极情绪的破坏、瓦解作用。积极情绪有利于提高认知活动的效果,而消极情绪如恐惧、痛苦等会对认知产生负面影响。消极情绪的激活水平越高,认知效果越差。

情绪的组织功能还表现在人的行为上,当人处在积极、乐观的情绪状态时,比较容易关注事物美好的一方面,其行为比较开放,愿意接纳外界的事物;而当人处在消极的情绪状态时,容易失望、悲观,放弃自己的愿望,或者产生攻击行为。

(四)社会功能

情绪在人际间具有传递信息、沟通思想的功能。这种功能是通过情绪的外部表现,即表情来实现的。表情是思想的信号,如用微笑表示赞赏,用点头表示同意等。表情还是语言交流的重要补充,如手势、语调等能使语言信息表达得更加明显或确定。从信息交流的发生上看,表情交流比语言交流要早得多,如在前语言阶段,婴儿与成人相互交流的唯一手段就是情绪。情绪在人与人之间的社交活动中具有广泛的功能。它可以作为社会的黏合剂,使人们接近某些人;也可以作为一种社会的阻隔剂,使人们远离某些人。如某人暴怒时,你可能会后退或碍于他的身份而压抑自己的消极情绪,不让它表露出来。由此可见,人所体验到的情绪,对其社会行为具有重大影响。

心理语录

「上善若水,水善利万物而不争。处众人之所恶,故几于道。

——老子」

第二节　情绪对人的影响

一、传统中医的情绪观

(一)“阴阳”理论中的情绪

1. 阴阳理论中的情绪诞生

“阴阳”的概念,最早见于《易经》。阴阳是中国古人对宇宙万物两种相反相成性质的一种抽象的表达，是宇宙对立统一及思维法则的哲学范畴。中国先贤拈出“阴阳”二字，来表示万物两两对应、相反相成的对立统一，《老子》所谓“万物负阴而抱阳”，《易传》所谓“一阴一阳之谓道”。《易经》便是讲“阴阳”变化的数理和哲理。所谓道，就是客观规律、自然法则。

人的情绪跟阴阳有很多相通的地方，人们习惯用二元论的辩证思维来看待情绪，例如人们都希望天天“开心、快乐”，不喜欢“不开心、不快乐”，因为阳性情绪的背后带着人们潜意识的信息。

2. 阴阳对立

阴阳对立，是指宇宙中万物万象，其内部都同时存在着相反的两种属性。人们发现绝大多数的事物包括情绪都能找到其对立面，并且能让人很容易认识到对立面的重要性。事物总是一分为二，阴阳对立的，主要表现在阴阳之间的相互制约、相互排斥、相互斗争。只有阴阳的不断制约、排斥和斗争，才能推动事物的发展和变化。中国论述阴阳理论的时间比古希腊的矛盾学说要早几百年，正是源于古代先贤对自然规律的深入研究。

3. 阴阳相生

事物又总是合二为一的。事物或现象中对立的两个方面，具有互相依存，互相为用的联系、相辅相成。阴或阳的每一方都以另一方作为自己存在的前提，任何一方都不能脱离另一方而单独存在、单独发展，孤阴不生，孤阳不长。没有阴就没有阳，没有阳也就没有阴，没有上，无所谓下，没有下，也就不存在上。一张纸，不可能只有正面，没有反面，同样也不可能只有反面，没有正面。阴附于阳，阳依于阴。阴在内，阳之守也，阳在外，阴之使也。

阴阳这种相互依存、补充、配合、作用的关系，称为阴阳互根。

阴阳对立是讲一分为二，揭示事物的对立性。

阴阳互根是讲合二为一，揭示事物的统一性。

考考自己

阴阳对立，阴阳相生，唯有这种对立统一才能产生变化、生成万物，才是一切事物的始终。

（二）五行理论蕴含情绪的变化

1. 五行理论与情绪的关系

众所周知，五行是中国自古以来道学的一种系统观，广泛地用于中医学、堪舆、命理、相术和占卜等方面。五行的意义包含着阴阳演变过程的五种基本动态：水（代表润下）、火（代表炎上）、金（代表收敛）、木（代表伸展）、土（代表中和）。中国古代哲学家用五行理论来说明世界万物的形成及其相互关系。它强调整体概念，旨在描述事物的运动形式以及转化关系。阴阳是古代的对立统一学说，五行是原始的普通系统论。

在中国古代先贤看来，人的情志（情绪）与五行也是密不可分的。人的五大类情绪各自代表着五行的一种属性，喜属火、悲属金、怒属木、思（思虑）属土、恐属水。而每种情绪也是直接联系着人的内脏，关系到内脏的健康，心属火、肺属金、肝属木、脾属土、肾属水。在五行理论看来情绪的属性和内脏的属性也是一一对应的，情绪的变化直接影响内脏的变化。

2. 五行理论对情绪的影响

《素问·生气通天论》里面提道：阳气者，大怒则形气绝，而血菀于上，使人薄厥。《素问·举痛论》也提道：余知百病生于气也。怒则气上，喜则气缓，悲则气消，恐则气下，寒则气收，炅则气泄，惊则气乱……这两句名言都谈到情绪直接对身体造成的影响。在古代中医看来，一个人的情绪有波动是很正常的，只要波动在一个合理的范围内，则不需要太多的关注，而当情绪发展到极端的时候，则需要主动调节。因为在不少真实的事件里面都证明了极端情绪会直接造成严重后果。

为此，中医就明确地提出了极端情绪的严重性，例如《素问·阴阳应象大论》提到：怒伤肝……喜伤心……思伤脾……悲伤肺……恐伤肾。

案例分析

林黛玉之死

林黛玉出身于“清贵之家”，由于幼时父母宠爱，比较任性。后因父母早丧，寄居贾府，孤苦伶仃。环境的龌龊势利，使她“自矜自重，小心戒备”，为保持自己纯洁的个性，她始终“孤高自许，目下无尘”，并且常以“比刀子还厉害”的语言，揭露周围不合理的现象，因而被人看作是“刻薄”“小心眼”。

林黛玉十七岁时，正月。贾宝玉疯癫，贾政放了江西粮道，赴任在即，贾府不得不加紧筹办贾宝玉婚事。二月初二，贾母为了给贾宝玉冲喜，又想到金玉之说，遂与贾政议定贾宝玉、薛宝钗婚事。同时，为了蒙混贾宝玉，凤姐向贾母、王夫人献调包计。初四，金玉婚事意外被傻大姐泄密，林黛玉急痛攻心，去贾母院里见贾宝玉，二人最后一次参禅。林黛玉问：“宝玉，你为什么病了？”贾宝玉笑道：“我为林姑娘病了。”十一日，林黛玉焚稿。十二日，即林黛玉生日当天，贾宝玉、薛宝钗大婚，林黛玉泪尽而逝。

案例点评：林黛玉从小就有咳嗽的毛病，多年求医未果，而咳嗽的病根在肺部。林黛玉在进入贾府后，对贾宝玉喜爱有加，甚至到了痴迷妒忌的地步，只要知道贾宝玉跟其他女性在一起，则会在房间中暗自落泪，并且咳嗽加剧，甚至不时咯血。后人纷纷推测，林黛玉得的是痨病（即现在肺结核），这在当时是一种绝症，无法治愈。而贾宝玉的大婚更是直接摧毁了林黛玉所有的希望，咳嗽到吐血，最后气绝身亡。

二、“情”来自有方

（一）我国古代对情绪问题的处理

从中医对情绪的研究可以得知，每种情绪到达了极致都会伤害到自己的身体。但是古人的聪明智慧也告诉我们，在危机当中也包含着转机，在变化的过程中也可以控制其变化的方向。

运用五行理论，古代的中医发明了情志相胜疗法：就是根据五行相克的理论，利用一种或多种情绪去调节、控制克服另外一种或多种不良情绪的心理疗法。

《内经》指出：思伤脾，怒胜思；恐伤肾，思胜恐；喜伤心，恐胜喜；悲伤肺，喜胜悲；怒伤肝，悲胜怒。情志相胜疗法始创于《内经》，以后不断得到发展。

1. 思伤脾,怒胜思

思维与情绪的关系非常密切,故古代医家把“思”列为七情之一。思伤脾,思虑过度可令人神疲、懒言、失眠、健忘、心悸、不思饮食、腹胀等。怒胜思,故可以利用愤怒情绪来克制过度思虑。例如《儒门事亲》载:一富家妇女,伤思虑过甚,二年不寐,张子和采用“多取其财,饮酒数日不处法而去”的方法来故意激怒病人,结果,“其人大怒汗出,是夜困眠”。又如《续名医类案》载:韩世良治疗一位“思母成疾”的女病人时,叫女巫告诉患者,她母亲因女儿之命相克而死,在阴间准备报克命之仇。患者大怒,骂道:“我出母病,母反害我,我何思之!”痛恨、怒骂亡母之后,女病人“病果愈”。由古代的案例可以得知,思虑过度可通过心理刺激,让其愤怒,转化其思虑进行心理克制。

2. 恐伤肾,思胜恐

恐伤肾,过度恐惧可令人惶惶不安、提心吊胆、二便失禁、遗精、腰膝酸软等。故可以采用说理开导等方法,使患者神志清醒,思维正常,理智地分析产生恐惧的原因,逐渐克服恐惧情绪。

3. 喜伤心,恐胜喜

喜伤心,恐胜喜,过度喜悦、高兴可令人心气涣散、神思恍惚、健忘、嬉笑不休等。例如《续名医类案》记载,李某的父亲因儿子考中进士等喜事而患笑病、日夜大笑不止 10 余年。太医叫李的家人假称其子已死。病人听说儿子死了,“恸绝几殒。如是者十日,病渐瘳”。

4. 悲伤肺,喜胜悲

喜胜悲,悲忧伤肺,悲痛,忧愁可令人面容憔悴、悲观失望、沮丧、厌世、长吁短叹、咳嗽气喘、生痰生瘀、毛发枯萎等。故愉快、喜悦的情绪可以驱散忧愁苦闷的情绪。例如《医苑典故趣谈》载,清朝一位巡抚郁郁寡欢,家人请来名医为其治病,名医沉思良久,诊断的结果说巡抚患了“月经不调”。巡抚认为这个诊断荒唐可笑,一想起名医的诊断就大笑不止,于是心情逐渐好转。

5. 怒伤肝,悲胜怒

怒伤肝,悲胜怒,愤怒情绪可令人冲动、打人毁物、烦躁、面红耳赤、头晕目眩、吐血、昏厥等。故悲痛、忧愁情绪可以控制、克服愤怒情绪。《景岳全书》记载,两个女人发生口角后,燕姬“叫跳撒赖”,大怒装死。张景岳对装死的燕姬说,要对她进行令人痛苦且有损容貌的火灸。燕姬感到悲伤,便结束了“气厥若死”的装病行为。

古代中医小故事

由此,古代有智慧的医生非常善于使用心理疗法帮助患者,辨证论治,而非任何时候都必须用针灸汤药才能治病。

(二)现代社会对情绪问题的看法

由于现在社会的快速发展,使很多人在学习工作生活中产生特别大的压力和不好的情绪,无论是经济条件的问题,还是家庭朋友之间的关系都会让人烦恼。有人就会把情绪发泄在家人或者朋友身上,导致与朋友和家人出现很大的问题和裂痕。用一种好的方式来释放情绪和压力会让自己更加自信,更有魅力。让朋友之间的关系更加和谐,家人之间的关系更加融洽。

1. 情绪来自集体潜意识的渴望

在潜意识深处，人希望被他人认可；希望被社会接受；希望在自己有难的时候得到帮助。从这几点引出，例如有的人执着于他人认可，想方设法寻找存在感；有的人执着于向他人倾诉情感。于是就存在了这些社会现象，如盲目从众，哗众取宠，过度重视他人评价；沉迷于网络、虚拟世界的“社会”，甚至通过损害他人利益来排解情绪。

2. 情绪来自复杂多变的环境

人的情绪是客观存在的，不会因为把它埋藏起来，就会消失。负面情绪就在人意识深处慢慢地聚集，总有一天会爆发。可以是小的爆发，如不可控的暴食、轻而易举地大笑、学习或工作很容易走神。可以是大的爆发，如情绪紊乱、逃避现实、大哭一场、罹患抑郁等。

而现代社会，无论是工作还是学习，人们面临的压力都很大。学习上，父母的不了解、老师的训斥、升学的压力、琐事的烦恼。工作上，上司的欺凌、同事的鄙视、工作的繁杂、前途的晦暗。太多太多的不容易，导致现代人负面情绪聚集，快节奏的生活，又给这种情况雪上加霜。例如，你为了好的教育“趋百里外”，与原来熟悉的亲戚、邻居分别。一茬又一茬的升学，又让你刚刚建立起的友谊破灭。进入社会，高压力使你没有多余时间深交好友，背井离乡地升学、打工，疏远了本应最亲近的父母……那么就会出现：你有巨大的压力，想排解，但找不到合适的排解手段，最终把所有情绪排解在一场痛哭中。

3. 情绪问题被视为心理健康的重要组成部分

在现代社会中，人们逐渐认识到情绪问题与心理健康的紧密关系。心理健康不再仅仅是没有精神疾病的状态，而是包括情绪稳定、心理平衡等多方面的内容。因此，情绪问题被视为心理健康的重要组成部分，需要得到关注和解决。

4. 情绪问题受到跨学科研究的关注

现代社会中，情绪问题已经成了跨学科研究的热点之一。心理学、神经科学、社会学等多个学科都对情绪问题进行了深入研究，从不同角度揭示了情绪问题的本质和影响。这种跨学科的研究趋势有助于人们更全面地了解情绪问题，并为其提供有效的解决方案。

5. 情绪问题被纳入公共卫生体系

随着对情绪问题认识的深入，越来越多的国家和地区将情绪问题纳入公共卫生体系。社会心理服务体系建设是推进新时代社会治理创新的重要举措。党的十八大以来，我国高度重视社会心理服务体系推进工作并取得积极成效，但离人民群众日益增长的美好生活的需要，尤其是对心理和精神层面的追求仍存在一定距离，亟须加快谋划、强化保障，进一步完善我国社会心理服务体系。这种将情绪问题纳入公共卫生体系的做法有助于提高社会对情绪问题的重视程度，并为公众提供更好的心理健康服务。

心理工作
方案举例

心理语录

「能控制好自己情绪的人，比能拿下一座城池的将军更伟大。

——拿破仑」

第三节 情绪管理我能行

一、大学生常见的情绪困扰

(一) 悲伤的情绪困扰

悲伤是个体最早出现的情绪之一，也是人类很早就开始认识的一种情绪。一般认为，悲伤是由分离、丧失和失败引起的情绪反应。然而由于不同个体的评价标准、人格特质等因素的影响，同样的事件或情境能够引发悲伤，或所引发的悲伤强度和持续时间会因个体差异而有所不同。而且不同情境的悲伤，其反应趋势及外部表现也不一致。这些问题都增加了对悲伤发生机制理解的困难，不同的研究者常常强调问题的某一方面，因而对悲伤的发生有着不同的看法。人们一般认为，悲伤的产生，应综合考虑诸多因素，如诱发事件、认知加工、主观体验、脑区活动、反应趋势及外部表现等。

大学生常见诱发悲伤情绪的原因有下面几种：

1. 丧失的出现

生活没有一帆风顺，也不会一成不变。每个人总会遇到身边重要的东西离开自己，可能是重要的人，也可能是重要的事。当人们遇到丧失事件的时候，只要有情感的连接，必然会有情绪的变化，这是人之常情，而悲伤的情绪自然也是一种常见的反应。在这样的情况下，请允许悲伤的出现，无论男女，痛哭一场也是一件难得的事情。大哭过后，请记得明天的光明仍然会到来。

2. 人际关系的危机

在大学里，人与人的关系不再像中学那样简单和单纯。主要有三方面的原因：第一是同学之间相处的时间增多了，人与人之间的摩擦增多。第二是人们的心理状况变得更加成熟，更加明白朋友的真正含义。第三，功利性的需要开始出现，例如建立朋友关系是为了找到更好的工作，朋友可以在危难的时候江湖救急等，让同学之间的关系更加复杂化。无可厚非，社会上有很多种人需要挑选不同的人做自己的朋友，但同时对于那些自己不喜欢的人怎样和他们相处呢？每个人都不可能总是遇到自己喜欢的人，或者说遇到更多的是一般感受的人，谈不上喜欢，更谈不上做朋友。当然，每个人都会遇到自己讨厌的人。所以当真的遇到喜欢又能聊得来的朋友，请好好珍惜。遇到一般关系的，可以静待花开。而遇到不喜欢的，也别悲伤，因为他们也会教会你一些生活中真实有用的道理，感谢遇到不喜欢的人，这样你喜欢的人才显得更加珍贵。

案例分析

> 小李和小王是同一宿舍的室友，两人性格迥异。小李喜欢安静，而小王则喜欢热闹。由于彼此无法理解和包容对方的生活习惯，两人经常发生争吵。这种紧张的宿舍关系导致小李情绪低落，他感到无法与室友和谐相处，对自己的大学生活失去了信心和热情。
>
> 点评：以上案例表明，大学生宿舍关系对个体的情绪有着重要的影响。当宿舍关系紧张、不融洽时，大学生往往会出现情绪低落、焦虑、孤独等心理问题。这些问题不仅会影响他们的学习和生活，还可能对他们的身心健康造成长期的负面影响。因此，我们应该重视大学生宿舍关系的建设，为大学生提供一个和谐、温馨的宿舍环境。对于已经出现宿舍关系问题的大学生，可以通过与室友沟通、寻求辅导员或心理咨询师的帮助等方式来缓解低落情绪。同时，也可以通过参加集体活动、拓宽社交圈子等方式来减轻对宿舍关系的依赖，提升自己的情绪调节能力。

3. 恋爱关系的破裂

大学与中学最大的差别之一就是学校对学生恋爱行为的干预了。经调查，全国大部分中学都明令禁止学生谈恋爱，而到了大学之后，极少的大学有对学生恋爱行为的禁止规定。也就是说，恋爱是个人自由，学校不鼓励也不反对。但是恋爱不是一个人的事，恋人是比朋友更加亲密的关系，更加亲密的接触，而大部分学生的恋爱经历并不是特别多，因此交往的过程中难免有矛盾出现。当恋爱关系出现破裂的时候，悲伤的情绪自然就出现了。当真的出现类似事件的时候，请允许自己表达情绪，悲伤不是可耻的事情，悲伤过后仍然还有很多人在身后默默地鼓励、支持你。

4. 其他事件的影响

除了以上三个因素以外，大学生还有可能由于其他原因引发悲伤的情绪，例如入学适应问题、学业问题和就业问题等。

（二）愤怒的情绪困扰

美国心理学家雅克·希拉尔指出："愤怒是一种内心不快的反应，它是由感到不公和无法接受的挫折引起的。"无论是一触即发，还是一味隐忍，愤怒都是坏情绪的红色警报。"愤怒告诉我们，别人对我们使了坏，或者我们内心的愿望无法满足。"那么，愤怒情绪是好是坏呢？心理学家艾耶·古罗·勒内指出："我们必须要倾听自己的愤怒，因为它能帮助我们保持个性的完整。"

学会表达愤怒。很多时候，人们拒绝承受别人的愤怒，也不想表达自己的愤怒。其实，只要方法恰当，愤怒是可以表达出来的。一味隐忍会让愤怒更加强烈地爆发，关键是找到一个平衡点。毫无疑问，认清自己的需要，学会表达愤怒，就会和他人建立健康的关系。

很多人认为愤怒是一种雄性情感。然而，有学者却指出：男性表达愤怒多于女性，并不准确。一般来说，男性更多地以攻击性的方式表达愤怒，而女性则常以口头方式表达。在亲密关系中，女性往往在争吵时的态度更为激烈。

男性发怒的原因常常是由于权利受到威胁，比如想做某事却被禁止；而女性发怒则是因为别人的行为不符合自己的意愿，尤其是感到被拒绝、被忽视和嫉妒时更容易发怒。

大学生常见诱发愤怒情绪的原因有下面几种：

1. 生命、健康或财产受到威胁

每个人天生都有自我保护的本能，在受到安全威胁的时候，人会启动自我保护的机制，用最大力量的模式进行自我防卫，而最常见的防卫模式就是愤怒的对抗。愤怒不单可以维护自身生命安全，还可以击退敌人。在动物世界中，捕食者之间的抗争就是带着愤怒的情绪保护自己和自己的领地，否则就会面临死亡的威胁。

2. 个人自尊受到伤害

在大学生出现愤怒的背后，有相当多的事件是因为他人的某些话语或者动作，这些在他人看上去像是一件小事，但在指向目标的时候却会变成一种间接的伤害，这种伤害是对他人自尊的伤害。所谓“人要脸，树要皮”，人生活在世界上，物质的东西可以少一些，但是个人的尊严是非常重要的，因为相互尊重才能达到关系的平衡。

3. 家庭教养模式的影响

现今的家庭教养模式主要分为四类，分别是控制型、疏忽型、放任型和民主型。一些社会心理学研究表明，在控制型的家庭下成长的孩子，更容易出现愤怒的情绪。该类型家庭教养模式中父母对孩子通常要求很高，但是对孩子的需求却是低反应的。这样的孩子到了青春期，叛逆的可能性非常大，容易因与他人意见不同而产生愤怒情绪。

4. 社会环境

社会心理学者库尔特·勒温提出过一个解释个人行为的场理论，并提出了影响个人行为的“生活空间”概念。也可以简单理解为每个人的心中都有关于自己生存领域的界限。如果把易怒者想象成脾气很不好的猫，就大概能了解为何踏入他的那个“生活空间”会惹到他了。

（三）焦虑的情绪困扰

焦虑是个体由于达不到目标或不能克服障碍，致使自尊心或自信心受挫，或使失败感、内疚感增加，所形成的一种紧张不安带有恐惧性的情绪状态。

大学生常见的诱发焦虑的原因有下面几种：

1. 由事件的未知性所引起的焦虑情绪

大学生处在步入社会前的阶段，从产生自我意识开始，人生的经历不过十几年，而绝大部分时间在学校当中度过，接触最多的事物是课本的知识。而知识的学习也往往是机械式地学习，因此真的把知识用在生活中的机会比较少。而在大学的教学中，从机械学习到实践学习和自主学习都是一个新的转变，往往会出现学生无所适从的情况，而没有任何操作经验和需要对行为负责导致学生进入迷茫的状态，焦虑的情绪就由此产生。

2. 社会复杂变化所引起的焦虑情绪

大学环境比中小学的环境复杂了不少，同时还面临校园以外的环境影响，大学生在这样的情况下也会产生既新奇又担忧的心理变化。特别是在有应激事件发生的情况下，更有可能出现焦虑情绪。而大学生自身的甲状腺素、去甲肾上腺素这些和紧张情绪有关的激素分泌紊乱（过量）则对以上过程有放大作用。

3. 大学生自身的心理特征所引起的焦虑情绪

有研究表明，大学生焦虑情绪的出现跟个人的人格特质有关系。人格是我们在成长过程中慢慢形成的一种较稳定的心理特质，同时也是影响和指导人完

降低焦虑的方法

成各种任务的核心因素。而面对同样的事件,有些人表现出愤怒的情绪,有些人表现出焦虑的情绪,有些人则表现出抑郁的情绪,其根本差别是人格不同。因此,焦虑型人格的大学生在面对未知事件的时候,更容易出现焦虑情绪。

二、正视情绪,合理表达

(一)正视消极情绪

人们在日常生活中经常遇到的烦恼,很大一部分来自消极情绪,有的人能够坦然面对,轻松化解,有的人却难以接受,走向阴暗甚至极端。同一件事,在不同的心境、不同的情绪状态下,作出的决定和选择会大不相同。换句话说,如何处理情绪决定了人的幸福指数。被消极情绪所困时,要为自己的幸福负起责任,而不是成为一个束手就擒的被动受害者。请接纳消极情绪,正视它的存在,循着它的轨迹找到隐藏在它背后的心理模式,将其转化为积极正向的澎湃能量。

有些人会积攒一些消极情绪,在公共场合肆意释放,这在无意之中影响了公众的大环境。比如在宿舍里释放,在同学面前唉声叹气、眉头紧锁、做苦瓜脸,释放出的消极情绪极有可能侵染身边的同学,让整个宿舍的气氛变得压抑。这些消极情绪得不到宣泄,也会让人憋出"内伤",又或者呈现表情暴力,情绪暴走,或者在大环境里无法控制地游走,极大地损坏个人形象与心理健康。

消极情绪如果在不经意间产生,大学生可以通过参加体育锻炼或者户外活动等来进行排解,使自身处于一种大汗淋漓的状态,放空大脑深层次思维,舒缓消极情绪,只要不让消极情绪累积,在消极情绪未达到爆发的临界点之前就驱散它,这也是一种放松自我的过程。大学生可以通过想象、憧憬一些美好的事物,让自己身心愉快,憧憬着美好的未来就自然排除了抱怨,无忧即是阳光正面。当然,有些人会通过睡觉来应对消极的情绪,认为睡醒之后有一种万物全新的感觉。还有些人选择泡澡、桑拿、按摩等生理享受来忘却消极情绪。

正视消极情绪,既是给自己阳光,也是为了让身边的人感受你的正能量。生活是美好的,正视消极情绪是一种积极享受生活的态度。

(二)合理表达情绪

1. 学会用第一人称表达自己

什么是第一人称呢?就是说任何话都以"我""我们"作为开头。这样的表达能够更容易让别人知道自己的情绪,同时也不容易伤到别人。下面来对比一下。当使用第二人称说话的时候,大概是这样的:"你真是气死我了""你怎么能这么对我呢?""你真的伤透了我的心"。再来看一下第一人称的表达:"我现在感觉很生气""我感觉自己被伤害了""我现在很伤心很痛苦"。

这么一对比,效果立刻就呈现出来了。当使用第一人称去表达的时候,对方会觉得讲话者是在表达自己的感受。等讲话者说完了这些话以后,对方也会不由自主地去想你说的话,想着想着就有可能和讲话者产生共情,知道讲话者的不容易。但是用第二人称去表达的时候,对方会感觉讲话者是在指责他,这个时候讲话者所有的需求都被掩盖住了。对方非但不会去理解讲话者,对讲话者的误会反而会越来越深。

2. 关键词法

所谓的关键词法,首先就是要抓住自己想要表达的情绪关键词,然后再把这些词用一句话或者几句话串起来,以此来表达自己真实的感受。

这样的表达有一个最大的好处,就是能把情绪表达得更加精准,不容易让别人产生误会。

举个例子:你的好朋友周末出去玩没有叫你,这让你感到不舒服,你想就这件事表达一下感受。那么你首先要做的就是提取关键词。你想要表达的感受到底是什么?愤怒?担心?害怕……还是其他的什么?比如说,你想表达的是"害怕"。当你确定了表达的主题以后,你还要找两到三个关联词。比如说,跟"害怕"关联的词可以是胆子小、没有安全感。然后呢,你就可以组成一句话了,比如说:"小敏,我一个人在宿舍好不开心呀,你也知道我胆子小没有安全感,能不能早点回来陪我呀?"

3. 学会描述你的情绪

很多人表达情绪都喜欢用形容词,比如开心、难过、气愤、伤心。但是这种描述对方其实是感受不到的,因为没有场景,别人很难代入。所以,大学生要学会描述场景。举个例子。当表达高兴的时候,可以这么说:

"我今天高兴死了,就像是中了一百万彩票,看外面的天空感觉特别蓝,路上的每个人都超级顺眼"。当表达生气的时候,可以说:"我很生气,就像是一个快要爆炸的气球。"这样的表达,更容易让别人去理解自己。

三、情绪调节的常用方法

在生活中,人们总会遇到一些让情绪波动的事情,但是可以通过以下方法来调节情绪,克服困难。

(一) 呼吸放松调节法

通常情况下,呼吸是通过鼻腔和胸腔完成的,但呼吸放松调节法中提倡腹式呼吸,它是一种以腹部作为呼吸器官的方法。首先,找一个合适的位置站好或坐好,身体自然放松;其次,慢慢地吸气,吸气的过程中感受腹部慢慢地鼓起,到最大限度的时候开始呼气;最后,呼气的时候感觉气流经过鼻腔呼出,直到感觉前后腹部贴到一起为止。

放松调节主要是针对身体肌肉的,要和腹式呼吸一起使用。例如头部放松调节的方法是把头向前和向后最大限度地低和扬,扬的过程中进行腹式吸气,低的过程中进行腹式呼气。放松调节也可以围绕腰、四肢等部位展开。

(二) 音乐调节法

音乐调节法就是指借助情绪色彩鲜明的音乐来调节情绪状态的方法。

很多人都有过这样的体验:听着催眠曲不知不觉就进入了甜美的梦乡;在紧张学习了一天之后,高歌一曲会消除疲劳。现代医学表明,音乐能调整神经系统的机能,缓解肌肉紧张,消除疲劳,改善注意力,增强记忆力,消除抑郁、焦虑、紧张等不良情绪。运动员赛前如果有异常的情绪表现,比如过分紧张,此时听一段轻音乐,往往能使情绪稳定下来。正如德国哲学家康德所说:"音乐是高尚、机智的娱乐,这种娱乐使人的精神帮助了人体,能够成为肉体的医疗者。"

运用音乐调节法时,应该因人、因时、因地、因心情的不同而选择不同的音乐。适宜的音乐,常可取得很好的效果。

(三) 合理宣泄调节法

合理宣泄调节就是把压抑的情绪向合适的对象释放出来,使情绪恢复到平静状态。消极的情绪产生，人们通常会觉得痛苦难忍，对这样的情绪如果过分强制和压抑会引起意识障碍，影响正常的心理活动，甚至会使人突然发病。这时如果向自己的亲朋好友把自己有意见、不公平的事情坦率地说出来，倾诉自己的痛苦和不幸，甚至痛哭一场，或者向远方的知己写封信诉说苦衷，则可使情绪平复。当然，情绪宣泄要合理，要注意对象、场合和方式，不可超越法律法规的范围。

（四）理智的调节法

不少消极情绪，往往是由于对事情的真相缺乏了解或者误解而产生的。需要冷静地、理智地分析一下，自己对事物的认识是否正确。当发现事情并不像自己认为的那样时，消极情绪也就不解自消了。消极情绪有时是因思想的狭隘性而强化的。当某种消极情绪产生时，会逐渐把主体的思想卷入这种情绪的漩涡中去，使忧者更忧，怒者更怒，至于其他方面则忽视、排斥了。这就需要进行辩证思维，多侧面、多角度去思考问题，当发现事情的积极意义时，消极情绪就可以转化为积极情绪。此外，还要学会“心理置换”，当与其他人发生争执而动怒时，设身处地为对方着想，站在对方的角度去思考问题，也许就可以做到心平气和了。

（五）暗示调节法

语言对情绪有极大的暗示和调整作用。当受消极情绪困扰时，可以通过语言的暗示作用，来松弛心理上的紧张状态，使消极情绪得到缓解。比如，发怒时，可反复用语言暗示自己：“忍得一时之气，免得百日之忧。”牢骚频发时，可用“牢骚太盛防肠断，风物长宜放眼量”的诗句暗示自己。实践证明，这种方法颇有良效。

（六）情感升华法

把业已产生的消极情绪，像痛苦、怨愤、嫉妒转化为积极有益的行动，即以高境界表现出来，谓之升华，常说的有“化悲痛为力量”。例如有人对很有成就的同行产生了嫉妒情绪，理智又不允许他将这种心理表现出来，于是加倍努力，奋力拼搏，最终超过了对手。不少人身处逆境，忍辱负重，但乐观进取、自强不息，取得了出众的成绩，为世人所传颂，这就是升华的典型。升华是调节消极情绪最高的也是最佳的一种形式。

测一测

心灵补给站

书籍推荐《非暴力沟通》

该书介绍了神奇而平和的非暴力沟通方式，通过非暴力沟通，世界各地无数的人们获得了爱、和谐和幸福。

当我们褪去隐蔽的精神暴力，爱将自然流露。

非暴力沟通相信，人的天性是友善的，暴力的方式是后天习得的。非暴力沟通还认为，我们所有人有共同的、基本的需要，人的行为是满足一种或多种需要的策略。

非暴力沟通的目的是通过建立联系使我们能够理解并看重彼此的需要，然后一起寻求方法满足双方的需要。换言之，非暴力沟通提供具体的技巧帮助我们建立联系，使友爱互助成为现实。

复习思考题

1. 简述有效的情绪管理策略?
2. 如何培养情绪韧性以应对生活中的挑战和逆境?
3. 如何恰当地表达和沟通自己的情绪?
4. 大学生如何更好地认知和接纳自己的情绪?
5. 情绪如何影响大学生的决策过程?

即测即评

第六章

有朋自远方来——大学生人际关系提升

心灵导航

学习目标

1. 掌握大学生人际关系的特性；
2. 了解大学生人际关系的影响因素；
3. 了解大学生人际关系的困扰；
4. 掌握大学生人际关系问题的调适。

重难点

重点为大学生需要学会有效处理和应对人际关系冲突，以维护良好的人际关系；

难点为如何引导大学生在面对人际关系冲突时保持冷静和理性，避免情绪失控和行为失当，以及如何在处理冲突时保护自己的权益和尊严。

心灵故事

沉默，不一定是美德

某宿舍四位同学，大一刚入学报到的时候，提前在新生群相约一起组了宿舍。报到后，四位同学如愿住在同一个宿舍，他们也庆幸是提前了解之后组的宿舍。因此，一开始大家都没什么矛盾，四个人和和睦睦，相处愉快。但日子久了，各自的生活习惯、为人处世等不同点就显示出来了，有人喜欢早睡早起，有人喜欢睡懒觉，有人喜欢运动，有人喜欢在宿舍“煲剧”,有人无辣不欢,有人饮食清淡。因此,四个人之间的矛盾偶尔上演,比如,当A同学早晨很早起来跑步时,B同学睡眠浅,被吵醒后一直睡不着,但是B同学碍于当初四个人的约定,一直不敢抱怨A,也不敢说,生怕说了之后伤害四个人的友谊,这样的情况持续了很长一段时间,B同学对A同学越来越疏远,在一起时经常会不阴不阳地讽刺A几句,或者对A爱搭不理,A同学是个大大咧咧的男孩,没有留意到B同学的变化,终于有一天,B同学在一个早晨情绪爆发,把A同学的闹钟狠狠地摔到地上。当天晚上,宿舍长召开了四位同学的寝室会,B同学才把他早晨经常被吵醒的事情说出来。

分析:B同学在遇到对他人有意见的时候,选择了对当事人保持沉默,但是内心却又很在意。如果他(她)选择了与当事人直接沟通和表达,那么就不会有这么多的误会了,自己的情绪也不会受影响。人与人之间最重要的是沟通。所以,有时候沉默不一定是金,该说的时候不妨直说。打开心扉,就会体会到世界是如此美好。

心理语录

「我们想的是如何养生，如何聚财，如何加固屋顶，如何备齐衣衫，而聪明人考虑的却是怎样选择最宝贵的东西——朋友。

——爱默生」

第一节　人际关系概述

人总是要生活在社会中。当人为了生活而奔波、为了事业而奋斗的时候,就必须要与人打交道,也就是说,人际交往是人生的一门必修课,有了人际交往,生活才更加丰富多彩,人生才更加丰盈充实。而大学生群体,他们的首要任务是学习,但是同时,大学也是一个人走入社会的桥梁,因此,大学生除了学习之外,还要学会处理人际关系、培养创新思维、增强社会责任感等。而人际关系的培养是一项基础性的工作,人际关系的好坏会直接影响到大学生的情绪状态、心理健康以及学习、工作、生活、交友等方方面面。要想建立良好的人际关系,大学生首先需要了解人际关系的基本特征和主要功能、人际关系与性格气质有什么联系、人际关系建立和发展的阶段有哪些等。

一、什么是人际关系

(一)人际关系的概念

人际关系有广义和狭义之分。社会学将人际关系定义为人们在生产或生活活动过程中所建立的一种微观的社会关系。心理学上的人际关系是指人们在社会生活中,通过相互认知、情感互动和交往所形成行为而发展起来的人与人之间的相互关系。

人际关系的好坏，还反映了人们在相互交往中物质和精神能否得到满足的心理状态。无论是亲密关系、疏远关系、还是敌对关系，统称为人际关系。因此，人际关系实际上又反映了人与人之间心理上的距离。建立良好的人际关系对于人们的日常生活、社会活动、学习、工作等具有非常重要的作用。

（二）人际关系的特性

1. 人际关系主要指个体与个体之间的关系

人际沟通是指个体之间运用语言、表情、手势、动作等方式交流思想情感、传递知识等信息的过程，人际关系是一个相对稳定的过程，从心理学的角度来说，人际关系侧重于单个人之间的人际沟通与交往过程后形成的关系。

2. 人际关系的实质是人与人之间的心理距离

空间距离是影响人际关系的一个要素，空间位置越接近，越容易形成彼此间的亲密关系，但是当交往双方人际关系紧张时，空间距离越近，彼此的反应会越消极，因此，空间距离的远近并不是人际关系的实质，只是一个间接因素。人际关系的实质是心与心之间的距离，彼此在乎的程度会直接影响人与人之间的人际关系。

3. 人际关系的亲疏程度取决于人际心理距离的远近

人际关系体现的是人与人之间心灵上是否互通，心与心的距离决定了人际关系的好坏，比如高中时代的好朋友到了大学虽然时空的距离远了，但是因为心与心的距离是近的，所以到了大学感情依旧很好。

4. 人际关系是在人与人之间相互交往的过程中逐渐建立和发展起来的

人际交往是人际关系实现的基础，也是人际关系形成的途径。没有人际交往，就不能形成人际关系，人际关系是人际交往的表现和结果。因此，人际关系是在人与人之间相互交往的过程中逐渐建立和发展起来的。

（三）网络人际关系的特点

由于网络的虚拟性，很多大学生喜欢网络交友，网络人际关系除了具有人际关系的一般特性之外，还具有网络人际关系的独有特性，主要体现在以下四个方面。

第一，在网络交往过程中，可以用虚拟的名字，不一定要用真名，因此，网络人际关系具有匿名性。

第二，因匿名的原因，人们不需要考虑交往对象的社会地位、上下级关系等，交往的过程是平等的网民关系。

第三，网络人际关系打破地域、行业、职业、年龄等限制，交往的范围不断扩大，呈现多元化的特征。

第四，网络人际关系中人与人之间相对轻松，交往没有那么多的顾忌，人们对网络关系的依赖性越来越强，有些人甚至逃避现实的交往，成为网络交往的热衷者而无法自拔。

二、人际关系的个性心理特征

（一）能力与人际关系

人际交往是一种智慧。要建立良好的人际关系，使个人身心保持健康及个人潜能得到充分发挥，实现自我价值，必须具备以下能力素质：

（1）具备组织领导能力，即吸引人、团结人、指挥人的能力。

（2）具备策划能力，具有超前的意识和思维，对未来人和事的发展有科学的分析和预见能力。

（3）具备协调能力，善于仲裁和排除纷争，能协调各方力量并发展其事业。

（4）具备合作能力，即深知人际关系的艺术，善解人意，能使合作者发挥其专长，并心情愉快地合作下去。

（二）性格与人际关系

性格对个人人际关系的影响极大。性格通常受人的世界观、人生观和价值观的影响，还受内向和外向的制约。外向，感情流露于外，对外部事物非常关心，活泼开朗，善交际，不拘小节；内向，做事谨慎、深思熟虑、沉静、孤僻、适应能力差、交际面狭窄。

案例分析

王某是某大学大四在读学生，住 8 号学生宿舍，其与室友郝某（被害人，男，殁年 23 岁）、张某等四人因性格不合等原因交往较少。

2021 年 9 月 13 日晚，王某与室友张某发生口角，王某当场称要杀了张某。2021 年 9 月 14 日上午，被害人郝某及张某等四人找到学院辅导员要求将王某调离该寝室。学院辅导员经与王某母亲电话沟通及向学院领导汇报后，于 2021 年 9 月 15 日上午给王某母亲打电话提出让王某走读或者休学的建议，并提出让王某母亲尽快来学校解决王某的问题。当天上午，王某母亲将此事电话告知了王某。母亲的电话让王某认为其室友对其霸凌并触及其底线，因此对四名室友怀恨在心决定将四人杀掉。2021 年 9 月 15 日 17 时许，王某先后到校园内两家超市购买了三把水果刀并藏匿在自己的双肩背包内回到寝室，其室友张某等三人始终结伴在寝室。当晚 19 时，王某到篮球场附近堵截另一室友郝某，一直等到 22 时 28 分许，郝某回寝室途经此处，被告人王某尾随靠近并确认为郝某后，右手持水果刀捅刺郝某腹部数刀致其倒地后，又用水果刀连续捅刺被害人郝某的腹部、胸部、颈部、面部等要害部位，将郝某杀害。

法院判决：依照有关法律法规，判决被告人王某犯故意杀人罪，判处死刑，剥夺政治权利终身，赔偿附带民事诉讼原告人经济损失人民币 4 万余元。

思考：该案件中，王某在处理宿舍关系时有哪些不当行为？他的哪些人格特征导致了人际关系冲突最终造成悲剧的发生？

分析：王某的性格冲动，情绪不稳定，心胸狭窄，思考问题容易走极端，在处理宿舍人际关系时，不懂得和善礼让，缺少沟通的想法和实际行动。

（三）气质与人际关系

气质是一个人稳定的心理活动的动力性特征，是人的个性特征中的一项重要因素。它不仅影响一个人性格的表现形式，而且在某些性格品质及能力的形成和发展中会起到一定的促进或者延缓作用。它并不决定个体是否活动和活动的方向，而是作为显露在外的动力性特征，表现于人的心理活动和行为之中，如有人活泼好动，有人安静沉稳，有人合群，有人孤僻。这些都反映了人的心理活动和行为举止上的不同的外在动力性特征，从而形成了不同的气质。不同的气质对人际关系的影响也是不一样的。多血质与胆汁质的人更乐于与人交往，容易与他人建立良好的人际关系；而抑郁症和黏液质的人更喜欢独处，在人际关系中多属于被动类型。

三、人际关系（人际交往）的主要功能

小兰的故事

（一）能满足多种需求

大学生现在所处的时代物质生活条件优越，其需求更多来自安全、爱与归属、尊重和自我实现等方面。满足更高层次的需求是大学生人际交往的动机之一。

（二）克服孤独建立亲密感

大学生离开家乡，独自一人来到陌生的城市，难免会感到孤独。人际交往有助于他们克服孤独感，和朋友建立亲密的关系，提升亲密感。

（三）有助于提高自我认知

大学阶段是个体自我意识高速发展的时期，在人际交往中，大学生获得他人对自己的态度和认知，有助于全面地认识自我。另外，在人际交往中，通过交流各种信息，来获得同伴的理解、关怀和尊重，有助于大学生建立良好的人际关系，培养健康的自我认知。

（四）有助于获取知识

交流信息是人际交往的重要功能，大学生在交往中会获得各种各样的信息，通过借鉴同伴的经验，取长补短，对大学生自身的生活、学习和自我教育都能发挥重要的促进作用。

心灵保健操

新入学的我们

教师请 8 个同学上台，分别扮演师兄师姐（2 人），宿舍同学（4 人），同班同学（2 人），模拟从师兄师姐处入校报到，到宿舍去认识舍友，到隔壁宿舍同学来访借东西聊天，最后到因为宿舍卫生问题出现矛盾的过程，活动约 10 分钟。活动结束后请演员和台下观众进行分享与点评。

四、人际关系的心理学理论

（一）人际关系的建立和发展的基本条件

1. 交往水平和交往质量

人际交往是人际关系存在的首要条件，人际关系是人际交往的必然结果。交往的频率、广度和深度将会影响交往的质量。一般来说，交往的频率越高、相互了解的广度越宽、了解的深度越深，交往的质量就越高。有时候，人际交往是否能顺利进行，取决于“自我暴露”的多少。

2. 信念与价值观的一致

人际交往中，有共同语言能促进双方的交往，同时，是否满足对方的需要也是人际交往中重要的条件。

3. 兴趣与爱好的一致性

人际交往中，年龄相仿、经历相似、爱好相近等都能促使双方产生好感，从而相互吸引。

（二）建立和发展的过程

良好的人际关系的建立和发展，从交往由浅入深的角度来说，一般经过四个阶段：定向、情感探索、情感交流、稳定交往。

（1）定向。对交往对象的注意、选择和初步沟通。

（2）情感探索。双方共同情感领域的发现，自我暴露的深度和广度逐渐增加。

（3）情感交流。实质性变化开始，安全感得到确定，交往涉及自我的许多方面，较深的情感卷入。

（4）稳定交往。心理相容性增加，自我暴露也更广泛和深刻。

（三）建立和发展人际关系的方法

社会心理学的调查研究表明，良好的人际关系能促进一个人身心健康发展、提升生活的幸福感、促进良好个性的养成。古语云：“天时不如地利，地利不如人和”。对于远离家乡外出求学的大学生来说，无论在什么情况下都应重视“人和”这个重要因素。美国教育家卡耐基经过大量研究发现：“一个人事业上的成功，只有百分之十五是由于他的专业技术，另外的百分之八十五要靠人际关系、处世技巧。”虽然此话说得比较绝对，但是从侧面说明了人际关系在人们生活中是多么的重要。

1. 建立良好的第一印象

人际关系是在人们的交往中产生的。交往伊始，谁不想给对方留下一份美好的印象呢？同样，谁不想与留下好印象的人继续往来，以此作为深入交往的基础呢？在与别人最初交往时，应该怎样表现才能给别人留下良好的第一印象呢？答案是要注意仪表美。人的仪表，包括相貌、穿着、仪态、风度等，都是影响人际交往的因素。人们总是倾向于觉得仪表有魅力的人更活泼愉快，更友善合群。衣着整洁、大方，仪表举止自然会给人一种亲近感，反之，过分修饰，油头粉面，浓妆艳抹，则会给人一种不合宜的印象。要注意交往中的“SOLER”技术。在这里，S（SIT）代表“坐着面对别人”；O（OPEN）表示“姿势要自然开放”；L（LEAN）的意思为“身体微微前倾”；E（EYES）代表“目光接触”；R（RELAX）表示“放松”。心理学家发现，在社交场合，有意识地运用“SOLER”技术，可以有效地增加给别人的好感，让别人更好地接纳自己,给别人留下良好的第一印象。

2. 培养通情力

通情是沟通人们内心世界的情感纽带,是建立人际关系的基础,这里的通情是指双方内心情感的统一。心理学在情感方面的训练可以提高人们的通情力。通情力能让交往双方更加理解对方,站在对方的立场考虑问题。这样能减少很多矛盾的发生。

3. 优化人格

人际交往的心理障碍基本上是个人人格的表现,如热情、开朗、坦率、坚忍不拔等往往有相当大的人际魅力,而嫉妒、羞怯、愤怒等则会降低人格魅力。

恒河猴实验

心理语录

「人生得一知己足矣,斯世当以同怀视之。

——鲁迅」

第二节　人际关系的影响因素

在大学生群体中,人与人之间关系的密切程度是不同的,人际关系的建立、发展和保持受许多因素的影响。时空邻近、志同道合、需求互补、价值观趋同等都会影响人际关系的亲密程度。本节将从人际吸引、心理效应、人际信任三个方面来探讨人际关系的影响因素。

一、人际吸引

茫茫人海中,有的人仅一面之缘却让对方难以忘怀,有的甚至一见倾心;有的人天天见面却相互嫌弃;有的人彼此一见如故,就像贾宝玉见林黛玉的第一眼就说“这个妹妹我曾见过的”。有的人能为周边的人所喜欢,但有的人却被周边人嫌弃和疏远,实际上这是人际交往中的人际吸引问题。人际吸引是指人与人之间在相互交往过程中所产生的情感方面相互亲近的心理倾向。吸引力越大,心理距离就越小;反之,吸引力越小,心理距离就越大。

(一) 个人吸引力

1. 外貌因素或仪表因素在人际吸引中的魅力

外貌在人际吸引中的魅力:沃尔斯特实验证明长相美丽或帅气在人际吸引中具有相当大的优势。

风度在人际吸引中的魅力:风度是一个人的内在素质在外部的表现。衣着、外表修饰、仪态、谈吐等在人际交往中都非常重要。

2. 性格在人际吸引中的魅力

性格是逐步发展并固定下来的态度倾向和行为方式。真诚、友善、幽默、开朗、乐于助人、善于交往等性格特点在人际交往中会为自己加分，更受周围人喜欢。

3. 才华在人际吸引中的魅力

才华是个人内在品质及综合素质在外部的表现，并得到了社会的一致认同。一个有才华的人，在各种场合都非常受人尊重和喜欢。

（二）相互吸引力

人们在相互交往过程中，彼此产生吸引力的条件和因素，不仅取决于个人的外貌、性格和才华，还取决于人们相互之间能否和谐相处，有道是志同道合，或是道不同不相为谋。

“电脑舞会”实验

1. 相近性产生的吸引力

人与人之间时空上的接近性表现为学习、生活、工作、居住距离的远近都会影响人与人之间的吸引力，如远亲不如近邻。有些原本很要好的朋友，会因为距离较远感情慢慢变淡，因为共同生活的空间少了，共同话题也变少了。但也有不因距离而改变的深厚的情谊。

人与人之间交往频率的高低表现为拥有共同的学习、生活、工作、居住场所，就容易产生共同的话题，交往的频率也自然会增多，频率增多，相互了解的就越多，感情也会升温。反之，人与人之间距离越远，吸引力也就相对较弱，交往的频率就越低，关系就越难形成。人际关系就是在人们不断地交往中产生的。

2. 相似性产生的吸引力

人与人之间在个人特性、社会背景等方面的相似之处会增加相互的吸引力。比如说年龄相似。年轻人与年轻人在一起会有更多的话题，老年人与老年人在一起更喜欢聊子女的话题。还有经历相似，同是天涯沦落人，见面分外增添几分亲近感。还有情趣上的相似，酒逢知己千杯少，能找到志同道合之人自然相互之间就更多了几分吸引力，比如钟子期与俞伯牙之间的友谊传颂千古。还有为人处世态度上的相似性，俗话说，物以类聚人以群分，如政治观点相似、学术见解相似、为人处世的方式方法相似等，都能增加吸引力。

3. 互补性产生的吸引力

个体与个体之间的互补性也是密切人际关系的重要因素之一，个体之间的差异恰好可以互相满足对方的某种需求。比如一个脾气暴躁的人，如果有一个脾气温和的朋友，两个人之间就会形成互补关系；再比如一个外向的人需要一个内向的人作为倾听的对象，而内向的人需要外向的人帮助其排解孤独与寂寞。还有一些人际关系是因为竞争关系发展而来的，在互为竞争对手时互相欣赏对方的优点，从而弥补自身的不足，使双方都能获益和取得进步。

4. 相悦性产生的吸引力

相悦性是人们相互间的赞同和接纳。一般亲缘、地缘、业缘等会产生相悦性。每个人都喜欢被别人称赞，这是人性，如果有共同的欣赏水平，互相称赞，那么也会产生相互的吸引力。

二、心理效应

在人际交往中，个体对交往对象的认知、印象、态度以及情感等，都会直接影响他们的人际关系。对人际交往中的心理效应的把握有助于建立良好的人际关系。

（一）首因效应

1. 首因效应的定义

首因效应也叫优先效应或“第一印象”效应，是指由最初基础的信息所形成的印象对人们以后的行为活动和评价的影响，主要是人的知觉因素与情感因素相结合而产生的综合效应。

首因效应及其应用

2. 首因效应的启示

建立一个良好的第一印象，展现自己最吸引人的品质。第一次和陌生人见面时，应穿着打扮整齐、干净，谈吐自然，有礼有节，注意使用恰当的身体语言，适当微笑，行为举止要得体。同时也要懂得通过现象看本质，择其善者而从之，其不善者而改之。尤其是见网友更要注意首因效应可能带来错误印象。此外，还要注意克服首因效应在人际交往中的认知误区。不能以貌取人，但同时也要知道，“路遥知马力，日久见人心”，要克服首因效应带给自己的错误印象。

（二）近因效应

1. 近因效应的定义

近因效应是指在多种刺激依次出现的时候，印象的形成主要取决于后来出现的刺激，即交往的过程中，人们对他人最近、最新的认识占据了主体地位，会掩盖以往形成的对他人的评价。

2. 近因效应的启示

在人与人的交往中，交往的初期，即在生疏阶段，首因效应的影响最为重要。而在交往的后期，就是在彼此已经相当熟悉时期，近因效应的影响也同样重要。首先，认真对待每一次交往，要有好的开始，也要重视好的结尾，否则再好的“第一印象”也没有用，很容易功亏一篑。其次，与他人之间因一时之气而发生冲突或是训斥别人时，要开诚布公，积极沟通。要记得安慰对方，自己有错时要及时道歉，做到知错马上改，亡羊要补牢。再次，说话的语序也会影响沟通，在批评别人之前要先表扬别人的优点。最后，在待人接物时，要历史地、全面地看，而不能只看一时一事，这样才可避免因近因效应导致的认知偏差。

案例分析

王、李、卢、张四位同学是大一的宿舍舍友。四个人分为两个小团体，王同学和卢同学是一个小团体，李同学和张同学是一个小团体，两个小团体因为性格、生活习惯不同而多次发生生活上的小冲突，包括宿舍卫生的打扫、作息时间的不一致、说话的方式等。在大二上学期的综测考核加分中，“舍长加分”一项激化了四个人的矛盾。王同学认为李同学虽然是宿舍长，但是并没有发挥宿舍长的作用，宿舍卫生都是四个人共同干的，而自己在这一学期的综测计算中，加上舍长分数就可以获得一等奖学金，于是与李同学沟通希望把舍长的分数给自己，但李同学认为自己为宿舍做的贡献并不少，日常发通知都是自己发的，收作业等都是自己做的。王、李两同学沟通不畅，心里都不服气对方，李同学就将该事情发到班级群里让大家讨论，两人在群内互相指责，还在宿舍中冷战，互相不说话，卢同学和张同学也各自不说话，甚至还会各自说彼此的坏话，宿舍内部彻底分为两个小团体，互不沟通，宿舍气氛降到冰点。

点评：宿舍矛盾往往是因为性格不同、兴趣爱好不同、价值观念不同等引发的小摩擦，然后日积月累没有得到解决，最终才造成大的矛盾。这个案例中的四位同学需要一次深度的沟通与交流，进行批评与自我批评，反思相处过程中自己做得不到位的地方，站在对方的立场思考问题，要有同理心和宽容之心。

（三）光环效应

1. 光环效应的定义

光环效应指人们对他人的认知由于主观推断而形成的一种夸大的社会现象，往往从一个局部出发，进而扩散得出整体印象，好比在云雾的作用下，日月的光辉扩散到四周，形成了一种光环，又称"晕轮效应"。这一概念是由美国心理学家爱德华·桑戴克于20世纪20年代提出的。一个人如果被标明是好的，他就会被一种积极肯定的光环笼罩，并被赋予一切都好的品质；如果一个人被标明是坏的，他就被一种消极否定的光环笼罩，并被认为具有各种坏品质。

2. 光环效应的启示

光环效应恰似太阳周围的光环，让人看见的全是光亮，它的思维方式是以偏概全，以人的个别特征代替整体特征。因此生活中应该避免以偏概全，同时也要恰当地运用好光环效应带来的正反两方面的影响。正的光环效应就像"爱屋及乌""情人眼里出西施"，怎么看怎么顺眼；负的光环效应就像"厌恶和尚，恨及袈裟"，怎么看都不顺眼。因此，光环效应带来的启示是：第一要理性，不仅要听从心的声音，也要听从大脑的声音。第二，在交往中应避免以貌取人，要实事求是。第三，要尽量消除"偏见"，要"横看成岭侧成峰，远近高低各不同"多角度分析取舍。第四，正确利用晕轮效应，会达到事半功倍的效果。

心灵保健操

光环效应小游戏

1. 请你对下文描述的人做出评价，并把评价写在横线上。

有一个人，从小生活在优裕的家庭环境中，娇生惯养，除了读书之外，其他生活琐事一概不关心，尤其是不善于生活自理，处处得有人照顾。一个人在家的时候会打翻墨水瓶，会把房东的桌布弄脏了，会把台灯弄坏，门轴两头的球掉了一个，门关不上了。

____

____

2. 请你对下文描述的人做出评价，并把评价写在横线上。

有一个人，他是清华大学的才子，在学界才华横溢、光彩照人，即将毕业时，外文系的教授都希望他进研究院继续研究英国文学，他却说"整个清华没有一个教授够资格当×某人的导师。"

____

____

3. 上面两段文字都来自杨绛先生的回忆录《我们仨》，描述的都是钱钟书先生的趣事：女儿钱瑗是两个人在牛津读书时出生的。在杨绛住院期间，钱钟书一个人在家常不经意闯些小祸，不时愁兮兮地告诉杨绛：他打翻了墨水瓶，把房东的桌布弄脏了；他把台灯弄坏了；门轴两头的球掉了一个，门关不上了。……杨绛总是回答说："不要紧。"钱钟书对杨绛说的"不要紧"总是又佩服又放心，因为这句话已屡次得到验证。这回也同样：杨绛到家，果然把桌布洗得干干净净，看不出一点墨水印迹；台灯、门轴也一一修好。钱钟书对杨绛也充满了爱心和责任心。杨绛回家做完最后几天的"月子"，一向不善料理生活的钱钟书，竟给她端上一碗他亲手炖的鸡汤，汤里还飘着鲜绿的嫩豆瓣。

请结合钱钟书先生的真实故事再对他进行评价，并把评价写在横线上。同时对比前面 1 和 2 的评价，区别在哪里？并说一说为什么会有区别？

____

____

（四）刻板效应

1. 刻板效应的定义

刻板效应又叫刻板印象，是人们对某一类人或事物产生的比较固定、概括而笼统的看法。

2. 刻板效应的启示

刻板效应给人们的启示之一是不要从交往对象的性格、地位、背景出发交往，而要多角度观察和欣赏别人。二是不要戴着"有色眼镜"，穿着"印象外套" 交往，克服刻板效应带给自己的不良影响。

例如，《三国演义》中曾与诸葛亮齐名的庞统去拜见孙权，"权见其人浓眉掀鼻，黑面短髯、形容古怪，心中不喜"；庞统又见刘备，"玄德见统貌陋，心中不悦"。孙权和刘备都认为庞统这样面貌丑陋之人不会有什么才能，因而产生不悦情绪，这实际上也是刻板效应的负面影响在发生作用。

（五）刺猬法则

刺猬在天气寒冷时候，喜群居依偎在一起，以便相互取暖，然而其背脊有刺，不能过于靠近，以免刺伤，这叫作"刺猬法则"。人与人之间也同样存在这种现象，总期盼着别人对自己好一点，却害怕别人对自己太关心。不管是朋友之间，还是恋人之间，太近了会互相伤害，太远了，又感觉不到温暖。心理学上讲的刺猬法则也称作距离效应，是指人际交往中需要保持恰当的距离，既能保留彼此之间的美好印象，又能避免因为走得太近而带来伤害。这就是人际交往中的"心理距离效应"。个人空间是相对的，它的范围大小由交往双方的人际关系以及所处情境所决定。简单地说，合适的距离取决于你和对方的亲疏关系以及所处环境。人类学家爱德华·霍尔给出了清楚的解答，它将人际交往划分成 4 种区域或距离，各种距离都与双方当下的关系相关。

1. 亲密距离

如亲人、恋人之间一般距离为 0~50 厘米。这是人际交往中的最小间隔或几乎无间隔，即人们常说的“亲密无间”。

2. 个人距离

有亲密友谊关系的人或日常生活中同住一般距离为 50~130 厘米。这是人际交往中稍有分寸感且少有直接的身体接触的距离。

3. 社交距离

非个人化的或公务性的一般距离为 130~400 厘米。这已完全超出了亲密或熟人的人际关系，而是一种社交性或礼节上的较正式关系。

4. 公共距离

政治家、演员等公众人物与公众的正规距离一般为 400 厘米以上。这是公开演说时演说者与听众所保持的距离。

显然，相互交往时空间距离的远近，是交往双方是否亲近、是否喜欢、是否友好的重要标志。因此，人们在交往时，选择正确的交往距离是至关重要的。

（六）投射效应

1. 投射效应的定义

投射效应是指在交往中一个人总是假设他人与自己有相同的倾向，即把自己内在生命中的价值观与情感好恶投射到外在世界的人、事、物上的心理现象。投射效应的实质在于“强加于人”。

美国社会心理学家罗斯曾做过这样的实验：在 80 名参加实验的大学生中征求意见，问他们是否愿意背着一块大牌子在校园里走动。结果，48 名大学生同意背牌子在校园内走动，并且认为大部分学生都会乐意背，而拒绝背牌的学生则普遍认为，只有少数学生愿意背。可见，这些学生是将自己的态度投射到其他学生身上，认为他人应与自己保持一致。

2. 投射效应的启示

投射效应一般分为三种，第一是相同投射，即从自我出发作判断，进行相同投射。第二是愿望投射，即把自我主观愿望强加于人，比如望子成龙、望女成凤的想法。第三是情感投射，以自我的爱憎指引交往，比如，自己不喜欢的东西，自己的朋友也不能喜欢。因此，投射效应带给人们的启示有，第一，人心不同，各如其面。要看到每个人都有自己的独到之处。第二，在交往中要顾及他人的感受。不能由着自己的性子来。第三，在交往中遇到问题要理性分析，要学会辩证地、一分为二地对待别人和自己。“己所不欲”时“勿施于人”，“己所欲之”也要学会“慎施于人”。

三、人际信任

（一）什么是人际信任

人际信任是个体在人际互动过程中建立起来的对交往对象的言辞、承诺以及书面或口头陈述的可靠程度的一种心理期望。

人际信任产生于人际交往中，是一个动态的过程，会随着时间而变化，信任过程受到信任者本身与被信任者特点以及二者之间关系的影响和制约。人际信任水平对大学生的人际关系有着重要的影响。

（二）如何提升人际信任能力

1. 有选择地自我暴露

人际交往中的自我暴露是指把自己的相关信息透露给朋友，和朋友分享自己的秘密，在一定范围内这样的自我暴露越多，就越能收获对方的信任，因此，人际交往中，可以有选择地进行自我暴露，自己的个人爱好、曾经经历过的一些糗事等，这些都可以进行自我暴露。比如，大学同学小李和小康，住同一个宿舍，平时两个人的关系不算亲密，走得还算近，但是还没达到闺蜜的程度。有一次，小李同学突然在寝室号啕大哭，小康同学就邀请小李同学去了个安静的地方聊天，在聊天的过程中，小李跟小康讲了自己家庭父母的关系不和，也讲了自己的一些压力，小康同学也跟小李同学说了自己和高中的闺蜜间的一些有趣的事情，两个人通过这一次交流，对对方的家庭和人际关系都有了进一步了解，两个人也因此更加信任对方，后来成了无话不谈的好朋友。

2. 理解别人的真实需求

人际交往中，每个人都有自己的需求，人们除了满足自己的需求之外，还需要满足对方的需求，同时也要清楚对方的真实需求与表面的需求是否一致，有些人可能会掩盖自己的真实需求，或者不好意思表露自己的真实需求。比如，朋友很想你陪他去散步，但可能表达的时候就只是简单问你要不要一起去散步。这个时候我们就需要更细心一点去把握朋友的真实需求。

3. 对人对己诚实守信

诚实守信在人际交往中是最受人欢迎的一个品质，也是中华民族的传统美德，人们都愿意和一个诚实守信的人打交道。君子一言驷马难追，在人际交往中，我们需要做到一诺千金，同时做不到的事情也不要轻易许诺，不要信口开河，否则很容易失信于人。

4. 勇敢迈出信任的步伐

在人际交往中，首先要敢于迈出第一步，你得相信别人是真心实意和你交朋友的，迈出信任的第一步，才有可能有接下来的交集。真诚的微笑、不经意的关心和关怀、真心实意的帮助和援手都是信任的第一步。

心理语录

「只有你真正关心他人，才能赢得他人的注意、帮助和合作，甚至最忙碌的重要人物也不例外。

——戴尔·卡耐基」

第三节 大学生人际关系问题及调适

大学生在人际交往的过程中总会遇到这样或那样的问题，影响和谐人际关系的建立。大学良好的人际关系氛围能为大学生创造一个愉快的学习生活环境，促进其身心健康地发展。大学生在处理人际关系问题的过程中要慢慢地学会如何同他人相处,为日后工作、交友、生活等打下坚实的基础。

一、大学生人际关系困扰

有的大学生缺乏人际交往技巧和人际交往经验,有的大学生因性格内向或对人际交往的认知偏差,导致人际关系紧张。大学生人际关系的常见困扰表现在以下三个方面:

(一) 不敢交往

大学生往往会因为自卑、害羞、胆怯等心理,导致自己心里愿意和别人交往,但是实际行动上却不敢迈出第一步,生怕被人嘲笑、拒绝而采取躲避交往的态度和行为。在当下,人们用一个流行的词语"社恐"来形容这一类型的人。

(二) 不愿交往

这类不愿交往的大学生,往往存在闭锁心理或者孤高自傲心理。网络流行语中的"i人"就属于不愿交往类型的人。有一部分人,往往不屑于和别人交往,自命清高、自命不凡,过高地估计和评价自己,看低别人,总认为别人和自己交往是对自己有所图,因此不愿与别人交往。另外一部分人可能因受过伤导致自我闭锁、孤独不合群、戒备心强等,导致不愿意与别人交往,把自己内心最真实的想法和欲望掩盖起来,克制自己的想法和欲望。这两种类型的人,都需要更新观念,克服自己的心理障碍,打破心理屏障,勇敢地迈出与人交往的第一步。

(三) 不善交往

这类不善交往的大学生,往往有比较强的与人交往的主观愿望,也愿意和别人交往,但往往由于缺乏技巧,或者说话的方式方法不对,容易激怒别人,或者得罪朋友,导致自己的朋友越来越少,进而打击了自己人际交往的自信心。这类型的人需要在人际交往中不断学习人际沟通的技巧,把握人际交往的语言技巧和行为技巧,提高人际吸引力。这样才能在人际交往中找到平衡。

心灵保健操

宿舍人际关系调查

我们生活在同一个屋檐下,宿舍就是我们的家。这个"家"里的人际关系处得怎样?请在符合你的宿舍情况的题目前面打"√"。

1. 宿舍里常常发生联手排挤一个人的现象;
2. 即使室友们都在宿舍,也经常处于一种鸦雀无声的状态;
3. 经常有作息时间争论战,比如何时关灯等;
4. 有的室友的行为经常引起大家不满;
5. 为了明哲保身,大家通常都不会指出室友的错误做法;
6. 宿舍分为两三个小团体,团体之间互不理睬甚至有较大冲突;

7. 有恃强凌弱现象，而且比较严重；

8. 通常大家的做法都是“各家自扫门前雪”。

点评：如果命中率超过3个，说明我们正处在一个运作不良的宿舍人际关系中，这个时候必须寻求改善了！

二、大学生人际关系不良的类型

处于成长阶段的大学生，离开家乡，独立生活，在学校会遇到很多困难，尤其是在人际交往中，既渴望拥有良好的人际关系，但又往往事与愿违，大学生人际关系不良或者人际交往障碍主要有以下几种类型：

（一）角色错位型

当代大学生绝大部分都是家中的宝贝，因此，很多与家人相处的习惯方式会不自觉地带入学校的人际关系中，大学生在处理舍友关系、师生关系、朋友关系、恋人关系等关系时，往往会角色错位，不能很好地进行角色定位。

（二）能力低下型

这类大学生渴望与人交往，期盼建立正常的人际关系，但往往因缺乏人际沟通的能力和技巧，或不会表达自己，或不会赞美和欣赏别人，或缺乏实际的交往经验等，在人际交往过程中的效果不尽如人意，经常会感觉到自己的真心不被重视，不被朋友理解和接受，从而产生挫败感，在交往上踌躇不前，退缩逃避。

（三）自我中心型

这类型的大学生，有极强的控制欲、支配欲，争强好胜，说话做事给人一种霸气甚至盛气凌人的感觉，以自我为中心。例如，不管是寝室卧谈会还是班级事务协商会等场合，都要强烈表达自己的观点，总认为只有自己是对的、最好的。在评奖评优、比赛等活动中非争第一不可。一旦自己的意见没有被采纳，或者想要得到的无法得到时，就特别痛苦。这类型的人倾向于将自己看作是世界的中心，往往拒人于千里之外。

（四）暴躁乖戾型

此类大学生暴躁、脾气大、性格古怪，一言不合就开骂，甚至是暴跳如雷，缺乏忍耐心，做人做事、说话等不计后果，往往在一些小事上发一些无名怒火，不顾他人感受，让人莫名其妙、敢怒不敢言。这类型往往让人退避三舍。

（五）思维偏执型

此类大学生思维固执、偏激、好走极端，看到一点瑕疵就全盘否定，以偏概全，看到别人一点好，又认为是十全十美，大多是非此即彼的思想。为人处世容易执拗僵化，尤其是在处理矛盾和冲突时，容易走极端，并造成无法挽回的损失，更有甚者，可能演变成反社会型人格。

（六）冷漠清高型

此类大学生冷漠、缺乏同情心和怜悯心，对他人的困难挫折和痛苦视而不见，对他人的成绩和荣誉等也漠不关心，缺乏热情、激情，缺乏亲和力，一副事不关己高高挂起的态度，在班集体、社团等集体中格格不入，还会因嫉妒等心理对他人冷言冷语、阴阳怪气。给人一种自视清高的感觉，这种类型的人大家都不敢靠近。

（七）自我封闭型

此类大学生的乐群性差。要么对别人充满敌意，猜疑心和防范心过重，害怕别人是为了某种目的才来接近自己；要么自视清高，孤芳自赏，瞧不起他人，不愿与人为伍；要么认为自己不需要人际交往，一心扑在学习上，喜欢独来独往、我行我素；另外还有一种类型是沉迷于网络的交友，无法区别网络虚拟世界和现实世界的不同，在现实世界处于自我陶醉、自我满足的封闭状态。

（八）品质缺陷型

人际交往中品质缺陷是影响交往质量的重要因素，品质缺陷也有不同的类型：有的圆滑世故、表里不一；有的不讲信义、机关算尽；有的贪婪吝啬、喜欢占小便宜，一毛不拔或者斤斤计较；有的寡廉鲜耻、巴结逢迎、毫无底线；有的推卸责任、毫无担当；有的锱铢必较、过度较真；有的刻薄挑剔、吹毛求疵。总之，路遥知马力日久见人心，某一方面或者多方面的品质缺陷在人际交往中是大忌。当然，人无完人，不是原则性的问题，在人际交往中也需要互相帮助互相改进，用宽容之心来善待友情。

（九）自我否定型

此类大学生对自己要求过严，有完美主义倾向，或者极度自卑、不自信，对自己的能力持怀疑的态度。这种类型的人往往不敢迈出人际交往的第一步，退缩不前，患得患失。

案例分析

A 说："我最讨厌的，是每次发生争论时，不管什么话题，他总要把我彻底驳倒才罢休。在卧谈会上，他也总喜欢争辩，大多情况下，他会在'寝室辩论'中取得全胜，但最终大家都闹得不欢而散，好好的氛围和话题，都给他搅和了。"

B 说："我真的好生气，她怎么能那样，乱翻我东西，也不和我说一声，万一我有个什么不想让室友知道的东西怎么办？一点都不尊重人，而且喜欢打听他人的隐私，真的有点'八卦'。"

C 说："我无法容忍她的小家子气，她的任何东西都不许别人碰，更别想借她的自行车。我这人大大咧咧，难以跟这种人相处，可每天又要必须去面对，真难受！"

思考：ABC 三位同学所描述的问题分别属于人际交往不良类型中的哪种？

点评：自我中心；品质缺陷；品质缺陷。

三、大学生人际关系障碍的心理因素

医学心理学家丁瓒说："人类的心理适应，最主要的就是对人际关系的适应。所以，人类的心理病态，主要是由于人际关系的失调而来。"影响人际关系的因素有很多，但就心理因素而言，主要有认知障碍、情绪障碍和能力障碍三种。

（一）认知障碍

在人的心理过程中，认知是基础。它直接影响人的情感和意志。错误的认知会导致消极的情感意志和行为。因此，我们需要客观公正地认知交往对象，客观公正地认知自我，并加以调节。

1. 认知的选择性导致人际知觉的认知偏差

（1）认知者根据自己的需要选择有关他人的信息。对不需要或者认为不重要的信息往往会忽略。这样容易片面地了解交往对象。

（2）认知者总是从已有的经验出发，认知来自他人的信息，并作出评判或判断。比如认为成绩好的同学就一定有出息，容易与之交往，认为成绩平平的同学就没什么出息，不愿意与之交往。

（3）认知者的经验不同，出发的角度各异，即使对同一认知对象也会产生不同的认知内容。一个长相平平、成绩较好的学生，在老师的眼里可能是三好学生，在同学眼里可能被认为是书呆子。

2. 人际交往的心理效应造成人际知觉的认知偏差

人际交往的心理效应在每个人身上都或多或少的存在，人们不可避免地会因为这种心理效应导致认知偏差，比如，首因效应容易造成以貌取人、以偏概全的认知偏差，而且第一印象一旦形成，则较难改变。而光环效应容易造成信息泛化，以点带面，认为好的就觉得千好万好，认为坏的，便看不到对方的其他优点，从而在交往时会出现错误的判断。再比如投射效应容易造成把自己的喜好和意志强加在别人身上，认为自己喜欢的，别人也一定喜欢，自己不喜欢的，别人也不会或者不能喜欢，在人际交往中会让人觉得很强势、很固执。另外刻板印象、近因效应等心理效应等都会影响人际知觉的认知偏差。

（二）情绪障碍

在人际交往中，情绪与情感起着十分重要的作用，积极的情绪能促进双方情感上的亲近，消极的情绪会阻碍人的正常交往。容易造成人际交往障碍的消极情绪主要有自卑、羞怯、嫉妒、愤怒、恐惧等。

1. 自卑引起的交往障碍

自卑是忧愁情绪和恐惧情绪的混合物，是后天的产物。一个自卑的人容易产生压抑、凄冷的情感，使之逃避与他人交往。自卑产生的原因主要有以下几种：对自身生理条件感到不满意；感觉自己的社会条件不如他人；好胜心受到挫折；自尊心得不到应有的尊重；与其自我评价有关，高估别人、低估自己。

2. 羞怯引起的交往障碍

羞怯一般是指在交往中过多地约束自己的言行，以至于无法充分地表达自己的思想和情感，羞于启齿等。比如从小家教过严、父母管束较多的孩子，往往成年后在人际交往中会有羞怯心理，尤其是女生，见到陌生人就脸红、说话语无伦次等。很难融入集体活动中，感受不到大家一起欢声笑语的快乐，只想逃避。慢慢地就会远离各种聚会，远离人际交往。

3. 嫉妒引起的交往障碍

嫉妒心理的人，对于别人的成功会产生一种不满、怨恨的情绪。往往在心理上承认比别人弱，外表上表现为不服输，不愿向他人学习，甚至恶语中伤别人，或者通过不正当的竞争方式来打压别人。嫉妒对人际关系的破坏作用是非常明显的,伤害性大。怀有嫉妒心理的人,自身也是比较痛苦的,心理的极度不平衡往往会让其失去理智,一看到别人比自己强就受不了,精神长期处于紧张和压抑的状态,极大地破坏了心理健康。

4. 愤怒引起的交往障碍

愤怒一般是当目的和愿望不能实现并一再受阻,致使紧张状态逐渐积累而产生的。愤怒的表现程度一般有不满、生气、愤恨、暴怒、动手打人等,人在愤怒状态,往往会做出错误的决定,甚至会伤害到他人,影响人际交往。比如一起打篮球时,面对队友的失误而输球,有的人就会破口大骂队友,甚至砸球、发脾气等,这样容易引发人际冲突,不被人喜欢,从而造成交往障碍。

5. 恐惧引起的交往障碍

社交恐惧症,一般由交往的挫折和失败经历造成。恐惧会让人产生退缩、逃避等行为。具体表现为见到陌生人就面红耳赤,精神高度紧张等。有的甚至拒绝和任何人发生社交关系,把自己完全孤立起来。

案例分析

小明(化名)是日语系的一名学生。大一开学时,与舍友小强关系不错,两人无话不谈。大一期末考试,平时不努力的小强拿了高分,而非常用心的小明成绩却不理想。小明心里特别不舒服,渐渐地与小强的交流也少了。进入大二后,小明就更加一门心思扑在学习上,很少参加活动;而小强竞选上了组织部长,经常要召集其他同学来宿舍讨论。每当这个时候小明心里就不是滋味:“我平时学习比他用功,而且我的能力一点不比他差,为什么我不能像他那样呢?”原本打算挽回友谊的小明渐渐对小强充满了敌意。

两人家庭背景简介:小明来自农村,父母都是农民。家里早年因为一场火灾遭受了严重损失之后,经济变得紧张。小明从小成绩好,父母对他寄予了厚望,希望他能改变全家的生存环境。小强是城里的孩子,家庭经济良好,父母对他没有特别高的要求。他爱好文体活动,交友广泛,学习成绩也很好。

思考:案例中的小明属于人际交往心理障碍中的什么障碍?造成这种障碍的原因是什么?

点评:情绪障碍,嫉妒心理。

(三)能力障碍

人的交往能力受先天遗传因素的影响,但更多的是在后天的成长环境中习得的,通过与人在交往中的实践而逐步建立起来的人际交往能力,包括人际感知、人际沟通、人格魅力等。众所周知的“狼孩的故事”就较好地印证了这一点,成长环境不同,交往能力也不同。

四、大学生人际交往技巧

狼孩的故事

(一)赞美的技巧

美国哈佛大学的一项实验表明,动物的大脑在受到鼓励的刺激后,大脑皮质的兴奋中心就开始调动子系统,从而影响行为的改变。同样的道理,赞美可以增加在人际交往中的奖赏,便于拉近人与人之间的距离。人都有一种强烈的愿望——被人欣赏和赞美,赞美的过程也是交流的过程。欣赏就是发现价值或提高价值,能让对方充满自信地面对生活,但欣赏别人不能无中生有,要实事求是。欣赏与赞美遵循 3A 法则:Accept,接受对方;Appreciate,重视对方;Admire,赞美对方。

(二) 学会拒绝

拒绝的能力往往与自信紧密联系,缺乏自信和自尊的人常常为拒绝别人而感到不安,而且有觉得别人的需求比自己的更重要的倾向。人际交往中对对方的不合理要求也要学会拒绝。首先,要对对方的要求做一个简单的回应,如果不想答应他的请求,可以说,“这个问题先让我思考一下”“这个事情我先想一想再给你答复”。其次,给自己一些时间,你会更有信心去拒绝别人。当简单回应之后,就可以先思考一下自己该怎么处理别人的要求,找到拒绝的理由。同时要区分拒绝与排斥是两码事。不能因为排斥别人而拒绝别人。再次,不要因为拒绝了别人而感到愧疚,要告诉自己,这件事情我确实做不到,或者这件事情不是我想做的,不能勉强自己、委屈自己去成全别人。最后,找回自己,做自己想做的事情,用真诚去赢得别人的信任,而不是一味地讨好和迎合。

(三) 提高共情力

共情是指能够理解别人的想法、感受,能够体会他人的情绪感受,共情能力与人际关系的质量有紧密的关系。第一,要培养对他人想法的共情能力,要从背后挖掘别人为什么会有这样的想法,设身处地地为他人着想;第二,要培养对他人情绪的共情能力,理解别人的难处、痛苦等;第三,用关心和尊重的态度表达对别人的理解,真诚的态度比什么都重要。

五、大学生人际交往问题的调适

(一) 做最真实的自己

人的人际交往特点与自身的性格特征密不可分。有人偏外向,有人偏内向,发挥自己的性格优势,做真实的自己,才能在交往中做到得心应手。

(二) 提高人际交往效能感

自我效能感的定义是指人们对自身能否利用所拥有的技能去完成某项行为的自信程度。决定自信感的 5 种信息源有真实的经历、他人的经历、社会比较、社会劝说和情绪唤起。提高人际交往效能感可从以下方面入手:回忆以往成功交往的经验;学习人际关系好的人的交往表现;与自己相似的同学对比,主动寻求贵人的指点和鼓励,保持积极的情绪状态。

(三) 积极行动

1. 开拓行动

美国著名心理学家迪纳与塞利格曼的一项研究显示,在参与研究的大学生中,最快乐的和最不忧郁的 10%学生,他们明显的共同特征就是都有亲密的朋友与家人,并愿意花更多的时间与他们共处。

2. “充值”行动

为人际交往的行为进行“充值”的方式有很多：共享优质的美好时光；默默为他做一件事，不计回报；记住他的生日；和他分享你的痛苦和喜悦；在他需要的时候陪伴……“充值”方式不限，尽情发挥你的智慧吧。

3. 感恩行动

回想你过往经历中的重要人物，可以是给你积极影响的人，也可以是给你消极影响的人，学习在内心或行动中对他们表达感恩。首先，可以记录感恩的一些瞬间和点滴故事，其次可以在心里对感恩之人进行感恩五分钟的冥想，最后，可以写一封信表达对感恩之人想说的话，并找时间专门去拜访想感恩的人，把你写的信当面念给感恩之人听。感恩的人，一定能收获更多更美好的人际关系。

心灵保健操

人际关系行为困扰诊断量表

这是一份人际关系行为困扰诊断量表，共 28 个问题，每个问题有“是”（打 √）或“否”（打×）两种回答。请你根据自己的实际情况如实回答，答案没有对错之分。

1. 关于自己的烦恼有口难言。（　　）
2. 和陌生人见面感觉不自然。（　　）
3. 过分地羡慕和妒忌别人。（　　）
4. 与异性交往太少。（　　）
5. 对连续不断地会谈感到困难。（　　）
6. 在社交场合感到紧张。（　　）
7. 时常伤害别人。（　　）
8. 与异性来往感觉不自然。（　　）
9. 与一大群朋友在一起，常感到孤寂或失落。（　　）
10. 极易受窘。（　　）
11. 与别人不能和睦相处。（　　）
12. 不知道如何把握与异性交往的尺度。（　　）
13. 当不熟悉的人对自己倾诉他的生平遭遇以求同情时，自己常感到不自在。（　　）
14. 担心别人对自己有什么坏印象。（　　）
15. 总是尽力使别人赏识自己。（　　）
16. 暗自思慕异性。（　　）
17. 时常避免表达自己的感受。（　　）
18. 对自己的仪表（容貌）缺乏信心。（　　）
19. 讨厌某人或被某人讨厌。（　　）
20. 瞧不起异性。（　　）
21. 不能专注地倾听。（　　）

22. 自己的烦恼无人可倾诉。 ( )
23. 受别人排斥与冷漠。 ( )
24. 被异性瞧不起。 ( )
25. 不能广泛地听取各种意见、看法。 ( )
26. 自己常因受伤害而暗自伤心。 ( )
27. 常被别人谈论、愚弄。 ( )
28. 与异性交往不知如何更好地相处。 ( )

评分规则：回答“是”或者打“√”的得1分，回答“否”或打“×”的得0分。本次测验我的总分是(　　)。

结果解释与建议：

① 如果得到的总分在0~8分之间，那么说明你在与朋友相处方面的困扰较少。善于交谈，性格比较开朗，主动，关心别人，对周围的朋友都比较友好，愿意和他们在一起，他们也都喜欢你，你们相处得不错。而且，你能够从与朋友相处中，得到乐趣。你的生活是比较充实而且丰富多彩的，你与异性朋友也相处得比较好。一句话，你不存在或较少存在交友方面的困扰，你善于与朋友相处，人缘很好，能够获得他人的好感与赞同。

② 如果得到的总分在9~14分之间，那么，你与朋友相处存在一定程度的困扰。你的人缘很一般，换句话说，你和朋友的关系并不牢固，时好时坏，经常处在一种起伏波动之中。

③ 如果得到的总分在15~28分之间，那就表明你在同朋友相处上的行为困扰较严重，而且在心理上出现较为明显的障碍。你可能不善于交谈，也可能是一个性格孤僻、不够开朗的人，或者有明显的自高自大、讨人嫌的行为。

心灵补给站

电影赏析《当幸福来敲门》

影片取材真实故事，主角是非洲裔美国人投资专家克里斯·加德纳。影片讲述了一位濒临破产、老婆离家的落魄业务员，如何刻苦耐劳地善尽单亲责任，奋发向上成为股市交易员，最后成为知名的金融投资家的励志故事。影片获得第79届奥斯卡金像奖最佳男主角的提名。这不仅仅是一部励志片，还是一部教你如何有效沟通的电影。一个穷困潦倒、没有金融背景的loser，最终却成为一名成功的股票交易员，他凭借的不是运气，而是对数字的敏感，还有高于别人的情商。尤其是他面试那一段，很多细节值得我们反复研究。

电影赏析《海洋天堂》

该片讲述了一个父亲王心诚倾尽所有，守护孤独症儿子大福的感人故事。

复习思考题

1. 人际关系的特性有哪些？
2. 个性心理特征中的能力和性格是如何影响人际关系的？
3. 人际关系建立和发展的四个阶段是什么？
4. 心理效应中的首因效应和近因效应分别是什么？
5. 简述大学生在人际交往中常见的困扰类型及其调适方法。

即测即评

第七章

通往幸福的密码——大学生恋爱与健康性心理

心灵导航

第一节　问世间情为何物，爱情是什么
第二节　相见时难别亦难，大学生的恋爱及常见问题
第三节　犹抱琵琶半遮面，认识性
第四节　何当共剪西窗烛，大学生的性心理

学习目标

1. 了解爱情的内涵和本质，培养健康的恋爱观；
2. 掌握表达爱的方式，化解恋爱中的矛盾，正确对待分离；
3. 掌握健康的性心理标准和常见的性心理困扰。

重难点

重点为大学生恋爱和性心理发展的规律特点和常见问题；
难点为大学生性和恋爱心理问题及调适。

心灵故事

苏格拉底：寻找一束最大的麦穗

柏拉图有一天问老师苏格拉底什么是爱情，苏格拉底叫他到麦田走一次，要不回头地走，在途中要摘一束最大最好的麦穗，但只可以摘一次。

柏拉图觉得很容易，充满信心地出去，谁知过了半天他仍没有回去。最后，他垂头丧气地出现在老师跟前诉说空手而回的原因："难得看见一株看似不错的，却不知道是不是最好，不得已，因为只可以摘一束，只好放弃。再看看有没有更好的，到发现已经走到尽头

时,才发觉手上一束麦穗也没有。”

这时,苏格拉底告诉他:“那就是爱情!”

心理语录

「爱情使人心的憧憬升华到至善之境。

——但丁」

第一节 问世间情为何物,爱情是什么

爱情一直是哲学、宗教、心理学、美学、文学与社会学中引起激烈争论的话题。爱是什么?爱的动力源是什么?

英国性心理学家霭理士认为,“爱情的动力和内在本质是男子与女子的性欲”。人本主义心理学家卡尔·罗杰斯说:“爱是深深的理解和接受”。马斯洛认为:“爱的需要涉及给予和接受爱,我们必须懂得爱,必须能教会爱、创造爱、预测爱。”美国心理学家弗洛姆认为:“爱是我们对所爱者生命与成长的主动关切,没有这种关切就没有爱。”

一、爱情的内涵

(一)爱情的含义

爱情是指一对男女基于一定客观物质条件和共同的人生理想,在各自心中形成的相互间最真挚的爱慕,并渴望对方成为自己终身伴侣的最强烈、专一和稳定的感情。

(二)爱情的特点

1. 自主性和互爱性

真正的爱情是不能强求的,只能以当事人双方的互爱为前提,当事人既是爱人者又是被爱者。

2. 专一性和排他性

男女一旦相爱,就会要求相互忠贞,并且排斥任何第三者的存在。

3. 持久性和阶段性

爱情的持久性表现在爱情的不断深化、提高,是建立和保持婚姻关系的基础。在人生的不同阶段,爱情的表现也会有所不同,具有阶段性。

4. 社会性和道德性

爱情虽然是两个人之间的感情,但具有丰富的社会内容。爱情的内涵、本质及追求爱情的方式,必然要受到各种社会关系及社会因素的影响。爱情的道德性是指爱情中蕴涵着对

对方强烈的责任心和义务感。

5. 具有周期性

不同的阶段，爱情的表现形式是不一样的，有热烈甜蜜期，亦有“爱情休眠”期，会出现争吵、厌倦、平淡、敌对的情绪。这时最好的办法是，不要质问、猜疑或指责对方，给对方一个独立的空间，让其自身调整，经过休眠期后会进入下一个甜蜜期。

（三）爱情的本质

1. 爱情涉及生理、心理、社会三个方面

爱情是建立在生理、心理、社会综合需要的基础上的，使人能获得强烈的生理和心理享受的稳定而持久的情感。爱情产生的生物学基础是生理的成熟。伴随着生理的成熟常常会带来心理上的变化。生理成熟的个体差异较大，大学生整体上性器官与性功能已完全发育成熟。生理成熟为大学生恋爱提供了物质基础，但心理与社会性成熟是恋爱的一个必要准备。

爱情，不仅是一种内心情感，更重要的是一种行动。迄今为止，心理学家、行为学家都无法科学客观地解释人类的爱情。人们常常将爱情中的亲密情感分为两种：伴侣的爱和罗曼蒂克（Romantic）的爱。前者由相互关照并从共同度过的时光产生了感情；而罗曼蒂克的爱有以下特点：一是存在于文化概念中，二是存在生理唤醒，三是存在与文化相适应的爱的对象。

一个人有什么样的爱情及恋爱关系，跟他（她）的恋爱动机、恋爱中的情绪情感以及对恋爱的态度和认知有关。

2. 恋爱的动机、情绪情感及态度与认知

（1）恋爱的动机。动机是激发和维持有机体的行动，并将使行动导向某一目标的心理倾向或内部驱动力。个体的活动不管是简单的还是复杂的，都要受到动机的调节和支配。动机可以转化为行为目标，而行为目标也可以转化为动机。同样是恋爱行为，但恋爱动机可能不尽相同。恋爱中的动机通常可以通俗地理解为“你爱他（她）什么”或“他（她）什么地方吸引你”等问题。引发恋爱的动机通常有性的内驱力、容貌、身材、气质、性格、学历、才华、经济状况、社会地位等。

（2）恋爱的情绪情感。恋爱过程中，人们会体会到酸甜苦辣、幸福甜蜜、苦涩痛苦、嫉妒怨恨等复杂的情绪。积极的情感能维持和促进爱情的发展，而消极的情绪情感则会使恋爱出现种种矛盾，甚至走向终结。在恋爱中，人们的情绪往往容易被诱发和激惹，情绪战胜事实和理智，酿成很多爱情的悲剧。

你会因为什么而爱上一个人

（3）恋爱的态度与认知。恋爱中人们所表现出来的对爱情的理解和看法，择偶标准，对配偶、婚姻、家庭的态度，道德行为、两性关系、金钱观、价值观等都属于态度与认知范畴。态度与认知是恋爱关系能否长久的决定性因素，如果男女双方在这方面的差异较大，则恋爱关系不会长久。

二、爱情的心理学理论

（一）爱情三元素理论

爱情三元素理论是由美国耶鲁大学斯滕伯格教授提出的。这个理论认为：爱情包括亲密、激情、承诺三种元素(见图 7-1)。亲密是指与伴侣间心灵相近,互相契合,互相归属的感觉,属于爱情的情感成分;激情是指强烈地渴望与伴侣结合,促使关系产生浪漫和外在吸引力的动机,也就是与性相关的动机驱动力,属于爱情的动机成分;而承诺则包括短期和长期两个部分,短期部分是指个体决定去爱一个人,长期部分是指对两人之间亲密关系所作的持久性承诺,属于爱情的认知成分。

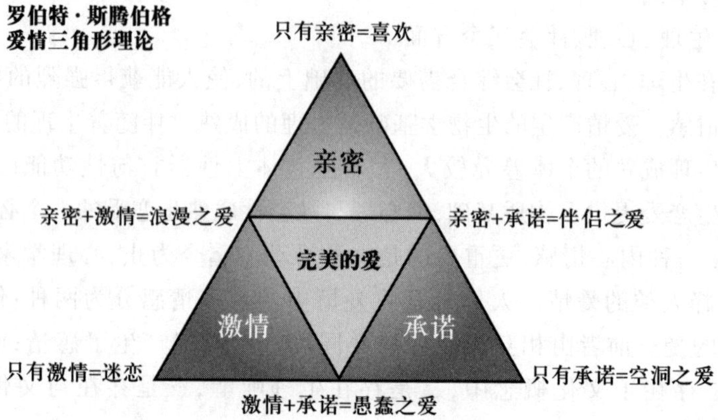

图 7-1　爱情三元素

仅仅有激情的爱是一种迷恋,仅有承诺的爱是一种“空洞的爱”,只有亲密的爱是喜欢(三角形的一个角)。激情与承诺结合是愚蠢之爱,激情与亲密结合是浪漫的爱,承诺与亲密结合是伴侣的爱(三角形的边),三个维度结合在一起才是完美的爱。随着认识的时间增加及相处方式的改变,上述的三种成分将有所改变,爱情的三角形会因其中所组成元素的增减,其形状与大小也会跟着改变。三角形的面积代表爱情的质与量,面积越大,三角形越大,爱情就越丰富。在三种元素下有八种不同的爱情关系组合(见表 7-1),分别为:

(1) 无爱:三种元素俱无;

(2) 喜欢:只有亲密;

(3) 迷恋:只有激情;

(4) 空洞之爱:只有承诺;

(5) 浪漫之爱:包括亲密和激情;

(6) 伴侣之爱:包括亲密和承诺;

(7) 愚蠢之爱:包括激情和承诺;

(8) 完美的爱:三种元素同时包含在关系当中。

表 7-1　斯滕伯格爱情三元素理论:爱的组合

爱的种类	亲密	激情	承诺
无爱	-	-	-
喜欢	+	-	-

续表

爱的种类	亲密	激情	承诺
迷恋	-	+	-
空洞之爱	-	-	+
浪漫之爱	+	+	-
伴侣之爱	+	-	+
愚蠢之爱	-	+	+
完美的爱	+	+	+

注:+表示存在;-表示不存在。

（二）爱情阶段理论

美国心理学家默斯特因探讨了亲密关系如何发展以及爱情的阶段性。默斯特因提出的“SVR 理论”认为亲密关系的发展,以双方接触的次数多寡分为刺激、价值和角色三个阶段。

1. 刺激阶段

通常双方第一次的接触即属于刺激阶段。在这个阶段中,双方互相吸引,主要建立在外在条件上,例如被对方的外貌或身材吸引。

2. 价值阶段

一般而言,双方第二次至第七次的接触,便属于价值阶段。在这个阶段中,彼此情感上的依附,主要是建立在彼此相似的价值观和信念上。

3. 角色阶段

通常双方第八次的接触,便属于角色阶段。在这个阶段中,彼此对对方的承诺,主要建立在个体是否能成功地扮演在此段关系中对方对自己所要求的角色。

虽然默斯特因认为亲密关系包含刺激、价值、角色三个阶段,但在亲密关系的每个阶段中,这三种因素对关系都会产生一定的影响;只是在每个阶段中,各有一个因素是主要的影响因素。从整个关系的发展历程来看,刺激因素一开始占较高的比重,之后随着接触次数的增加而逐渐下降,但是下降的幅度很小,最后会趋于一个平稳的水准;价值因素虽然一开始时的比重较低,但关系发展至价值阶段的时候,这个因素的比重会迅速提高,不过在角色阶段时,其比重也会趋于平稳,且最后平稳的水准所占的比重,也比稳定后刺激因素所占的比重高;同样的,角色因素一开始最低,到角色阶段则会超越其他两个因素,且随着关系的继续发展,其比重也会不断地提升。

（三）爱情态度理论

人格心理学有关爱情的理论与个人生命成长的发展相联系,但更重视人格所蕴含的稳定、不变的方面,也就是强调个人生命的持久、稳定的方向。

爱情态度理论认为爱情是对某一特定的他人所持有的一种态度。这种理论将爱情归为社会心理学的人际吸引,并能使用一般测量方法研究爱情。理论假设爱情是可以被测量的独立概念,可视为一个人对特定他人的多面性态度,通过拟定叙述感情的题目,经过项目分析、信度、效度考验而建立爱情量表(Love scale)和喜欢量表(Liking scale),发现爱情与喜欢有质的差别,而其爱情量表中包含三种成分:一是亲和和依赖需求;二是帮助对方的倾向;三是排他性与独占性。

心理热点

吊桥实验

心理语录

「身无彩凤双飞翼,心有灵犀一点通。

——李商隐」

第二节　相见时难别亦难,大学生的恋爱及常见问题

一、大学生的恋爱

(一) 大学生的恋爱观(爱情观)

恋爱观(爱情观)是人们对爱情问题的根本看法、态度及行为倾向,它的内容主要包括:什么是爱情、爱情的本质以及爱情在社会生活和个人生活中的位置。爱情观是人生观的反映。爱情观在不同的历史时期,受经济条件、社会制度以及思想文化的影响和制约,有着不同的内容,并且随着社会发展而不断发展和变化。

在众多的大学生恋爱中,不同的理想、信念、思想和心理素质,形成了不同的恋爱类型。有学者认为,大学生的恋爱类型概括起来有以下几种:

1. 寻求慰藉型

处在青春期的大学生,正值“心理断乳”时期,他们渴求得到社会与他人的理解,常有一种莫名的惆怅和孤独感。当周围的气氛不能满足这种心理需要时,有的大学生往往以恋爱的方式向异性伸出求助之手。在外人看来,他们在谈情说爱,其实是在寻找心理慰藉,以排除内心的孤独。

2. 日久生情型

有的恋爱对象原先是中学同学或同乡,本来就有感情基础,双方考上大学后,凭借天时

地利发展恋爱关系。这种恋爱关系比较稳定，成功率也较高。但也有一些同学或同乡，虽然认识时间已久，但二人在感情上却缺乏共鸣，尽管一方有些美意，最终也难以发展为爱情。这部分同学基本上能处理好爱情或友情与学习的关系。

3. 虚幻理想型

这些同学往往缺乏冷静思考的能力，对爱情充满理想色彩，一旦认定某个异性与自己理想中的对象吻合，就会不顾一切地去追求，并甘愿为之牺牲一切。这类同学在追求爱情时，过于理想化，感情比较脆弱，一旦遭受挫折便会非常痛苦，易导致心理障碍。

4. 志趣相投型

此类型把感情融洽、志趣相投、事业成功作为爱情的基础。这是一种注重事业和精神生活的恋爱，恋爱双方道德高尚、互相尊重，行为端庄大方，感情热烈而举止文明，注重思想上的沟通，以和谐的精神生活和事业的共同追求为满足。这类大学生一般能较好地处理感情与学业的关系。

5. 实用功利型

这是一种非常势利的实用主义恋爱类型。有的大学生恋爱首先看的是对方的物质条件，或毕业留城市的优势，或看中对方父母或亲戚的名利地位等。这类大学生往往基于利益关系而恋爱，在此之前已把对方算计得一清二楚，把爱情当作谋取利益的手段，没有真实的爱情可言。

6. 肤浅情欲型

有的大学生受青春期人类本能的驱使或受有性描写的影视文学作品的影响，导致控制力较弱，进行模仿尝试，追求性刺激，以满足性欲望为目的与异性同学交往、恋爱；有的甚至把恋爱当作一种娱乐方式，逢场作戏、玩弄异性。这些大学生只注重异性的外表，追求感官上的愉悦，而忽视或无视爱情内涵中应有的伦理因素。无疑，这是一种不健康的恋爱类型。

（二）科学的恋爱观

当代大学生需要端正恋爱动机，树立正确的恋爱观，发展适当的恋爱关系。对于大学生而言，要提倡树立科学的恋爱观。具体来说，有以下几方面的内容：

1. 志同道合的爱情

大学生恋爱应把具有一致的思想、共同的信仰和追求放在首要地位，把心灵美好、情操高尚、心理相融作为择偶的第一标准。莎士比亚曾说：爱情不是树荫下的甜言，不是桃花源中的蜜语，不是轻绵的眼泪，更不是死硬的强迫，而是建立在共同基础上的心灵沟通。因此，在恋人的选择上最重要的条件应该是志同道合，思想品德、事业理想和生活情趣等大体一致。

2. 正确处理爱情与学(事)业之间的关系

爱情是美好的，它是人生内容的重要组成部分，但不是人生的全部，它应该服从于事业，促进事业的发展。一个人只有事业取得成功，其爱情之花才会开得更加鲜艳芬芳。大学生目前应该把学业放在首位，摆正爱情与学业的关系，不要把宝贵的时间全部用于谈情说爱上而放松了学习。没有学业、事业的爱情如同在沙漠中播种，缺乏坚实的根基和土壤，迟早会枯萎。爱情只有同学业、事业相结合，才有旺盛和持久的生命力。

大学生向往的爱情

3. 要懂得爱情是一种责任和奉献

大学生在恋爱中应该懂得,爱不仅是索取,更重要的是一种责任和奉献。在社会生活中,人都需要承担两方面的责任:一是个人对社会应尽的责任;二是个人对家庭、父母、孩子、朋友和爱侣的责任。第二个方面的责任属于私人生活的性质,是社会干预最为微弱的生活领域,主要依靠良好的道德修养和自觉的责任感来维持。正因为如此,它体现了一个人的人格魅力。大学生一旦进入爱的王国,就必须具备强烈的责任感和奉献精神,这样才能获得崇高的爱情。

4. 恋爱要严肃认真、感情专一

爱情代表着两个人之间的爱慕关系。这种关系包括特有的感情和义务,它只能存在于恋爱者两人之间,不容许第三者介入。而且,恋爱不是儿戏,双方要真诚相待,要实事求是地对待自己,也要实事求是地对待对方。无数事实证明,用欺骗手段骗取的爱情,是不会幸福的。另外,双方一旦建立了恋爱关系,就要忠贞专一,一心一意,切不可三心二意、见异思迁。任何人发展三角恋爱、多角恋爱的行为都是不道德的。

5. 恋爱过程多一些理解、信任和宽容

大学生在恋爱过程中应做到互相尊重、相互平等、共同进步。爱情是互爱的统一,相爱的双方,都有着自己独立的人格和精神世界,既不能完全依附对方,也不能要求完全占据对方。爱情与做人一样,理解、信任、诚实和宽容都是十分可贵的品质。爱很多时候意味着是一种付出,双方之间要相知、相敬、相让。

二、爱的能力

(一) 表白爱的能力

1. 搭讪

如果看到一个人,很想接近他,想让他对你有印象,如何开口说话,如何搭讪是比较重要的,可以遵循以下三个原则:

原则一:第一时间开口。在遇到心仪的对象时,几乎是在彼此眼神对视的第一时间,就开口说话。

原则二:以第三方事物为共同话题。不要聊对方本人,这会增加对方的紧张感,降低成功率。

原则三:问最容易回答的问题。

2. 自我表露

如果两个人不分享一些个人的、私密的信息,两个人的关系便算不上是亲密的。自我表露能促进相互间的交流,增进感情,拉近关系,从而改善人的心情。

自我表露的三个关键因素是45分钟、对等性和敏感性。一般来说,有效的自我表露通常控制在45分钟左右,时间太短的交流很难达到沟通的效果;自我表露的时候需要双方提供对等的信息或表露的方式,如果一方一直自我表露,而另一方总是被动接收,很容易造成不对等的感受;敏感性主要体现在,当对方自我表露的时候感受敏锐,给予积极的回应,感受到对方自我表露时的内心情感,善于倾听和共情,而不是站在道德层面去评判。

自我表露的过程：自我表露一般由浅及深、由少到多；太快的自我表露虽然能（一见钟情式）暂时引起对方的兴趣，但冲突也会随之而来。没有信任基础的交浅言深，并不是一件正确的事。

自我表露的对象：女性愿意对男性敞开心扉，男性也愿意对女性敞开心扉；女性之间也可以相互敞开心扉，但男性之间却很少敞开心扉。在感情的温暖和亲密方面，男性依赖女性要多于女性依赖男性。

自我表露和关系的满意度：心理学研究表明，自我表露与喜欢成正相关，配偶自我表露越多，他们的感情就越稳定，幸福感也就越强。但值得注意的是，即使在最亲近的关系中，也需要保留一些只属于自己的东西，保有自己的秘密。

3. 表白

在表白之前，对对方要有一定了解。比如对方的性格特征，喜欢什么，讨厌什么，对你是不是有感觉，有没有伴侣等，都要仔仔细细了解清楚。

表白时要选择一个合适的时机。要想表白成功，需要有天时、地利、人和。一般夜晚表白的时候，成功率会比较高。因为夜晚不仅仅是黑暗的，它给人的感觉也是浪漫的。表白的时候，最好营造出一个浪漫的氛围，比如花海之路、烛光晚餐、音乐美景等，所有表达浪漫的方式都可以展示出来，让对方感受到你的爱。表白时，如果拥有一个强大的后援团，当你想要表白或者说出表白的话的时候，他们会化身成为制造浪漫的“气氛组”，营造一种浪漫的气氛，鼓励对方答应你。

总之，搭讪是一项可以习得的技能；自我表露会提高彼此的亲密度，同时也会增加一定的幸福感；表白是感情水到渠成后的自然选择。

（二）经营爱的能力

一段感情要想维持下去，不仅要有好的开始，更重要的在于如何经营。美国婚姻家庭专家盖瑞·查普曼提出的“爱的五种语言”，被认为是经营恋爱、婚姻关系的一剂良药。

1. 肯定的言语

肯定的言语就是适时地对对方表达赞美、肯定、认可、鼓励等积极的言辞。马克·吐温说：“一句称赞的话，可以让我活两个月。”这足以说明，肯定的言语对一个人的重要性。也许，一句鼓励的话语、一句仁慈的言语，就会温暖对方，使他被激励，完成原本不可能做到的事情。肯定的言语，会让恋爱中的人感觉被人欣赏、被肯定、被爱。

2. 精心的时刻

精心的时刻不仅仅是指两个人待在一起，你打你的游戏，她看她的电视剧；而是双方的“心”在一起，把关注点放在对方身上，两个人共同做一些事情。是要让对方感受到是在全心全意地陪伴而不是敷衍。

3. 接受礼物

礼物，是爱的视觉象征，也是一种仪式感的象征，是直观的、能看到的、有迹可循的爱。有些礼物是需要花钱的，而有些礼物是需要用心的。对于爱的主要语言是“接受礼物”的人来说，送给他礼物，他会感到被爱和被关注，他在意的是这一份心意。

4. 服务的行动

假设，你的另一半为你剥橙子、柚子、芒果等你喜欢吃的水果，你会不会觉得特别幸福？如果，你的另一半为你拿快递，买早餐，占座位，你会不会感到特别开心？如果一个人爱另外一个人，他会心甘情愿做一些事情让对方开心，服务的行动可以体现一个人的爱意。

5. 身体的接触

有些人的爱的语言是身体的接触，包括拥抱、亲吻、爱抚等。如果一个人的主要爱的语言是“身体的接触”，那么日常相处中，经常拥抱对方可能会增进彼此的感情；吵架后，给他一个有力的拥抱或许能让对方感受到爱意和温暖。

大学生在现实恋爱中，可以一起探索自己和另一半的爱的语言。根据另一半的爱语，表达自己的爱。

爱是相互的，爱不仅仅是得到什么，还在于为所爱之人付出什么。

人们一直要求的“安全感”，其实和爱的语言是息息相关的。如果另一半爱你，且你能感受到他的爱，那么在他面前，你就会觉得有安全感。

爱情保鲜小技巧

（三）对待失恋的能力

1. 失恋后的表现

失恋引起的主要情绪反应是痛苦与烦恼，大多数人能正确对待和处理这种恋爱受挫现象，愉快地走向新生活。然而也有一些人不能及时排除这种强烈的情绪。导致心理失衡，性格反常，甚至引发一系列心理疾病。在现实生活中，大学生失恋以后，通常的心理反应是：对他（她）那么好，他（她）为什么离开我；他（她）抛弃了我；我忘不掉他（她）；他（她）怎么那么无情；他（她）是个玩弄感情的人；他（她）可能从来没有真心爱过我；我究竟哪里不好。有以上种种感受，主要是因为产生了一种被抛弃感，内在安全感的缺失。

有时，提出分手的一方也会产生被抛弃感。为了尽可能地回避失恋带来的痛苦，或者为了满足自尊，才抢先一步说出分手。一般情况下，被动接受的一方则更为痛苦难受。除了被抛弃感，还可能会引发愤怒、羞耻感、无尊严感，会引起孤独、无助、无力或无能感。失恋后的想法和行为表现会变得不理智、鲁莽。具体表现为以下几种类型：

（1）赔礼道歉型。一方毫无原则地道歉或认错以换回对方的心。这种行为对以下几种情况可能适用：对方性格软弱，富有同情心，以此激发对方的内疚感；对方分手的决定不坚决；对方想以分手胁迫自己为其做出改变。

（2）强化自卑型。原先不自信的人，伤心过后会更自卑。一般会有以下几种想法：自己是一个不值得别人去爱的人；不相信以后还有人会爱上自己；被抛弃是因为自己不够好，不够优秀，不值得别人付出。

（3）一朝被蛇咬型。不相信自己还有力量能承担新的感情；不相信自己还有勇气能面对未来未知的结局。

（4）自暴自弃型。这实质上是对责任的放弃。表现为情感放纵，对新的恋情不再付出真心；性放纵，不在乎天长地久，只在乎曾经拥有；有自杀自残的倾向或行为。

（5）不甘放弃型。一时无法收回投注在对方身上的感情能量；不被尊重所引发的屈辱感使然；极度愤怒导致了伺机报复的心理。

2. 如何真诚地提出分手

（1）本着对双方负责，尊重感情的态度。

（2）分手时态度明确，模棱两可最折磨人。

（3）分手场合要合适，环境幽雅，不偏僻、不吵闹。

（4）尊重对方，不用伤害、刺激性语言。

3. 失恋后如何正确对待

失恋是件很正常的事情，有开始，就有可能结束，很多人都会经历失恋。应对失恋可分三步走：

第一步：感情宣泄。

（1）眼泪缓解法。在悲痛欲绝时大哭一场，可以使情绪恢复平静。专家认为，眼泪能把有机体在应激反应过程中产生的应激激素排出去。

（2）运动缓解法。剧烈的体育运动有助于释放激动情绪带来的能量。

（3）转移注意。心情不佳时，可以做些自己感兴趣的事。

（4）文饰法。当失去自己所爱的人时援引合理的理由和事实来解释挫折，从而获得精神上的安慰。

（5）倾诉。向可以信任的师长、同学、朋友等诉说自己心中的烦恼，也可以通过写日记或写信来排解心中的苦闷。如果感觉心中的积郁实在太深，无法排解时，也可以找心理咨询师进行心理咨询。

第二步：情境转移。

失恋后之所以难以摆脱恋情的困扰，主要在于生活的方方面面都与昔日的恋人有着千丝万缕的联系，要想摆脱失恋的痛苦，就要换一个崭新的环境，暂时离开曾经熟悉的环境。如多交一些朋友，多参加一些集体性的娱乐活动，或者找人逛逛街，出去旅游散心等，这些方式都有助于心情的放松。

第三步：升华。

要尽快把失恋升华为一种奋发向上的动力，投入学习或者工作中去。切不可因为失恋而一蹶不振，认为生活、人生都失去了意义。恋爱是生活的重要组成部分，但不是生活的全部。要正确地看待爱情，摆正爱情的位置，处理好爱情与学习、爱情与人生、爱情与婚姻之间的关系。

案例分析

一则大二男生因失恋而产生轻生行为的案例报告

大二男生小×最近失恋，心情十分难过，并且想不通女朋友为什么要和自己分手，有一天晚上他控制不住自己的情绪，用刀子割伤了手腕，并发视频给前女友，要求复合，前女友被吓到，第一时间通知了他的辅导员，辅导员紧急求助心理中心。心理中心的老师跟小×咨询后发现，在整个恋爱过程中小×对前女友基本是有求必应，所有的金钱花费都是小×出的,但小×告诉心理咨询师,女友提出分手的原因是性格不合。小×认为女友提出的分手原因不准确,他认为他们相处得还挺甜蜜的,他觉得分手的原因是女友变心了,他认为自己付出了这么多,被辜负了,前女友是要他、利用他,他要进行报复,并且还是希望跟前女友复合。他割腕也不是真的想自杀,他只是想让前女友回心转意而已。

点评:小×失恋后的做法是:(1) 用刀子割伤自己的手腕;(2) 发视频给前女友,要求复合;(3) 要报复前女友。

小×失恋后的表现属于自暴自弃型和不甘放弃型。

小×的问题出现在:(1) 在整个恋爱过程中小×对前女友基本是有求必应,失去自我;(2) 恋爱中所有的金钱花费都是小×出的,小× 前女友有可能恋爱动机不纯;(3) 小×女友提出分手的原因是性格不合,小×不以为然,小×跟女友在相处过程中出现认知、思维不同,没有良好的沟通和解决;(4) 小×觉得分手的原因是女友变心了,两个人没有好好说分手,没有把分手原因讲清楚;(5) 小×认为自己付出了这么多,他被辜负了,前女友是要他、利用他,两个人在相处的过程中存在不平等、没有相互理解的情况。

三、大学生常见的恋爱误区和对策

(一) 恋爱情感的误区

大学生在经历了校园恋爱被禁止、被批判到法律规定大学生可以结婚的历程,各高校对于大学生的恋爱行为,一般采取既不赞成也不反对、适时引导的工作策略。现在大学生恋爱已经是司空见惯的事情,但是现实中,大学生存在着虽然想恋爱,却不知道如何跟异性相处、恋爱动机不端正、恋爱尺度把握不好等误区。具体表现在"友与恋、恋与爱"——对于感情概念的混淆。

友情:友谊的同义词,它是朋友和朋友之间的感情,具有比较广泛的基础,友情不仅仅针对一个人。

爱情:爱情是指两个人之间相爱的感情。爱情有爱情情感、愿望、欲望等,还有爱情伦理关系,爱情承诺关系。

喜欢:对某人或事物有好感或者产生兴趣。喜欢与爱有着一定的区别与联系。喜欢是好感的升华,不同种类的好感对应着不同种类的喜欢,它是爱的基础。

由此可见,友情、爱情、喜欢与恋爱有着本质的区别。但很多大学生因为青春期需求和渴望感情寄托,盲目地开启一段恋爱,很多时候误把友情当成喜欢,把喜欢当成爱情,在相处的过程中对对方要求过高,给学业和身心健康带来了不良影响。

(二) 恋爱动机的误区

大学生的恋爱动机跟普通社会青年的恋爱动机虽有相同之处,但也存在一定的差别。因为大学生年龄相近,都基本住校,彼此了解更多,双方产生感情也是特别自然的一件事情。这种感情确实与社会上的一些恋爱不同,它是在特定的时间、特定的阶段,彼此在一起学习时产生的。随着社会的发展,大学生中的恋爱动机也呈现出多样化的趋势,也存在恋爱动机不良的现象。

在一些高校，恋爱成为一种时尚。当周边的许多同学有了异性朋友时，一些男同学为了不使自己显得无能，一些女同学为了证明自己的魅力，也学别人的样子匆匆地谈起了“恋爱”。

有些大学生在精神上不太充实，同性朋友较少，时常感到孤独、烦闷，为了弥补精神上的空虚，急欲与异性朋友交往，“恋爱”成了一种近景性的精神需求。

还有部分大学生情感比较丰富，罗曼蒂克的爱情对他们有着强烈的吸引力，对爱情浪漫色彩的追逐和窥探心理日趋强烈。

随着时代的发展，大学生恋爱现象非常普遍，但不少大学生不真心对待恋爱。他们谈恋爱不是为了结婚，只是为了满足内心的情感或达到某种目的，所以这类人在一起结婚的成功率较低。在大学生恋爱的动机系统中，性满足的动机、情感亲密的动机、自我确认、自我证明的动机，比结婚的动机占有更大的比例。当代大学生对恋爱呈现非责任化，不少大学生对恋爱态度不是很严肃，更多地抱有一种游戏态度，开展三角恋，甚至多角恋爱，用他们自己的语言说，就是“玩玩”而已，这些现象值得人们深思。

（三）恋爱方式的误区

恋爱方式主要是恋人之间相处的方式，对待感情的方式，对爱情的认知等问题。恋爱方式的误区主要有四种：

误区一：没有恋爱标准或者恋爱标准不切合自身情况。很多大学生在没有了解感情概念的基础上的恋爱，既没有动机，也没有标准。抱着“尝试一下”“看看再说”“她追我，所以我就接受了”“反正我也不缺这一个男（女）朋友”的态度去恋爱。殊不知，每次恋爱失败对双方造成的伤害都是巨大的。

误区二：爱等于被爱。很多人都把爱看成如何被爱的问题，而不主动去爱。于是，在相处中一味地索取，要求别人满足自己的需求，如果别人不能满足自己的需求，就怀疑别人不爱自己，怀疑这段感情是否值得。

误区三：爱等于爱的对象。很多人认为爱的问题就是爱的对象的问题，而不是爱的能力的问题。在这样的误区下，人们往往认为爱是简单的，但要找到一个合适的爱的对象或为其所爱是困难的。

误区四：爱等于最初体验。人们常常把坠入爱河时的最初体验和置于爱中的稳定状态混淆不清。一旦感情关系不如他们最初的“痴迷”和“眩晕”，就认为不爱对方了，或者怀疑对方不爱自己了。殊不知，爱情不仅仅有激情，还有承诺；爱的阶段也不仅仅有痴迷浪漫，还有陪伴守候。爱情是需要双方共同努力经营的。

怎么看待恋爱中的吵架

上述种种恋爱方式的误区，轻则会影响当事人的身心健康，重则会危及生命安全。

（四）对待恋爱结果的误区

由于恋爱动机、方式不同，大学生的恋爱结果基本只有两种：继续发展和宣告失败。恋爱的下一步，按照自然发展，一般来说应该是步入婚姻的殿堂。但有些人一开始谈恋爱就本着不负责任的态度，从未考虑过对对方负责，或者给对方什么承诺，这样的结果无疑是恋爱失败；但有些人虽然拼尽全力去爱，由于种种原因，还是免不了要面对恋爱的挫败、分手的结果。但恋爱失败产生挫败感和惋惜是正常的，它只代表两个人不适合在一起生活。恋爱应该是一个人寻找合适的另一半的过程。一段恋爱失败并不代表要完全否定爱情,更不能否定一个人的一生。

四、如何走出恋爱误区

(一) 正确看待爱情地位,树立正确的恋爱观

爱情是人们生活中的重要部分,但并不能代表全部。在选择伴侣时,择偶标准应谨慎但不苛刻。浪漫和责任相辅相成,爱情不是游戏。

(二) 理清感情概念,谨慎处理感情

理清感情概念,可以帮助大学生避免很多感情纠纷。认清友情与爱情的区别,拒绝暧昧不清的行为。

(三) 多阅读相关资料,提高个人感情素养

多阅读一些与爱情心理学相关的书籍,多了解相关的知识,认清爱情的本质。

《爱的艺术》节选

心灵保健操

爱情态度量表

这个量表主要是想了解你对爱情所持的态度。题目中的“他/她”,是指目前与你密切交往的男/女朋友(请以你目前的恋人为回答依据;若目前没有恋人,请就上任对象作答;若没有谈过恋爱,也请你想象一下再作答)请针对每一题所叙述的情形,选出你认为最能反映实际状况的数字。

条目内容	完全不符合	有些不符合	不好说	比较符合	非常符合
1. 我和他/她属于一见钟情型。	1	2	3	4	5
2. 我很难明确地说出我和他/她是何时从友情变成爱情的。	1	2	3	4	5
3. 对他/她做承诺之前,我会考虑他/她将来可能变成的样子。	1	2	3	4	5
4. 我总是试着帮他/她渡过难关。	1	2	3	4	5
5. 和他/她的关系不太对劲时,我的身体就会不舒服。	1	2	3	4	5
6. 我试着不给他/她明确的承诺。	1	2	3	4	5
7. 在选择他/她之前,我会先试着仔细规划我的人生。	1	2	3	4	5
8. 我宁愿自己痛苦,也不愿意让他/她受苦。	1	2	3	4	5

续表

条目内容	完全不符合	有些不符合	不好说	比较符合	非常符合
9. 失恋时，我会十分沮丧，甚至会有自杀的念头。	1	2	3	4	5
10. 我相信他/她不知道我的一些事，也不会受到伤害。	1	2	3	4	5
11. 我和他/她很来电。	1	2	3	4	5
12. 我需要先经过一阵子的关心和照顾，才有可能产生爱情。	1	2	3	4	5
13. 我和他/她最好有相似的背景。	1	2	3	4	5
14. 有时候，我得防范他/她发现我还有其他情人。	1	2	3	4	5
15. 我和他/她的亲密行为是很热情且很令我满意。	1	2	3	4	5
16. 我有时会因为想到自己正在谈恋爱而兴奋得睡不着觉。	1	2	3	4	5
17. 我可以很容易、很快地忘掉过往的恋情。	1	2	3	4	5
18. 他/她如何看待我的家人是我选择他/她的主要考量。	1	2	3	4	5
19. 我希望和曾经相爱的他/她是永远的朋友。	1	2	3	4	5
20. 当他/她不注意我时，我会全身不舒服。	1	2	3	4	5
21. 我和他/她的爱情关系最理想因为是由长久的友谊发展而成的。	1	2	3	4	5
22. 我觉得我和他/她是天生一对。	1	2	3	4	5
23. 自从和他/她谈恋爱后，我很难专心在其他事情上。	1	2	3	4	5
24. 他/她将来会不会是一个好父亲/母亲是我选择他/她的一个重要因素。	1	2	3	4	5
25. 除非我先让他/她快乐，否则我不会感到快乐。	1	2	3	4	5
26. 如果他/她知道我和其他人做了某些事，他/她会不高兴。	1	2	3	4	5
27. 我和他/她的感情、亲密行为进展得很快。	1	2	3	4	5

续表

条目内容	完全不符合	有些不符合	不好说	比较符合	非常符合
28. 我和他/她的友情随着时间逐渐转变为爱情。	1	2	3	4	5
29. 当他/她太依赖我时，我会想和他/她疏远一些。	1	2	3	4	5
30. 我通常愿意牺牲自己的愿望，达成他/她的愿望。	1	2	3	4	5
31. 我和他/她的爱情是一种深刻的友情，而不是一种很神秘的情感。	1	2	3	4	5
32. 他/她可以任意使用我的东西。	1	2	3	4	5
33. 我和他/她非常了解彼此。	1	2	3	4	5
34. 当我怀疑他/她和其他人在一起时，我就无法放松。	1	2	3	4	5
35. 他/她如何看待我的职业会是我选择他/她的一个考量。	1	2	3	4	5
36. 他/她的外貌符合我的理想标准。	1	2	3	4	5
37. 我享受和他/她及一些不同的情人玩爱情游戏。	1	2	3	4	5
38. 当他/她对我发脾气时，我仍然全心全意、无条件地爱他/她。	1	2	3	4	5
39. 在和他/她深入交往之前，我会试着了解他/她是否具有良好的遗传基因。	1	2	3	4	5
40. 为了他/她，我愿意忍受任何事情。	1	2	3	4	5
41. 如果他/她忽略我一阵子，我会做出一些傻事来吸引他/她的注意力。	1	2	3	4	5
42. 我和他/她的爱情关系是最令人满意的，因为是由良好友情发展成的。	1	2	3	4	5

【测评结果分析】

将以下编号题目的答案对应的分数进行累计，假若你某一项分数远远高于其他五项，你就是典型的这种类型；假若你某两项分数大大超过其他四项，你是这两种类型的综合。

以下题目得分相加	对应爱情类型	解释与说明
1、7、13、19、25、31、37	浪漫型	最注重的是对方的外表和身体的接触；只要是好看的，就容易跟对方坠入情网。

续表

以下题目得分相加	对应爱情类型	解释与说明
2、8、14、20、26、32、38	游戏型	视爱情为游戏，爱情的关系短暂，经常更换对象，承诺在这种类型的人身上几乎看不到。
3、9、15、21、27、33、39	同伴型	感情发展细水长流，平静而祥和，通常刚开始时只是好朋友的关系，后来才慢慢从友谊发展成爱情。
4、10、16、22、28、34、40	现实型	选择对象以理性条件的考虑为主，诸如教育背景、经济能力、社会地位、共同兴趣等。
5、11、17、23、29、35、41	占有型	占有欲和嫉妒心强烈，关系也犹如风暴，起伏不定，对方一点爱意的表示就会让他狂喜，一点点降温或关系出现点小问题就痛苦不已。
6、12、18、24、30、36、42	奉献型	与占有型相反，为爱人完全付出自己，关心对方而不求回报。这种人极有耐心、不要求对方回报，甚至不嫉妒。

第三节　犹抱琵琶半遮面，认识性

一、健康的性心理

根据世界卫生组织的定义，健康的性心理是指通过丰富和完善人格、人际交往和爱情方式，达到性行为在肉体、感情、理智和社会诸方面的圆满和协调。性心理健康主要指除了性器官、性发育、性生殖、性卫生以外，关于性需求、性意识、性情感以及性举止等方面的健康。

（一）性心理健康的条件

（1）个人的身心应有所属，有较明显的反差（性别角色认同）。如果阴阳莫辨，就难以实施健全的性行为与获得美满的爱情。

（2）个人有良好的性适应，包括自我性适应与异性适应，即对自己的性征、性欲能够悦纳，与异性能很好相处。

（3）对待两性一视同仁，不人为地制造分裂、歧视或偏见。对曾因种种历史原因形成的一切与科学相悖的性愚昧、性偏见及谬误有清醒的认识，理解并追求性文明。

（4）能够自然地高质量地享受性生活。

（二）性心理健康的标准

美国心理学家罗杰斯提出的关于性心理健康的标准适用于所有的成年人。对于我国具

体情况,健康的性心理应当包含以下内容:

(1) 性别认同正常。认同与悦纳自己的生物性别,并且有与生物性别相一致的性别意识和性别行为,有相应的言行举止和服饰模式,无性别认同烦恼,不讨厌、怨恨自己的性别。

(2) 性取向正常。能与同性或异性和谐相处。性取向除指向年龄相适宜的人类外,还有不与其他动物、物品发生性爱关系。

(3) 有正常的性需要和性欲望。正常的性需要和性欲望是健康性心理的生物学基础。

(4) 有科学、全面、正确的性知识,讲究性卫生。性知识包括性生理、性心理、性道德等一切有关性健康的知识。在婚姻前提下的性生活符合男女平等、科学、卫生的原则,可避免性病的传染。

(5) 有正当健康的性行为方式。性行为的目的和性满足的方式符合人性。

(6) 性观念和性行为符合社会道德和法律规范。

(7) 对性抱有正确的态度和情感,能够自觉调节和克服不良情绪,如自卑、恐惧、焦虑等。

性健康是文明社会的重要组成部分,已引起全人类的高度重视。健康的性心理既是正常恋爱的基础,也是未来幸福婚姻的保障。

二、性心理的发展

(一) 性心理的发展阶段

人的性心理和性行为是随着年龄增长而不断发展变化的。根据生理特征,奥地利心理学家弗洛伊德提出了性心理发展的5个阶段,即口唇期、肛门期、生殖器(性欲)期、潜伏期和生殖期。

1. 口唇期(婴儿期,1岁以内)

在这期间,嘴是最初的性敏感(引起性欲的)地带。刚出生时(大约8个月的时候),婴幼儿通过吮吸和吞咽来寻找快感。后一阶段(长牙的过程中),他们的快感来自咬和咀嚼。过度吸吮与吞咽的快感可能提示不现实的乐观(比如,给孩子假奶嘴或安抚奶嘴,成人后容易产生对他人的不信任)。

喂食是特别重要的。这一时期的婴儿通过吸吮母乳来获得安全感,如果婴儿突然断奶或断奶太早,可能会缺乏一定的安全感,以至于未来可能会过分纠缠或依赖配偶。

2. 肛门期(儿童早期,1~2岁)

在蹒跚学步的孩童中,排便排尿是典型的快乐来源。幼儿园上厕所的训练就意味着第一次以社会性的努力来控制儿童的本能冲动。自发排便是满足性本能的主要方法。

这一时期儿童心理发展的重点是获得独立性、发展自律性、学习表达敌意等负面情绪。如果父母过分关照或严苛要求,孩子的自律性发展和适应环境的能力将受到抑制。

3. 生殖器(性欲)期(学前期,3~5岁)

这一时期,儿童的性别认同意识逐渐出现。这一时的儿童不但对自己的生殖器格外好奇,喜欢展示自己的裸体,也对别人的生殖器和排便姿势好奇,对两性差异开始产生兴趣。

比如，爱玩跟性有关的游戏——过家家。

这时期妥善安排父母与儿童分床睡以及性安全的自我保护意识尤为重要，父母若不注意自己性行为隐私问题会诱发孩子的性早熟，也可能成为日后孩子出现窥视癖、暴露狂等性反常现象的诱因。

孩子与父母分床的最佳时间是在学龄前，如果太晚会导致孩子对异性父母的一方有着强烈的依赖感，即女孩形成恋父情结或男孩形成恋母情结，这将不利于孩子以后与其配偶建立亲密关系。

4. 潜伏期（学龄期，6～11 岁）

这一时期的儿童对性的兴趣下降，开始出现对游戏同伴、体育运动等新的兴趣，这一时期社会化的主要任务是让儿童乐于学习，富有好奇心、求知欲，培养勤奋感。如果这一时期社会化程度不足，会导致儿童出现学习适应不良和自卑感等消极的自我意识，对批评易采取防卫性的反应，出现性别角色认同障碍、依赖性强、缺乏主动进取精神和意志力等心理发育障碍。

5. 生殖期（青少年期，12～20 岁）

这一时期，男女性器官发展迅速，性生理发展成熟。

青春期一般始于 11 岁，其生理标志为男子出现梦遗或手淫，女子则表现为月经初潮。青少年由于躯体、内分泌系统的迅猛发展，第二性征也日益明显。此时青少年的性心理也迅猛地发展，对异性开始感兴趣，容易产生朦胧与不甚明确的情感。这就是异性恋的开始，但这时的他们还缺乏社会经验且不够理智。他们的性器官发育逐渐成熟，但其整体心理水平还较幼稚，意志亦较薄弱，易受外界诱惑而导致性罪错，因此被视为“青春期危机”。

弗洛伊德认为，性心理的发展过程如不能顺利地进行，停滞在某一发展阶段；或在个体受到挫折后，从高级的发展阶段倒退到某一低级的发展阶段，即产生了退行，就可能导致心理的异常，成为各种神经症、精神病产生的根源。

（二）影响性心理发展的因素

人类的性与动物最大的不同在于人类的性具有心理和社会层面的内涵。人类的性可以从三个方面的属性来进行界定：① 生物属性，男女在遗传基因、性器官、生殖功能等方面的差异；② 社会属性，是指性别及性别角色的不同，社会对不同性别有着不同的期望及刻板印象；③ 心理属性，是指个体对自己的性生理和性别角色的认同。

恋母情结

1. 生物属性

（1）人的生物属性是性心理产生的物质基础；

（2）人类的进化改变了性交的行为方式，从而促进了性心理的产生和发展；

（3）从个体发育的角度看，性心理是性生理成熟的产物。

2. 社会属性

社会属性体现在以下 3 个方面。

（1）家庭环境的影响。两性关系缔结的基本形式是家庭，故家庭因素对性心理的影响十分重要。家庭性环境对子女性观念和性道德的特殊作用在于：一方面，对子女的性角色意识、性心理，性的是非、善恶、荣辱观念的初始定势起着十分重要的作用，比如有的家庭倡导“男尊女卑”“重男轻女”的观念，而有的家庭则认为男女平等，甚至秉持“富养女，穷养男”的原则；另一方面，它是在日常生活中，在耳濡目染中，在潜移默化中，在无意识的示范和模拟中进行的，具有持久深入、具体细微、渗透性强、示范性强等特点。比如有的家庭一直是“男主外，女主内”，而有的家庭父母势均力敌，这些对子女的婚恋观有着一定的影响。

(2) 社会环境的影响。一定的社会文化对性的态度会直接影响个体的性态度。长期在封闭的社会文化环境中成长的青少年，容易对性征变化持惊奇、恐慌等消极的心理；而在开放社会成长的青少年，则会因为处于性信息无处不在的氛围中，造成他们的性心理成熟较早，对待性问题的态度比较开放。特定社会的道德观念、社会舆论导向，也会影响个体性心理的产生和发展，使其或按某种既定的模式出现，或逐渐地发生某种演变。

(3) 同龄群体的性氛围。同龄群体由于年龄和发育阶段的同步和相仿，性问题、性关系成了他们共同关注的重要问题，从而形成小群体内部特有的性道德价值取向和舆论氛围。群体中的性观念和性规范并非代表每个人的意愿，但是个人对群体从心理上的依附和从属，从感情上的亲密和稳定，常常使他们服从小群体的性道德舆论，认同其道德价值，长此以往，小群体的性道德价值标准就内化为每个成员的内在的性道德观。同龄小群体中的性道德舆论是一种强化和放大了的舆论，对其成员性观念的影响力和控制力常常超过家庭、学校和社会。因此，从不良小群体中获得的性道德观念，教育改造起来是非常困难的；反过来，如果从小群体入手来矫正不良的性观念和性行为则会起到事半功倍的效果。

3. 心理属性

丰富多彩的人类心理活动使人类的性关系早已脱离了动物界，变成了人的一种高级复杂的情感和心理活动。一方面，心理属性决定了以生理机制为内在驱动力的性会通过性欲望、性幻想、性梦、性情感表达出来；另一方面，心理属性使性独立于生物本能之外，广泛地反映和融入各种文化艺术之中，如小说、诗歌、戏剧、舞蹈、音乐、美术、摄影、雕塑、服饰以及建筑设计等。

《性心理学》简介

(三) 男女性心理的差异

由于人类性心理和性行为的复杂性，男女性心理和性行为呈现出多层面的差异。就中国社会主流文化而言，男女性心理的差异大致表现在以下几个方面。

1. 心理需求方面

女性在心理需求方面的特点是需要被人关心、呵护，被人了解、尊重，需要伴侣对其忠诚，在意他人对自身容貌、身材、服饰等的认同和赞美。而男性在心理需求方面的特点是自身能力和行为被人信任而不是被怀疑和猜疑，理想抱负和行为被人接受，付出被人感激、赞赏和肯定。

2. 思维习惯方面

女性在思维习惯方面的特点是更多地凭借直觉做出某种结论，喜欢关注和分析细节，喜欢变化，喜欢谈论具体的事物，易依赖顺从别人的意见；遇到困难时，因不知所措而需要更多的表达。男性在思维方面的特点是讲求逻辑，重现实，喜欢综合，喜欢稳定，喜欢谈论和思考抽象的事物，爱发号施令，遇到问题时倾向冷静思考，喜欢挑战新问题。

3. 性格方面

女性在性格方面的特点是情感外向、感情细腻、多愁善感、勤奋有恒心、较为柔顺。男性在性格方面的特点是情感内向、豁达、忍让、易妥协，遇到困难较为冷静、勇敢、果断和刚毅。

4. 生活习惯方面

生活是人类心理表现的现实舞台。女性在生活中爱整洁、讲秩序，在家居、服饰上的消费较多。男性对生活的随意性较大，对舒适的要求大于对清洁和形象的关注，在交友应酬、运动健身等方面的消费较多。

书籍介绍

心理语录

「人类的繁殖并不是为了满足自身的欲望，而是为了生命的延续和社会的进步。

——爱因斯坦」

第四节　何当共剪西窗烛，大学生的性心理

一、大学生的性心理

大学生的性心理主要具备如下 3 个特点：

（一）性生理发展与性心理成熟并不同步

性生理发展是指身体内性器官的生长、发育和功能的变化过程，这是人类生命早期自然发生的过程之一。在这个过程中，个体逐渐具备了生育能力，同时也形成了与性别相关的生理特征。然而，由于个体的差异以及环境因素的影响，不同人的性生理发展有所不同。

而性心理成熟则是个体在成长过程中对性的认知、情感和行为等方面的心理状态达到相对稳定的状态。它涉及对性的理解、态度和价值观等方面，是一个主观的心理体验和认知过程。因此，性生理的发展和性心理的成熟并不是完全同步的。

在现实生活中，每个人的性生理发展和性心理成熟程度都会因为个体差异和生活经历等因素而有所不同。有些人在某些方面可能表现出早熟或晚熟的特点，但这并不意味着他们的性生理或性心理存在缺陷或不平衡。相反，这种差异是正常的生理现象之一，也是人类多样性和复杂性的体现。

重要的是要认识到每个人都有自己的性生理发展和性心理成熟进程，并且这两个方面并非互相独立或完全同步。我们应该关注个体的整体健康和发展，包括生理、心理和社会层面的因素，以促进个体的全面成长和发展。如果有任何关于性生理或性心理的问题或疑虑，最好咨询专业医生或心理咨询师以获取个性化的建议和支持。

（二）恋爱的热望与对异性了解不深的状况并存

恋爱的热望与对异性了解不深的状况并存，这是很多人在恋爱过程中都会遇到的问题。

当被某个人吸引，产生强烈的恋爱愿望时，人往往容易陷入一种盲目和冲动的状态，忽略了对对方深入了解和认识的重要性。

这种并存状况可能会导致一些问题的出现。首先，由于大学生对异性的了解不足，可能会产生一些误解和偏见，导致对对方的期望过高或过低。这会让大学生在恋爱关系中感到失望或困惑，因为发现对方并不完全符合事先设想的形象。

其次，缺乏深入的了解也可能会影响与对方的沟通和相处。大学生可能会因为对对方的性格、喜好、价值观等方面的不了解而产生摩擦和冲突。这可能会削弱大学生的恋爱关系，甚至导致分手。

因此，在恋爱过程中，大学生需要努力平衡恋爱的热望和对异性的了解。首先，应该保持冷静和理智，不要被强烈的感情冲昏头脑。其次，应该积极与对方交流，了解对方的想法、感受和需求。通过共同经历和分享，逐渐增进对彼此的了解和认识。

（三）性欲需求与社会道德责任之间的矛盾

首先，性欲是人类天生的生理需求之一，它是个体追求性满足和繁衍后代的自然驱动力。然而，社会道德责任则是对个体行为的一种规范和期望，旨在维护社会秩序、促进公平正义和尊重他人的权益。

当个体的性欲需求与社会道德责任发生冲突时，会产生内心的矛盾和挣扎。一方面，个体渴望追求性满足和快感，这是人类本能的一部分；另一方面，社会道德责任要求个体遵守社会规范，尊重他人的意愿和权益，不伤害他人，不危害社会。

解决这种矛盾需要个体在社会道德框架内寻求平衡。首先，个体应该认识到自己有性欲需求是正常的，但也需要意识到性行为对他人和社会产生的影响。其次，个体应该尊重他人的意愿和权益，遵守社会道德规范，不侵犯他人的自由和尊严。同时，社会也应该提供合理的道德教育和法律制度，引导个体正确处理性欲需求与社会道德责任之间的关系。

最重要的是，个体应该注意培养自我约束能力，提高道德意识，以负责任的态度面对自己的性欲需求。通过自我反省、道德教育和与他人的交流，个体可以逐渐形成正确的性观念和行为准则，实现个人欲望与社会道德责任的和谐统一。

二、大学生常见的性问题

（一）性认知偏差

1. 性禁忌：下流、见不得人、羞于启齿

据调查，不少青少年对“性”持有不正确的认识，有的视它为下流、见不得人、羞于启齿，以致对自己的性冲动感到羞愧、自责、苦恼和困惑，并产生厌恶与恐惧心理等。其实，性冲动是男女青年生理心理的正常反应，是在性激素的作用和外界有关刺激下产生的，并不是不纯洁、不道德或可耻的行为。产生上述不正确看法的青年，如不及时醒悟可能会对自身造成一定的心理障碍。所以对性冲动要靠性道德来约束自己，采取可行的方法调适。例如，当产生性冲动时，用内心压抑的方法予以排解是一个很有效的方法，适度的压抑是社会化的需要，也是一个人性心理健康的反映。然而严重的压抑感则有害身心健康。另外还可用一种积极的、有建设性的、能为社会所接受的欲望或方式来取代性欲，比如绘画、音乐、体育活动、从事劳动或男女友谊交往等,使性能量得以转移、性情感得以平衡。

2. 性放纵:过于随便、追求生理刺激

随着社会的开放程度不断加深,部分大学生对性越来越放纵。华南师范大学心理咨询研究中心联合华南农业大学学生心理辅导中心进行的一项大学生性观念抽样调查显示,近40%的大学生不介意自己的伴侣是否是处女(或处男),约50%的大学生认为性行为可促进爱的发展。在此次调查的一组“性行为与爱的关系”的题目中,选择“爱到浓时必然有性”和“性和爱应同时并存”两项的大学生占总数的62.5%。由此可见,当代部分大学生的性意识较开放,他们认为性与爱的关系是十分密切的。跟恋爱相关的性关系当然可以理解,但是有的大学生过于随便和放纵,甚至有的同时和几个异性保持性关系等现象。虽然有的大学生与他人发生了性关系,但他们对性知识、性健康并不了解,有的大学生甚至连最基本的男女生理结构都不是很清楚。在这种情况下贸然发生性关系对双方影响都很大,有可能出现未婚先孕等情况,超出大学生现实可以承受的能力,对学业和身心影响都很大。

(二) 性特征顾虑

1. 对自己的性特征不满意

美国纽约州心理研究所的调查表明,经常焦虑会影响生长激素的分泌,有可能影响身高的发育。由此可见,对于个人的身体特征完全没必要去担心,保持情绪稳定、心平气和反而会增加恋爱成功的概率。因为有研究表明,热情开朗的性格更容易吸引异性。

2. 男生的遗精困扰

精满自溢是男性生殖成熟的外在标志。男大学生正处于性生理成熟期,出现遗精是正常现象,也是男性性功能正常的表现,应该感到欣慰而不是忧虑;但要警惕病态的遗精现象,遗精次数过多,每周两次以上或者清醒时遗精,同时伴有头昏、精神萎靡、腰腿酸软、失眠等现象,要及时就医,寻求专业机构的帮助和治疗。

3. 女生的月经困扰

女性月经前7到14天(黄体期)反复出现的一系列精神、行为及体质方面的症状,被称为经前综合征(PMS)。主要表现为紧张抑郁、焦虑易怒、失眠头痛、肠痉挛、眼睑水肿、乳房胀痛等一系列心理、生理不适症状。经前综合征是没有办法避免的,但是可以进行心理调适,日常中要保持情绪稳定,学会缓解压力的方法,加强人际交往。

(三) 性行为困扰

1. 自慰的罪恶感

社会心理学家对北京高校1 025名学生做了关于自慰的调查,发现89.7%的男生有自慰的经历,而女生为49.4%。有些学生尤其是男生对性自慰有很深的恐惧感,他们认为性自慰会对身体带来很大的伤害,其实不然。社会心理学家认为性自慰是性生活的一种形式,是一种自我限定行为;性自慰是合法的、不涉及他人的、道德的性能量的自我发泄方式。自慰虽然无害但绝对不可滥用。无节制的手淫会造成身体过度疲劳,精力难以恢复;方式、方法、手段不当可能会造成机体结构或功能损伤,譬如可能会引发泌尿系统感染或对实质性生活的冷淡。

2. 性冲动的困扰

性冲动是生理和心理的正常反应,是在性激素和外界环境的刺激下产生的。可以通过适度调适缓解性冲动的困扰。

(1) 压抑。压抑可以分为健康的压抑和病态的压抑。健康的压抑主要是避免刺激,比如说不上黄色网站,不看黄色影视等,因为这些刺激能极大地引发性冲动。病态的压抑主要是完全避而不谈,压抑到一种无法忍受的状态,会产生不良结果。

(2) 升华。当有性冲动的时候,可以将其引导为更高的精神追求来淡化这种性冲动。

(3) 直接宣泄。当有性冲动的时候可以通过体育活动或劳动来宣泄。

3. 对性梦的误解

误解一:认为是个人品质问题。当性梦的对象有乱伦性质甚至是自己接受不了的人物时,就会产生深深的罪恶感。性梦是性心理和生理发展的正常标志。

误解二:将无意识的性梦当成了自己自觉的愿望。认为在性梦过程中梦见对方就是爱上了对方,进而在性梦的驱使下去求爱。譬如,不切实际地去追逐某个明星等。其实,性梦是无意识的,性梦过程中的对象只是类似一个符号,并没有什么特殊意义。做性梦的人只不过通过这种形式宣泄了性冲动而已。

(四) 艾滋病

艾滋病,全称为获得性免疫缺陷综合征(或称后天免疫缺乏综合征,英语简称 AIDS),是一种由人类免疫缺陷病毒(简称 HIV)感染后,因免疫系统受到破坏,逐渐成为许多伺机性疾病的攻击目标,促成多种临床症状,这些统称为综合征,而非单纯的一种疾病。这种综合征可通过性接触、血液和母婴传染。为加强人们对艾滋病的认识,世界卫生组织于 1988 年将每年的 12 月 1 日定为世界预防艾滋病日,宣传和普及预防艾滋病知识。

1. 艾滋病的危害

(1) 对患者自身的危害。目前艾滋病已成为一种可控的慢性病。但仍有相当一部分患者因未及时诊治、病毒耐药或药物的副作用等原因死亡或致残。同时由于社会对感染者的歧视,也常常给感染者带来沉重的精神压力。

(2) 对他人的危害。感染者无保护的性行为、多个性伴侣、共用针具静脉吸毒及经过母婴途径等均可将艾滋病毒传染给其他人。

(3) 对家庭及社会的危害。虽然我国早已实施对 HIV 感染者"四免一关怀"政策,但晚期并发症的治疗仍可能给艾滋病人家庭和社会带来沉重的经济负担和社会问题。

2. 艾滋病的预防

(1) 避免同性性行为。预防艾滋病专家提出,我国现在的艾滋病病毒感染者中,可能有很多人是被同性性行为传染的。由此提出,要高度重视我国同性恋人群在传播艾滋病中的作用,对同性恋高危人群加强艾滋病的宣传教育工作已刻不容缓。

(2) 坚持洁身自爱。滥交会增加艾滋病感染和传播的概率和风险。

(3) 严禁吸毒,避免与别人共用同一个注射器,防止病毒通过血液传播。

(4) 不要擅自输血和使用血制品。献血或者需要输血时,一定要去正规的医院,在医生的指导下正确操作。

(5) 不要借用或跟别人共用牙刷、毛巾、剃须刀等私人用品。

(6) 跟异性接触时,保持清醒的头脑,冷静拒绝与陌生人发生性行为。

（五）应对性骚扰

1. 性骚扰的情景

性骚扰不单指行为上的抚摸、搂抱、摩擦等动作，还包括语言上的侮辱、调戏、挑逗等。独自居住或单独进入异性房间，择友不慎，处事草率，结交品质恶劣异性均有很大概率遭受性骚扰。

2. 应对性骚扰

（1）性骚扰多发生在女性身上。女性应懂得保护自己，公共场合不要穿过于透明、暴露的服装，言行举止避免暧昧、切忌轻浮。

（2）夜间不要走偏僻小路。夜间行路时如遇到有人尾随盯梢，要尽量与其保持一定距离，并迅速地走向有灯光处或者有行人、店铺的地方。

（3）乘公共汽车时，如果发现有成群结伙、流里流气的人上车，最好向车的前部，靠近司机或人稀少的地方站立；不要挤在人群中间，并且要尽量避免和这些人在同一个站点下车。

（4）女生尽量避免单独去异性宿舍。如果向异性请教有关学习问题，最好约上几个要好的同学一起去。女生单独一人在家时，如果有人敲门，必须先问清对方情况，在保证自身安全的前提下，方可让其入内。

（5）当有人对你非礼时，应想办法躲避，拒绝态度要明确而坚定，情况紧急时要立即呼救，有关情况及时向学校、警方报告。

（六）大学生婚前性行为

2016 年世界避孕日国家卫计委（现国家卫健委）发布了《大学生性与生殖健康现状调查报告》，数据显示在 1 万多名调查对象中有 67.6% 的大学生有过恋爱经历，20.3% 曾发生过性行为，在发生过性行为的女大学生当中，有大约 10% 怀孕过。

1. 大学生性行为的特点

（1）突发性。很多大学生的性行为都不是有计划的，是情之所至发生的。

（2）自愿性。大学生是成年人，一般情况下，性行为是在自愿的基础上发生的。

（3）非理智性。大学生的性行为大多是在不理智的情况下进行的。

（4）反复性。大学生性行为的反复性增加了女大学生怀孕的可能性。

（5）心理冲突。大学生的性行为给其自身带来强大的心理冲突。

2. 大学生发生婚前性行为的原因

（1）好奇心理。学生身体在青少年时期就开始发育，开始产生强烈的性冲动。到了大学这个比较开放的环境里，好奇心在性激素的作用下更容易产生性冲动并且达到顶峰。

（2）迎合心理。一方由各种原因和动机提出性的需求，一般男生较多；另一方出于爱情或其他原因迎合。

（3）顺从心理。很多大学生，尤其是女生本不想发生性行为，但是抵不住男方的性要求或软磨硬泡。

（4）占有心理。害怕失去对方而发生亲密关系；男生所谓的“面子”导致。

3. 大学生婚前性行为的后果

婚前性行为使男女大学生在性欲和其他动机方面都获得了一定满足感，但“禁果”就像一个带刺的仙人球，匆匆忙忙采摘，会带来伤害。婚前性行为给当事者，特别是直接给女大学生所带来的不良后果是毋庸置疑的。所以大学生要极力避免以下三种后果。

后果一:给女方心理带来极大压力。婚前性行为的发生,有时是某方主动提出来的,而更多的是由于男方要求女方迎合或女方抵御不了而产生的,它给女方造成的心理压力如恐惧、自卑、冲突等接踵而来。调查发现,有60%的女性性交后害怕怀孕,21.3%的女性对此表示很懊悔;在接受人流手术时,怕手术痛苦者占80%,不敢告诉家长者占17.3%;手术后怕产生后遗症的占62.3%,怕失恋后不易再找对象的占20.7%。根据《四川青年报》的调查,2/3的女生愿意嫁给发生婚前性行为的男友;1/4的男生愿意娶与自己发生婚前性行为的女生。

后果二:给女方身体健康造成严重影响。婚前性行为的发生,女大学生要承担可能怀孕的后果。在不想生育的前提下意外受孕,其补救措施是人工流产(以下简称人流)。对婚前性行为者来讲,人流的不良后果有三种。一是不能正常地恢复身体健康,有的女大学生为了隐瞒自己怀孕的事实,做完手术后不休息,严重影响了身体的恢复,甚至导致大出血;二是容易损伤生殖器官,出现意外事故;三是引起许多并发症。医学研究和临床资料表明,人流对女性可造成月经量少、闭经、性冷淡、不孕,再次妊娠易流产、子宫内膜异位症、生殖器官炎症、前置胎盘、胎盘粘连植入、子宫穿孔、产后大出血,严重的还会引发宫颈癌。

后果三:使恋爱关系出现不利于女方的发展趋势。在未发生婚前性行为时,恋爱双方是相互平等、自由选择的关系,可发生之后情况则有所不同。一是双方吸引力逐渐减弱。原以为两性关系很神秘,现在变得"不过如此",过去的光彩、魅力显得不再夺目了。二是女方再选择机会减少。原来男方十分迁就女方,自女方委身于他之后,便以为"她再也离不开我了""非我莫属了",故对女方开始态度随便、任意支配。反之,女方则因把贞节交给他了,"已经是他的人了",可又担心男方改变初衷,唯恐被抛弃,于是对男方一再迁就、容忍,即使发现他有较大缺点,可事已至此,只得将就成婚,可能所托非人。三是使男方对女方的猜疑开始萌生。男子总希望女友只信任自己,对自己开放,一旦与之发生关系,便又开始猜疑女方,"她对别人是否也这样?"若女方过去已谈过几个对象,这种疑心就会加重,或导致终止恋爱关系,或婚后生活不和谐。

大学生婚前性行为,可理解但不可取。在性行为面前要学会说不;你是成年人,没人能强迫你。对于在校大学生来说,婚姻本身是不可预期的,而且大学生的主要任务还是学习。如果事情已经发生了,大学生就更应该严肃地看待这个问题,至少应该采取安全措施,使身体少受伤害,考虑这个事情在今后的幸福生活中会造成什么后果。作为女性应该自爱、自重,作为男性应该保护好所爱的女人,负起责任。

案例分析

北北(化名),19岁,男,大二,热情开朗;南南(化名),18岁,女,大一,漂亮热情。北北和南南是在学校的同一个学生社团中认识的,在社团工作中,北北对南南非常照顾,在一来二往中,北北和南南发现两人有很多的共同点,双方都产生了好感,在一次社团聚餐后,北北向南南表白,南南接受了,北北和南南开启了浪漫的校园恋爱。

北北和南南的恋爱像其他校园情侣一样,一起上课、一起吃饭、逛街、看电影,就在两人交往三个月的时候,北北和南南发生了关系。从此以后,北北和南南经常去校外过夜,突然有一天南南发现自己怀孕了,南南有点惊喜,也有点害怕,打电话给北北。北北接到电话,一开始是懵的,后来说找时间见面,沟通一下。

北北跟南南见面后,劝说南南去做流产,大家都是学生,不可能生孩子,但是由于自己现在也没有钱,北北让南南先自行借钱去堕胎。南南不敢告诉家人,也不敢向家里要钱,就向闺蜜借了几百块钱。由于怕花太多钱,也怕去大医院有记录,南南自己一个人去了一家小医院做人流。做人流回来,南南打电话给男朋友北北,北北不接电话,也不回复信息,南南去北北宿舍找他,也找不到人,北北好像人间蒸发了。

南南由于刚做完人流手术,身体格外虚弱;加上精神压力大,男朋友又莫名人间蒸发,自己被失恋。南南整天在宿舍以泪洗面,没有胃口,难以入睡,觉得活着没有意思,想要跳楼自杀。后经舍友发现反馈给辅导员,辅导员带着南南到学校心理中心寻求帮助,心理老师评估南南可能患了抑郁症,建议南南到医院做诊断并继续坚持做心理咨询。南南去医院被诊断为中度抑郁。

点评:南南作为一个漂亮热情的大一女生本该有着美好的人生和灿烂的青春,但由于恋爱中没把握好尺度,糊里糊涂地发生了关系,并在怀孕后遭抛弃而患抑郁症。从南南的案例我们可以吸取如下教训:一是恋爱动机不明确。虽然当初北北和南南实是相互喜欢,但两人谈恋爱的动机可能不尽相同,北北不一定想着会跟南南走向婚姻家庭。二是择偶标准不清晰,南南在跟北北确定关系之前,可能不能确定自己到底喜欢北北的是什么,看到北北对自己好,追自己就答应了。三是糊里糊涂发生性行为且不做安全措施。虽然两人恋爱,前期相处得比较好,发生关系也是顺其自然,但两人都没有想好发生性行为的后果,也没有做安全措施,发生婚前性行为,尤其是对女性而言,初次发生关系具有很大的心理挑战。四是意外怀孕,北北作为男朋友选择逃避,不负责任。在南南身体最虚弱,最需要安慰的时候,选择逃避、冷漠和不负责任,对南南来说不但失望、后悔,甚至自责、懊恼。

心灵补给站

电影赏析《怦然心动》

该片根据文德琳·范·德拉安南的同名小说改编,描述了青春期中男孩女孩之间的有趣"战争",于 2010 年 7 月 26 日在美国上映。

复习思考题

1. 默斯特因提出的"SVR 理论"认为亲密关系的发展,依双方接触的次数多寡分为哪三个阶段?
2. 当代大学生应该树立怎样的恋爱观?

3. 爱的五种语言是什么？
4. 弗洛伊德提出的五个性心理发展阶段是什么？
5. 你怎么看待大学生婚前性行为？

即测即评

第八章

穿越时空的旅行——大学生时间管理及网络使用

心灵导航

学习目标

1.掌握时间管理的策略；
2.了解互联网对大学生的积极和消极影响；
3.熟悉网络使用心理问题的分类，掌握网络成瘾的表现和危害；
4.培养健康使用网络的意识和行为习惯。

重难点

重点是运用时间管理策略科学管理时间；理解大学生网络心理问题与网络成瘾的表现及危害；

难点是在现实生活中培养健康使用网络的意识和行为习惯。

心灵故事

在互联网时代，人们生活中的各个领域已经被网络全面占领。网络在逐渐改变着人们生活的方方面面，包括学习、生活、工作、娱乐、交往甚至是语言习惯。网络世界缤纷多彩，就像是潘多拉的魔法盒，在极大地提高着人们获取信息效率的同时也带来了一系列的问题。例如，作为“网络原住民”的00后大学生，注意力高度卷入到便捷的、新异的多样化自媒体内容中，从而影响学习、生活和工作目标的顺利开展。其次是流量至上的时代里，贩卖衰老焦虑、财富欲望和知识焦虑的内容最为引人注目，加剧了大学生群体的时间焦虑、外貌焦虑等。

思考：作为大学生如何开展有效的时间管理？如何正确认识和使用互联网？

心理语录

「世界上最快而又最慢，最长而又最短，最平凡而又最珍贵，最容易被忽视而又最令人后悔的就是时间。

——高尔基」

第一节　时间管理

时间是一种非常宝贵的资源，它不可创造不可更改。时间管理更是一个亘古的话题。颜真卿在“三更灯火五更鸡，正是男儿读书时”中劝勉少年人要珍惜时光努力学习；岳飞在“莫等闲，白了少年头，空悲切”中道出了时不我待的急切与无奈。

当前，大学生已成为以“微信”“微博”“抖音”“小红书”等为代表的微时代主体，时间管理呈现出碎片化趋势，多数大学生能够意识到时间管理和学习任务的重要性，但是却难以抵挡网络娱乐信息的诱惑，不少大学生在毕业之后才发现自己浪费了许多宝贵的光阴，但时光不能倒流只能空留遗憾。对于大学生而言，时间管理是克服拖延症的有效手段，同时也是帮助大学生提高支配时间效率的有效方法，从而帮助大学生成为一个有计划、有效率、适应当代激烈社会竞争的新时代青年。

一、时间管理概述

时间管理是指为提高时间的利用率和有效性，运用一定的技巧、方法和工具对时间进行合理计划与控制、灵活安排与有效运用的管理过程。时间管理具有以下几个方面的特点：

第一，预定目标的进程及步骤；

第二，制订工作计划，将事务归类整理，并根据轻重缓急来进行处理；

第三，同时进行适当的分工协作，提高工作效率；

第四，为计划提供预留时间和应变计划，以应对意外事件或干扰。

因此时间管理探究的是怎样减少时间的浪费，从而高效地完成既定计划。时间管理不是让大学生时刻都保持在高速运转状态，而是找到最舒服的状态，可以“拼命”，也更需要“闲适”。

时间管理和大学生的生活质量是密切相关的，大学生可以通过时间管理，达到合理安排个人生活，有效利用可支配时间的目的。能做到对时间的灵活和有效运用、掌握时间管理的大学生，能比其他大学生更高效地完成任务，将时间效益发挥到最大。

二、大学生时间管理现状与问题

（一）缺乏目标

大学生对时间管理存在一定的困惑，即不能结合实际情况给自身进行目标定位，缺乏计划性。表现为从当下而言，不能明确自身每天、每个星期的目标；从短期而言，不能明确每月、每学期的任务；从长期而言，不能明晰大学生涯的学习和发展目标。

（二）犹豫不决

在两种选择或多种选择之间犹豫不决，以至于难以迈出第一步。如在继续升学时因到底该报考哪个学校哪个专业而犹豫不决，无法安心备考，但其实无论报考的专业和院校是什么，都不影响对基础学科的学习。

（三）精力分散

部分大学生对自己的时间管理有很高的期待，希望能在同一时间完成多项任务，甚至是超出个人能力范围的任务。结果反而是一项任务都没完成，同时也给自身带来了巨大的精神压力。

（四）拖延心态

当有任务的时候不是尽快完成，而是不断拖延。有些任务困难、难以抉择或者是不愉快，但很多大学生即使是一般的学习任务，如简单的作业也是一拖再拖，结果就是任务越积越多，直至最后难以完成。

（五）逃避心理

逃避困难是一种本能，但是逃避终究不能解决问题。部分大学生遇到困难时会找各种理由逃避，到最后不仅浪费了大量时间，甚至还会产生焦虑矛盾等不良情绪，最终还是不得不去面对。如高等数学、专业课等学不好，并没有采取上课认真听讲、下课积极自主学习的方式去应对，而是以老师讲得不好、这些内容学了也没有用等为借口逃避学习任务，最终导致挂科补考。

（六）中断计划

因为一些小事情而打断或搁置原定的计划。生活中经常会出现很多计划外的小事情，这些小事情很容易使大学生中断计划，如昨晚没休息好、今天下大雨了、有朋友来访，等等。有些事件是不可抗力的，当我们的计划被迫中断时，应及时调整自己的心态，按照实际情况重新制订。

（七）完美主义

不管遇到什么事情总希望考虑得十分完美、准备得面面俱到、有十足把握的情况下才开始去做。或者在一些不太重要的小事上也苛求完美，消耗了大量时间，影响工作效率。

测测你的
时间管理

三、时间管理的原则

时间管理的核心其实就是对自我的管理。大学生在管理时间时,不仅是单纯地安排时间,其中也涉及对时间价值、对事情看法的衡量,大学生往往能从时间管理的过程中更加清楚、深入地了解自己的价值观,并认识到价值本身的重要性。例如,同样的时间,不同的人能发挥不一样的价值。因此,时间管理与个体发展紧密相连。要想更有效率地安排好时间,大学生需要遵循以下4个时间管理的原则。

(一) 目标明确原则

时间管理的目的在于让大学生在较短的时间内实现尽量多的目标,因此需要大学生设定明确的目标,罗列任务清单。在此过程中,大学生要适当分解目标,使目标具体并切实可行,例如,将年度目标分解为季度目标,再将季度目标一层层分解为每周及每天的目标等,这样能帮助大学生根据具体目标投入时间,在正确的时间做正确的事。

(二) 积极能动原则

心理学认为积极的主观信念能对自我起到重要的激励作用。大学生越相信自己的能力,越具有自己能取得某个特定成就的信念,其思维、行动等就会受到相应信念的积极影响,这在时间管理上同样适用。因此,大学生要主动选择并确立自己的人生理想,将自己的精力投入其中;同时选择积极的生活方式,这样才能帮助大学生更好地进行自我管理。

(三) 计划控制原则

许多困难的问题都是由于缺乏有效可行的计划导致的。在制订有效计划的过程中每多花费1个小时,在实施计划中就可能多节省3个小时,并达到事半功倍的效果。而计划要更加高效、完善,就需要大学生学会根据自己的目标确定优先顺序,统筹安排自己的活动并合理分配时间。例如,安排不受干扰的时间做最重要的事或能做到排除各种干扰,会让计划的实施更加高效、顺利。

(四) 实践发展原则

时间管理的实践发展原则是指大学生要学会根据自己角色的变化,根据时代、社会、环境、科技的发展,不断学习新的时间管理方法,并加以运用和完善。

四、时间管理策略

(一) 计划清单表格法

计划清单表格法比较简单。首先大学生每天需要花费约10分钟的时间对一整天的时间进行规划,也就是把要办的事项罗列出来,不用思考这些事是否合理或有必要;然后大学生要将事项的主次关系弄清楚,选出最有价值和必须要做的事放入计划清单中;最后优先将主要精力放在最有价值的事情上,不太重要、对自己帮助不大且耗费时间的事情可延后处理、交给别人处理或者直接放弃。

心灵保健操

每日计划(20______年____月____日)			
时间	整日规划	计划清单	备忘/笔记
8点		①××××××××××××××	
9点		②××××××××××××××	
10点		③×××××××××××××	
11点		④××××××××××××××	
12点		⑤××××	
……			
22点			

(二) 时间管理四象限模型

美国管理学家史蒂芬·柯维提出的时间管理矩阵,是值得大学生学习和借鉴的时间管理模型。他把要完成的各项任务按照“紧急”和“重要”两个维度划分至四个象限,如图8-1所示。

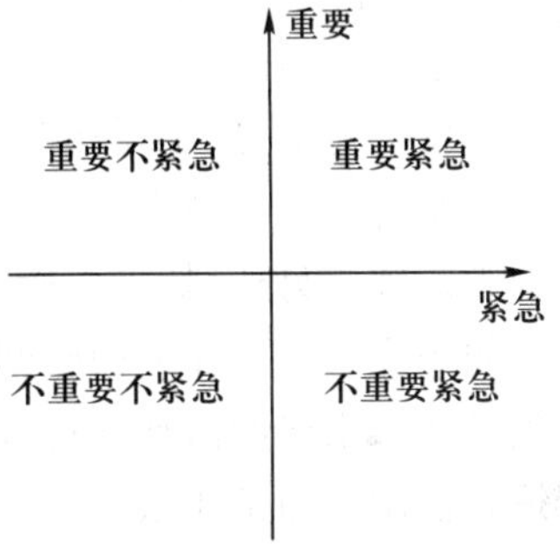

图8-1　时间管理的四象限模型

第一象限指的是学习和生活中那些对大学生而言紧急又重要的事情。这类事情的特点是时间紧,并且对大学生个人很重要需要得到优先解决。比如重要的考试或者活动突然提前、突然获知自己有资格参加一个重要比赛、老师突然交办一个重要的任务等。

第二象限指对大学生来说很重要,但时间上尚不紧急的事情。这类事情需要提前做好规划,如果要等到事情来了才着急,这类事情就会由于拖延而进入第一象限,如期末考试、升学、就业等。

第三象限指对大学生不重要而且时间上也不紧急的事情。这一象限的事情适当做可以调节身心,如看剧、打游戏、与朋友闲聊、游玩、参加一些社交活动等,但是不可以沉迷其中。

第四象限指一些时间上紧急但不重要的事情。这些事有时候确实很急,但却有人可以替代,如接视频电话、部分会议、参加同学好友的聚会等。一些聚会之类的活动缺席了某个人照样也可以进行,所以说虽然时间上紧急,但并不一定真的很重要。

大学生需要遵循以下几个原则对四个象限的事情进行处理。首先去做既重要且紧急的事情,就是第一象限的事情,但是需要尽量使第一象限的事情减少;其次要花最多的时间和精力来处理第二象限的事情,因为这些事情都很重要,尽量不要让第二象限的事情变为第一象限的事情;对于第三象限的事情,即那些既不重要也不紧急的事情越少越好,尽量不要多做以免浪费时间;正确判断第四象限的事情,如果确实非自己做不可,对他人也很重要,可以去做。

（三）番茄工作法

番茄工作法是弗朗西斯科·西里洛提出的一个高效的时间管理方法。众多研究表明，人的注意力在半个小时以内比较集中。因此番茄工作法将工作或学习时间进行拆分，一个番茄钟由“25分钟专注时间+5分钟休息时间”构成，4个番茄钟后可休息15～30分钟不等，再开始新的番茄钟直到该任务完成。通过这种强迫式的分解，大学生可以更好地专注于当下的时间和手头的任务。

番茄工作法分为四个阶段：

第一阶段：预估时间，预计一个事项需要几个番茄钟完成；

第二阶段：记录时间，每个事项实际花费了多少时间；

第三阶段：自我评估，和预期结果进行比较；

第四阶段：分析差距，找到问题的根源。

番茄工作法的好处就在于，它从人的注意力保持规律出发，将时间拆解成为番茄钟，这25分钟的聚焦能够使得大学生保持专注，当积累完成一个又一个的番茄钟后可以获得及时的成就感。大学生在熟练运用番茄工作法之后可以根据自身情况进行适当调整，可以将“25+5”的时间调整为“30+5”，甚至“40+5”等，把小番茄钟变成大番茄钟。现在网络上有很多番茄钟App，大学生可以自由下载进行使用。当然，对于时间的掌控力不是一蹴而就的，需要大学生在实践中反复不断地练习和应用。

需要注意的是，不要在非工作或非学习时间使用番茄钟，也不能把番茄钟进行分割。如果在一个番茄钟未结束时有其他的事需要处理，这个番茄钟需宣告作废并在之后重新开启新的番茄钟。另外，如果一个任务需要的番茄钟超过5个，那么最好将该任务进行合理拆分。如果完成一个任务的时间不满一个番茄钟，应将该任务与其他任务合并。此外，有些大学生可能有很多的活动安排被很多临时事件干扰，没有大片的完整时间，那么这类大学生就不适合使用番茄工作法。

五、大学生时间管理技巧

（一）列出任务清单

列出每天要完成的任务，并根据时间管理的四象限模型进行处理。同时给每件事情设置时间限制，不能无限制地占用时间。此外要注意限制每日的任务数量，给自己留一点空闲时间，便于休息或处理一些突如其来的事情。

（二）制定合理的时间计划表

时间和待办事项是先决条件，经过充分考虑后，大学生可以根据自己的实际情况并考虑前面所讲的时间管理策略，确定需要制作的时间计划表。如果大学生已经有比较习惯使用的时间管理计划表，且确实能十分高效地管理时间，那么大学生根据自己原有的习惯继续执行即可。

制定时间计划表需要注意以下几个方面。首先是切记时间计划表应具体、可行：太粗糙的计划就等于没计划，如有的大学生目标是“毕业后当教师”，那么这样的待办事项应该被分解为更具体可行的待办目标，如“购买考教师资格证的教材”“报名教师资格证考试”“学习《教育学》第一章前两节的内容”等。其次是限制任务数量：每个人的精力都是有限的，过度的精力和体力透支不仅会给大学生带来不良的身心影响，还会降低大学生完成任务的积极性和完成度，因此要避免将时间安排得“密不透风”。再次是做好时间规划，合理分配时间：大学生应为自己的课余时间制作表格，审视自己的待办事项，排出事项的优先级，然后在特定的时间完成最有价值的事项，再按照事情的轻重缓急在空余的时间里完成其他事项。最后要及时反馈：对制定的时间计划表适时进行检查和评估，以保证按时按质完成。如果执行顺利，可继续保持；如果执行不顺利，影响了计划的完成，那么大学生需要反思，是换一种时间管理策略还是在原计划表的基础上做出调整，具体的改进方法有哪些等。

对计划表适时进行检查不仅有利于大学生做好前后工作的衔接，鞭策大学生树立时间管理的意识，还能帮助大学生更好地发现和掌握更科学、更适合自己的时间管理策略，合理安排自己的大学生活，让自己的大学生活更加丰富充实、多姿多彩。

（三）积极看待要做的每一件事

生活中人们总会遇到各种情况，如有一些事情会打乱计划，有些任务内心不情愿但也必须要完成，这时就需要以积极的心态去看待每一件事情。与其在抱怨和犹豫不决中拖延和浪费时间，还不如集中精力把事情在短时间内处理完毕。对已经决定要做或必须做的事情，要积极行动，绝不拖延。

（四）巧用生物钟

找出自身一天之中效率最高的时间段去处理最重要、最难做、最具创造性的工作，可大大节约时间、提高效率。大学生还要学会调节生物钟来适应学习生活中重要的时间节点。比如，上课或考试时间一般在白天，所以大学生应该在白天保持精力充沛，而不要成为“夜猫子”；外语考试一般是在上午开始，可以安排自己在上午做些模拟试题等。

（五）利用零散时间

“时间像海绵里的水，只要愿意挤，总是有的”，很多大学生抱怨时间不够用，其实是日常生活中很多零散时间没有被充分利用。

从睡眠中找时间：睡觉睡不着的时候可以看看书听听英语，据很多大学生反馈，看书的催眠作用比安眠药都管用；很多大学生午休一觉睡到傍晚，不仅浪费了大量时间，也容易导致晚上失眠，因此午休建议控制在 40 分钟，无论是否休息好，都要停止休息，开始学习。

从等待中找时间：等车、等上课、等活动开始这些散碎的时间是大学生经常忽略掉的，可以利用这些时间背一个单词、背一个知识点，日积月累下来也是很大的收获。

从无聊中找时间：大学生有时候不得不去做一些自认为无聊的事情，不要把这些时间浪费在看手机或做白日梦上面，要利用这个时间审视一下计划完成情况，或学习一点小知识、对以往的知识点进行总结等。

学会拒绝：大学生应当懂得拒绝的艺术，对同学或朋友邀请聊天、游玩、做没有意义的事情、自己不喜欢的事情等，学会适时说“不”，珍惜时间，以保证自身人生规划的实现。

（六）善于利用时间管理工具

大学生在学习了番茄工作法、时间四象限等时间管理方法之后，想要真正在生活中执行这些方法可能会出现一系列问题，如从哪一步开始、具体如何执行、如何评估效果、如何坚持下去等。其实，关于时间管理方法的软件已经大量问世，大学生可以结合自身需求合理选用适合自己的时间管理工具，帮助自己实现对时间的高效管理。

案例分析

带着对大学生活的憧憬和热情，小王进入了大学校园。刚开始他感觉什么都是新鲜的，积极加入各类学生组织。经过一轮轮的考核和面试，小王脱颖而出，现在的他“身兼数职”，既是班里的文娱委员，又是校学生会的干部，还是两个社团的骨干，平时总是需要面对许多的学习与工作任务，渐渐地小王开始觉得力不从心。这天，小王接到了一个电话，电话里说：“小王，今天中午12:20是校园心理剧比赛的角色选拔，你记得及时参加。”小王这才想起自己上周报了名。这时突然一个学生会的干部发微信说：“小王，学生处李老师让你中午12:30召集大一年级全体文娱委员开会，讨论明天歌唱比赛的事情，他也要来参加。”刚坐到位子上，手机又响了，是社团的会长打来的，她说今天中午12:40社团成员开会，商量一下周末拓展活动的事情。电话刚挂断，辅导老师在群里发通知说，中午12:25所有班委到辅导员办公室开班委会。小王顿时头都大了，觉得今天怎么这么多事情都凑到一起了，要先做什么呢？怎样才能把时间安排好不出问题呢？

今天中午要做的事情：

12:20“心理剧大赛”初选。

12:25辅导员开班委会。

12:30召集文娱委员开会。

12:40社团开会。

思考：如果你是小王，这天中午你将选择去做哪件事情呢？为什么？有什么办法可以把这四件事情中的内容都安排好呢？请大家根据时间管理策略，尝试帮助小王进行时间管理。

心理语录

「技术每提高一步，力量就增大一分。这种力量可以用于善恶两个方面。

——阿诺尔德·J.汤因比」

第二节　网络与大学生生活

一、网络与大学生活

（一）网络的特点

“网络”一词实际上涵盖了与数字和技术相关的任何事物，数字媒体、手机、网络设备、游戏、虚拟现实、人工智能等都包括在内。它的发展速度是超常规、跳跃式的,可谓瞬息万变,并深深地融入人们生活的每个角落。成了当今社会最繁忙、最富有挑战性、最具活力地改变着人们学习、生活、思维等方式的工具。它主要具有以下几个方面的特点:

1. 开放性

网络的开放性越高,所起的作用就越大。这是因为网络本质上是一个以信息共享为目的的计算机之间互联互通的系统。计算机之间互联互通的程度越充分,共享的信息越多,开放性越高,网络的作用就越大。网络的开放性首先体现在对用户开放:在网络上,不分国家、种族、贫富、性别、职位高低、年龄大小,只要具备上网的硬件条件,就可以上网。网络的开放性还体现在对服务者开放:网络上的信息来自不同的提供者,没有哪一个国家、组织或个人能够独揽互联网的信息服务,网络为用户提供一个开放的接入环境,从而实现服务者自愿地、轻而易举地提供信息服务。网络的开放性还体现在对未来的改进开放:在《互联网简史》中,网络的缔造者们明确地强调,“互联网的关键概念在于,它不是为某一种需求设计的,而是一种可以接受任何新的需求的总的基础结构。”

2. 快捷性

网络将人类的一切文明成果链接在一起,当人们需要某种信息时,只要输入关键词,在鼠标点击的瞬间,网络就能够将信息进行高效处理,满足我们的需求;使人们足不出户就可以知晓国内、国际大事,甚至可以在网络上实施工作、开会、教学等,省时省心又省力,有效提高了生活效率。

3. 匿名性

在现实世界中,人际交往活动依附于特定的物理实体和时空位置,并受着较为稳定的社会价值观念文化的支撑和规约。而网络世界跨越了时空的地理界限,信息的庞杂性、虚拟性和超时空特征使得作为目的、意义和情感的传播通道并不是清晰可辨的。不仅如此,在网络社会中,每个人都可以在网络技术的帮助下成为“隐形怪杰”,其身份、行为方式、行为目标等都能够得到充分隐匿或篡改。一个诈骗者可以将自己伪装成一名美丽的女性,强盗也可自称警察而难被发觉,就像 1993 年《纽约客》上的一幅漫画所说:“在互联网上没人知道你是一条狗!”

4. 平等性

网络世界里所有的用户都是自己的领导和主人,在这里谁都没有绝对发言权,但同时,谁又都有发言权。网民可以充分感觉到自由性与主体之间的平等性。只要能够掌握使用搜索引擎的方法,通过网络,每个人都可以在任意地点、任意时间自由地向任何人学习。这改变了人们由于社会经济地位不同带来的享用资源不同的现实,尤其是“网上盲道”技术研制成功后,盲人、老人、小孩等“信息弱势群体”,亦可通过键盘、鼠标等来“读图片”,顺畅获取信息,真正意义上开拓了“海阔凭鱼跃,天高任鸟飞”的新天地。

5. 非中心性

网络把社会各部门、各行业乃至各国、各地区连成一个整体,形成了一个相对自由的“网络世界”。网络世界不设置拥有最高权力的中央控制设备或机构,是一个没有绝对中心的网络世界;此外,网络既没有明确的国界和地区界限,也没有开始和结束。所有进入网络世界的个体都变成了电子化的飞速运动的“符号”存在,没有了专家平民之分,也没有了作者读者之别,每一个网络参与者都是处于一种交互主体的主体际界面环境之中。网际交往突破了现实社会行为所具有的以自我为中心的互动特征,消灭了权威式中心化的主体意志,而代之以平等自由的主体间交往,所形成的网际关系是非中心化的。

6. 个性化

网络中没有人比其他人享有更多的特权,权力、阶级、阶层、地理位置、在网络中都失去了意义,每个网民都有可能成为中心,人与人之间趋于平等,个体的个性意识逐渐增强。网络呈现出的分散性、自主性和隐蔽性等特点正是网民生活个性化的表现,这种表现,包括上网时间和地点带有很大的随意性和不确定性,上网目的、浏览内容的多样性以及上网身份的不实性。在网络中,每个网民的目的和需求都是不同的。可以说,网络为人的个性发展提供了广阔的空间,使个体的创造性能够获得极大的开发。

7. 虚拟性

网络空间是一种不同于现实物理空间的电子空间。一方面网际关系的交往主体以某种虚拟的形象和身份沟通、交流,交往活动也不再像一般社会行动那样依附于特定的物理实体和时空位置中。另一方面人工构造的虚拟情境从功能效应上看却是真实存在的空间,它赋予人一种在现实中非实在的体验,一旦上了网,人们就进入了一个有别于自身感知或意识的地方,这时人们的情绪、反应、行为也将随着年龄、身心发展、个性特征而发生变化。当网络环境逼真地模拟现实,却又不是现实时,可以感知到许多现实中无法体验的真实存在,同时也不必为网上演练的后果承担责任而担忧,为创新意识搭建了优良平台。

此外,网络还具有互动性、全球性、全时性、自由性等特点。

网络各种不同的特点使之成为现代社会不可或缺的工具。但网络终究是把"双刃剑",对网络的认识不到位,运用不恰当,就可能产生一系列负面效应。

（二）大学生网络行为

网络极大地影响和改变着大学生的生活。那么大学生都会展开哪些行为呢？调查和研究表明,大学生上网主要有以下几种行为：

1. 网络学习

网络学习包括线上上课、培训、浏览新闻、检索资料等。如今线上教学已经成为一种非常重要的教育教学形式。大学生可以通过线上学习的方式参与课堂学习,而不必受时空的限制。在网络上可以搜索到不同类型的视频课程、图书、杂志、报纸等,还为大学生提供了政府、公司、学校、企业等机构的信息资料和各种社会信息。大学生可以通过网络了解各种信息,可以把自己的学习信息发布到网络上,也可以利用网络查找各种课外学习资料,以充实提高自己。

2. 网络人际交往

大学生可以通过网络与他人视频、聊天、交友、恋爱。网上交际已经突破了传统的交友方式,不同年龄、职业、国籍、肤色的人,都可以通过网络成为朋友。同时在网络上与亲朋好友联络、为陌生人点赞分享已经成为大学生日常生活的重要组成部分,甚至乐此不疲难以自拔。

3. 网络娱乐休闲

网络为人们提供了新的娱乐工具,主要包括玩游戏、打牌、下棋、听音乐、刷视频等,对于大学生有很大的吸引力。把上网当作学习之余的调节、放松活动已成为大学生的一种主要的娱乐消遣方式。

4. 网络自我呈现

现代数字媒介技术使大学生实现了更加便捷的印象管理，网络空间已然成为大学生自我呈现的崭新舞台。大学生通过设计和更改网名、个性签名、头像图案等数字媒介道具自由设计自己的“前台”，利用音频、文字、图片、表情等形式丰富自我呈现的内容，通过关注、点赞、转发、评论、打赏等行动实现人际的互动。大学生在网络空间中的自我呈现脱离了时空的限制，以传统文字方式无可比拟的传播速度和广度，把自我向公众呈现出来，表达个体独有的生活世界、思想价值和情感互动。

二、网络的影响

网络的发展，对大学生的影响主要有积极和消极两个方面。

（一）积极影响

1. 提高学习效率

网络拥有丰富的信息资源，这些信息能够拓宽大学生的视野，激励大学生去探索和发现，同时也激发了大学生的学习兴趣和创新能力。网络在很大程度上为交流提供了便利，全面深入的交流将产生更多的思考，更多的思考将带来更多的创新。

2. 促进个性发展

网络为大学生的个性发展提供了广阔的空间，平等、效率等现代意识和观念得到全方位的提升。网络还能使大学生接触到不同的文化、价值观念以及对行为规范的多样化评价，拓宽了大学生的视野。

3. 丰富娱乐方式

网络为大学生提供了丰富的、全新的休闲娱乐方式，如网络音乐、网络视频、网络游戏等。其中网络游戏是对大学生影响最大的一种娱乐方式。从客观角度看，网络游戏在一定程度上有助于培养大学生的规划与合作能力，使身心在一定程度上得到放松，减轻了大学生的压力。

4. 增强人际交流

良好的人际关系是大学生心理正常发展、个性保持健康和寻求安全感、归属感、幸福感的重要保证。网络中的人际关系突破了现实生活中社会阶层、身份、职业等差异，个体间的交往是平等的。另外，网络为大学生提供了更方便的人际交往方式和更集中的群体关系，拓展了大学生交往的空间和手段，利于大学生找到志同道合的朋友。网络技术创造了个体可匿名、可共享却又彼此分离的宽松自由的环境，缓解了面对面交往给大学生所带来的心理压力，有助于大学生增强自我接纳，促进群体归属感的产生。

在看到网络给人类带来巨大好处的同时，也应当看到，网络的负面效应正在影响着大学生的生活。

(二) 消极影响

1. 情绪情感错乱

网络空间的匿名性和虚拟性,使大学生倍感网络的随意、自由,攻击、谩骂的言语,不受约束的暴力刺激游戏,大量的色情刺激等都容易使大学生对情绪的认识产生错位,严重的还会造成情绪障碍。有相关调查显示,在上网的大学生中,20%的存在低落情绪和孤独感受。网络上信息的瞬息万变,部分大学生注意力难以保持,频繁出现短期行为,产生一种及时行乐的倾向。网络虽然能提供诸多便利但也不能解决所有的问题,过度依赖网络必然会在现实生活中产生一定的挫败心理,网络上对消极情绪和行为的渲染和美化也会使不少大学生变得悲观、抑郁、消极,颓废、沮丧、绝望。不少大学生在现实生活中的学习、工作和生活中也受到这种悲观情绪的影响,严重损害身心健康。此外,不少资料也已经指出网络健康焦虑症在现代社会中变得越来越普遍,表现为由于担心自身的健康状态而在网上搜索医疗信息,但是这种行为反而加剧了焦虑感,导致病情的加重。

2. 问题行为增加

网络对人们的行为带来的影响是以往任何技术都无法比拟的。这其中就包括促进冲动性和冒险性行为。当人们在网上与他人交流时,并不是面对面地进行,而是间接地匿名交流。因此大多数人会误以为,网络环境比现实生活更安全,在网上与他人联系比面对面接触的风险更小。会让人们觉得在网上交友更自由,能够抛开束缚,变得勇气十足,愿意去冒更大的风险。因此常常能看到在现实生活中的大学生会展现自己的常识、理性和克制,但进入网络空间后,这些素养都被抛弃了。

在网络空间这个随意、匿名以及没有距离感的虚拟环境中,出现了去抑制化现象。从大胆的自拍照、色情信息以及在社交网站上轻浮的调情,到谎言、带攻击性的评论、恶毒的诅咒和谩骂挑衅,甚至是一些病态行为和犯罪行为,可以看到在网络上人们是如何毫无顾忌、胆大包天、直截了当的。更不幸的是,网络上的这些行为倾向也在不断地影响和塑造大学生在现实生活中的种种行为,有许多大学生会将在网络中滋生的撒谎、乖张、放纵、缺乏责任等习惯,应用到现实生活中,极大地影响了正常生活。

3. 人际关系受损

人际关系受损主要表现在网络孤独、人际信任危机、现实人际关系受损等方面。网络孤独是指部分大学生过分依赖网络进行人际沟通和交流,现实生活中的交往能力没有发展起来,反而因为远离周围的朋友同学而变得越来越孤独。大学生的"网恋""游戏伴侣"等现象目前非常普遍,同时多角恋爱等随意、不负责任的行为也经常发生,由此不断引发感情纠葛、情感陷阱等问题。对大学生而言,过于沉溺于网络人际交往也无助于其健康心理的养成。现实人际交往中的表情、性格、气质、姿势等都对人的情感与行为产生巨大的影响,这些是网络无法实现的。一旦大学生用网络人际关系取代了现实人际关系,就会导致幸福感的降低和孤独感、抑郁感的增加。

4. 影响健全人格的发展

网络上充斥的多元文化、多元价值观使得大学生的价值选择趋向多元化,不良文化和价值倾向如利己主义、享乐主义、拜金主义的侵蚀,对大学生情感、责任、信念和理想的形成产生非常不利的影响。网络也带来了人与人之间道德情感日益淡漠、非理性行为激增、人格异化等问题。另一方面，在错综复杂、虚拟的网络交往中，现实生活中的正义感、是非感、责任感、义务感、尊严感、荣辱感等被抛弃，如不少大学生并不认为在网络上撒谎、辱骂他人是有错的。网络人际关系的虚拟性、不确定性、多维性，使得大学生的道德认知、道德意识失去了稳定的地基。

5. 危害社会安全

网络的普及，也使不少犯罪分子利用网络技术从事违法犯罪活动，电信诈骗、恐怖活动、贩卖人口、走私、制毒贩毒、色情传播等犯罪活动现已成为全世界的公害。网络的虚拟性和网民的匿名性等特征，导致网络上言论的随意性、虚假性和隐蔽性，“网络欺凌”“人肉搜索”“网络谣言”“窃取倒卖个人信息”“剽窃”等网络侵权行为愈来愈严重。国际互联网络信息环境的开放性，使多元文化、多元价值观在网上交汇，特别是某些信息强国凭借网络优势，试图通过网络倾销自己的文化，宣扬所谓的“普世价值”，更试图煽动网络舆论，达到激化发展中国家社会矛盾，引发骚乱、动乱甚至暴乱的目的，网络文化侵略时刻影响着我国社会的安全稳定。此外，有组织的团伙、集团和某些国家的网络间谍不断试图窃取国家秘密，妄图破坏国家安全。这些危害社会安全的行为经过一系列伪装，致使社会经验较为缺乏的大学生难以分辨，容易陷入网络陷阱而不自知，例如在大学生群体中高发的“帮信罪”。

内地赴港学子遭遇“攻心战”

案例分析

美国高二学生杰西原本是一个活泼开朗，很有艺术天分的女孩儿。在其男友的要求下，她在手机上发送了一张裸照给男友。但在分手后，男友把裸照发送给了同一所高中的低年级女生。这些女生开始叫杰西“荡妇”和“妓女”。出于痛苦和羞耻感，杰西开始逃课。杰西妈妈直到收到学校的通知，才知道杰西逃课的事情。当杰西告诉母亲所发生的事情后，杰西妈妈迅速告知学校，并促使学校采取相应措施但于事无补。随后杰西在妈妈的鼓励下在电视台上勇敢地说出自己的遭遇。在采访中杰西告诉采访记者：“我只是希望其他人别再经历这样的痛苦。”然而在采访结束两个月后，她在自己的卧室上吊自杀了，年仅 18 岁。

思考：大多数青少年并不知道网络空间究竟会给他们带来哪些影响。网络社会是一种全新的虚拟化和符号化的社会系统。置身于其中的个体失去了现实世界提供的线索和其他细微的信息，例如面部表情、肢体语言、实际空间等，容易忽略网络世界的风险，常常难以做出正确的判断和明智的选择，从而选择冲动冒险的行为。这并不是说网络在本质上起负面作用，大学生作为未来的主人，应该辩证地了解到网络是一把双刃剑，只有意识到这点才能更好地适应它、驾驭它。

心理语录

「没有人会在临终前说："天呐，我希望与计算机单独在一起的时间再长一点"。

——达尼·贝里」

第三节 网络心理问题和网络成瘾

一、大学生网络心理需求

（一）积极的心理需求

1. 强烈的求知欲与好奇心

大学生具有强烈的求知欲和好奇心，网络以信息更新快、内容新奇、技术先进等优势满足了大学生这一心理，引发了大学生强烈的兴趣和关注，激发了他们的求知欲望和掌握知识、学会技能的愿望。

2. 自由平等的参与意识与自我实现愿望

大学生是最具有自由、平等意识和需求的社会群体，网络中平等自由的氛围对他们而言极具吸引力。在网络这个虚拟空间里，现实社会的诸多限制都解除了，任何人只要在网络中都可以成为自己的主人，可以按自己的意愿做想做的事。

3. 追求开放性和多元性

网络是一个极为开放的信息源，各种文化、思想、价值观念在网络世界里展开碰撞，可以自由表达自行吸纳，这恰好为大学生追求开放性和多元文化、价值观念提供了一个平台。

（二）消极的心理需求

网络丰富的信息资源虽然为大学生的学习和成长提供了无可比拟的条件，但同时也带来了严重的负面影响。一些大学生对网络存有消极的心理需求。

1. 猎奇、追求感官刺激的心理

部分大学生抱着猎奇、追求刺激的目的而上网，在网络上不断追寻一些在现实生活中难以接触、通过正当渠道无法获得的奇怪事物或信息，并以此获得感官刺激。这样的心态促使他们往往会出于好奇、冲动或者寻求刺激的目的刻意去寻找一些色情、暴力、恐怖信息。

2. 急功近利的心理

使许多大学生把信息丰富、快捷的网络当作通往成功的捷径。在他们眼里，网络就是商机，流量就是生财之道。同时，部分的商业误导（包括网络上基于商业目的的信息误导）也使大学生对人生观、价值观、金钱观的理解产生了偏差。于是，网红大咖、直播带货、赚钱捷径、求职之道等备受大学生群体的关注。部分大学生甚至因为急功近利的心理而掉入网络陷阱。

3. 逃避现实的解脱心理

大学生在生活中都会遇到各种各样的困难和挫折,学习上的、感情上的、人际关系上的不一而足。同时,复杂的社会生活也会使思想不成熟的青年大学生感到难以应对。在网络中比在学校里、家庭里、朋友间能更方便地发表自己的意见,抒发自己的爱与憎,表达自己的思想,而不必担心会受到限制或承担责任。因此,有些大学生在现实中受挫时,往往更愿意到虚幻的网络空间去倾诉、发泄,将网络当作逃避现实、寻求自我解脱的渠道。

4. 虚拟的自我实现心理

部分大学生认为在网络中构建出的“理想自我”能获得现实中难以得到的尊重、赞扬和成就感。但大学生过多地依赖网络,尤其是绝大部分时间在看手机,将使读书、人际交流、亲身实践的能力减弱。网络中的知识是一种“快餐文化”模式,网络技术的高速发展使网络知识具有高度的综合性、声像多维一体化和高度图像化等特点,这些特点造成人的思维能力、实践能力、表达能力、抽象能力和阅读能力下降。虚拟的自我实现心理有时候也会导致大学生出现一些不道德的行为甚至是犯罪行为。有些大学生不能很好地理解自我实现、自我价值的真实含义,为了凸显自己的能力,获得关注和认可,在网络上进行网络欺凌、制造网络病毒、盗用他人信息等行为,给他人和社会带来严重的危害。

5. 从众心理

适度的从众心理是大学生适应环境和集体的重要条件,这一心理也是部分大学生上网的原因之一。当被问及为什么要不停地玩网络游戏时,部分大学生的回答是,平时同学们在一起大聊特聊网络游戏,如果没玩过就显得格格不入,像落伍了一样,而且和同学没有共同话题。课后大家都在玩游戏,不玩的同学就会显得特别“不合群”,难以融入集体。为了不显得“孤僻”“怪异”,不管愿不愿意,大学生都会受到同伴群体的压力而选择随大流。同时,网络游戏也在不停地冒出新花样,不停地升级,促使一些大学生经常“赶潮流”。

二、大学生网络心理问题

(一)网络依赖和手机依赖

网络依赖是正常使用网络和网络成瘾之间的一种中间状态。网络依赖的大学生虽然没有达到网络成瘾的程度,但已开始呈现出与网络成瘾相似的症状,如时间管理混乱、社交范围缩小、人际关系淡漠、环境适应能力较差等,对大学生的成长发展带来极大的危害。

手机依赖往往与手机的网络功能密切相关,手机往往成为网络依赖者获得依赖物的工具,因此可以说网络依赖是手机依赖的源头,手机依赖常常和网络依赖相伴相生。随着手机技术的发展,智能手机也已经成为大学生上网的主要渠道,一些大学生过度使用手机,手机依赖的现象在大学生中逐渐蔓延。手机依赖的症状主要表现为过度使用(无法控制使用时间)、戒断症状(网络中断或手机没电时感到焦虑和愤怒)、耐受性(要延长使用时间才能达到一开始的满足感)。

(二)网络恋爱心理问题

网络恋爱是指参与双方通过互联网相识、相知、相许,以共同的生活理想和价值观为基础,以平等的精神交流和情感互动为内容,自主地结成的一种虚拟性和符号化的特殊社会关系，通常称为网恋。网恋是信息化发展到一定程度的产物，大学生自身的原因也促使了网恋的发生。长期沉迷在网络恋情中不仅不利于大学生的身心健康成长，还不利于形成积极、健康、活跃的校园文化氛围，甚至带来一系列的感情、心理和社会问题。

案例分析

大学生小文（化名），人长得非常漂亮，也很开朗。平时喜欢上网，她有许多的网友，大家都聊得挺好。渐渐地，她发现自己和其中一个男孩聊得特别投机。经不住好奇心的驱使，她和男孩见了面，风流倜傥的他让小文更加动心，她深深地爱上了那个男孩。接下来的日子，她只要有时间便和他在网上或见面交流，从此网恋就变成了现实中的恋爱。经过短时间的相处，小文发现男孩有许多像她这样从网上骗来的女朋友。原来男孩一直在欺骗她，这就如同晴天霹雳，小文接受不了这样的事实，没有心思做任何事情，甚至割腕自杀。

点评：大学生容易沉迷于网上情缘不能自拔，把网上爱情视为生活的主要追求。对网络恋情的迷恋会严重影响学习，减少与老师、同学的交流，参加集体活动的意愿降低，久而久之性格也变得越来越孤僻。

（三）网络不道德行为

网络不道德行为是指网络主体出于不良动机，在网络上开展不利于他人和社会的行为。在以计算机为终端的网络中，匿名性使得去抑制性产生，许多现实生活中的规范、规则、道德在虚拟世界中失去约束力，大学生在网上表现个人自我时，把社会自我抛得越来越远，甚至企图借助网络在现实生活中凸显自我，将自我凌驾于社会之上，甚至导致网络犯罪。

网络欺凌

（四）网络拖延症

随着网络的发展，大学生花在网络上的时间越来越多。尤其是新冠疫情以来，线上授课的方式使得很多大学生日常生活大多离不开手机和计算机。但很多大学生常常被网络上的信息诱惑，注意力无法集中到学习和工作中，从而把该进行的学习任务、工作任务推后、拖延。部分大学生的拖延症便由此产生，即以推迟的方式选择逃避执行任务或做决定的一种行为倾向，是一种自我阻碍和功能紊乱的行为。而网络信息更新换代快、没有时间空间限制、可供消遣娱乐或打发时间的特点，也使它也成为网络拖延症的原因之一。

网络拖延症

（五）网络孤独

一些大学生由于性格内向、自卑，不愿意或不善于或不敢在现实生活中与他人交往，因此青睐网上交往这种匿名、隐匿性别和身份的形式，希望通过网络获取大量信息、网络人际交往、网络搜索信息等方式来提高或改变自己。他们常在网络上发泄自己的不良情绪，并从网友那里得到一定的心理支持，可回到现实中后，会发现面对的依然是孤独。加上由于长时间进行网络交往，淡化了个人与社会及他人的人际关系，使他们对真实的现实产生某种疏远感、淡漠感，甚至不信任感，使他们变得沉默寡言、不善言谈，人际交往能力、社会生存能力下降，进一步加重现实生活中的孤独感。对现实社会生活的不适应反过来又会激发大学生更加依赖网络寻求心理的平衡，由此引发了恶性循环，久而久之便会引发大学生产生网络孤独的心理问题。所以，大学生更需要从现实生活中获得有效、亲密的关系。

三、网络成瘾

网络成瘾指在无成瘾物质作用下对互联网使用冲动的失控行为，表现为过度使用互联网后导致明显的学业、职业和社会功能损伤。网络成瘾已经成为一个公众健康问题，在大学生群体中尤为突出。如某心理卫生中心对某大学约 30 000 名大一新生做了身心健康状态调查，结果发现 44.46%的同学可能存在网络成瘾的问题，且随着网络成瘾程度的加重，出现心理、精神问题的风险也在显著增加。

（一）网络成瘾的诊断

1. 网络成瘾诊断量表

该量表主要从网络功能、情绪卷入程度、是否存在非理性认知、个人生活事件等多个方面进行评估。

2. 网络成瘾严重程度诊断量表

该量表主要从以下几个方面对网络成瘾进行评估。

（1）凸显性。即网络使用者的思维、情感和行为都被上网这一活动控制，上网成为其主要活动，在无法上网时这部分人便会感觉自己无法生存，对上网表现出强烈的渴望。

（2）耐受性。为了获得满足感上网者会不断地增加上网时间与投入程度，而且必须逐渐增加上网时间和投入程度才能获得原来程度的满足感。

（3）戒断症状。停止使用网络会产生不良的生理反应与负面情绪，在意外或被迫不能上网的情况下，成瘾者会产生烦躁不安等情绪和全身颤抖等生理反应。

（4）冲突性。在使用网络与日常的工作、学习、生活、人际交往发生冲突时，网络成瘾者内心常出现既意识到过度上网的危害又不愿舍弃上网带来的各种精神满足的矛盾心态。

（5）复发性。尽管实施对网络成瘾的控制与治疗，但成瘾行为还是反复发作，甚至表现出更为强烈的反弹倾向。

（6）心境改变。上网成了成瘾者应对环境压力、追求某种主观体验、改变消极心境的一种习惯策略，上网可以产生激惹、兴奋和紧张等情绪体验，也可以获得一些安宁、逃避甚至麻木精神的效果。

（7）渴求程度。个体渴望经常地上网或停留在网上。

3. 网络成瘾临床诊断标准

中国首个《网络成瘾临床诊断标准》，是由原北京军区总医院于 2008 年制定的。2016 年，这一诊断标准被美国精神病协会纳入《精神与行为疾病诊断与统计手册》正式出版，标志着该标准成为网络成瘾障碍诊断的国际标准。该标准主要从以下方面对网络成瘾进行评估：

（1）对网络的使用有强烈的渴求或冲动感。

（2）减少或停止上网时会出现周身不适、烦躁、易激惹、注意力不集中、睡眠障碍等戒断反应；上述戒断反应可通过使用其他类似的电子媒介，如电视、掌上游戏机等来进行缓解。

（3）下述 5 条内至少符合 1 条：为达到满足感而不断增加使用网络的时间和加深投入

的程度；对网络的使用时间难以控制，经多次努力后均未成功；固执使用网络而不顾其明显的危害性后果，即使知道过度使用网络的危害仍难以停止；因使用网络而减少或放弃了其他的兴趣、娱乐或社交活动；将使用网络作为一种逃避现实问题或缓解不良情绪的途径。

（4）网络成瘾的病程标准为平均每日连续使用网络时间达到或超过 6 个小时，且符合症状标准已达到或超过 3 个月。

2018 年，国家卫生健康委员会发布了《中国青少年健康教育核心信息及释义（2018 版）》，其中明确了持续时间是诊断网络成瘾障碍的重要标准，并将相关行为至少持续 12 个月作为确诊标准之一。

心灵保健操

网络成瘾测试量表

为了方便大家快速评估是否存在网络成瘾，我们为大家准备了网络成瘾诊断量表。以下题目，不适用计 0 分；几乎从不计 1 分；偶尔计 2 分；有时候计 3 分；经常计 4 分；几乎都是计 5 分。最后计算总分。正常使用：0～30 分；轻度成瘾：31～49 分；中度成瘾：50～79 分；重度成瘾：80～100 分。

1. 实际上网的时间往往比预计的要长。
2. 为了多上会儿网而忘记了其他需要做的事情。
3. 宁可上网找乐子也不愿与男/女朋友出去约会。
4. 通过网络与在线网友结交认识。
5. 身边有人埋怨你上网时间太长。
6. 由于上网时间过多而影响成绩。
7. 有事情需要立即做的时候仍会先查收邮件。
8. 由于网络而耽误学业。
9. 对他人询问自己上网干什么时会心存戒备或对此保密。
10. 通过想象网络中令人感到美好欣慰的事物来排解或替代现实生活中令人感到烦恼的事物。
11. 通过网络才能重拾自己心中所期盼的事物。
12. 对没有网络的日子感到恐惧，觉得无聊、空虚。
13. 上网时有人打扰了自己就会感到愤怒、厉声指责、想要发火。
14. 由于深夜上网而失眠。
15. 即使离线或者不上网时依然会沉浸与回味着网络的精彩世界。
16. 上网时经常对自己说“就只再上一小会儿”。
17. 曾试图减少上网的时间与次数但均以失败告终。
18. 向他人隐瞒自己上网的时间。
19. 宁可多花点时间上网也不愿与人出去交流。
20. 一下线就感到沮丧、情绪化，甚至是神经质，但一上网这些现象就荡然无存。

(二) 网络成瘾的分类

网络成瘾障碍是一个广泛的概念,可以包括各种行为和冲动控制性问题。关于网络成瘾可以分成以下五类。

1. 网络游戏成瘾

网络游戏,尤其是角色扮演类、竞技类游戏深受大学生群体的欢迎,甚至不少大学生将成为一名电竞选手作为自己的职业目标。网络游戏成瘾指上网者沉迷于网络游戏的虚拟世界中,将时间、精力和金钱都花费在游戏体验中。现有国际诊断体系已将网络游戏成瘾纳入了疾病范畴。其中“病理性游戏行为”的两条核心表现为:游戏成瘾的人不仅花费大量时间和精力在游戏上,更重要的是他们忽略了现实生活,无法再承担以往的社会角色,也不想再融入社会;丧失了对自我行为的控制,让游戏完全支配了生活。

2. 网络色情成瘾

网络色情成瘾指上网者沉浸于各种色情网站,浏览网站中所传播的色情信息、图片、视频,无法自拔。研究显示,网络成为大学生获得各类色情信息的主要来源,一些大学生自控能力差,为满足现实生活中无法满足的性心理需求经常流连于色情网站,严重危害青少年身心健康。

3. 网络关系成瘾

由于兼具便捷性、超时空性、非即时性等特征,网络交往已成为大学生人际交往的重要方式。微信、QQ、抖音、探探等类型丰富的社交软件,使大学生的生活越来越缺少面对面交流与沟通的机会。网络关系成瘾是指上网者过度使用网络社交功能,沉迷于在网络世界中建立、发起和维持亲密关系,从而忽略甚至逃避现实中的亲密关系,造成社会责任感缺失等一系列问题。大学生在使用社交网络满足自己对社会交往的需求之后,一旦在现实中的交往需求得不到满足,就会更加依赖社交网络来展开交往,从而形成一种恶性循环。

4. 网络信息成瘾

网络信息成瘾指上网者对于浏览信息有着极强的心理需要,强迫性浏览网页、短视频等,致力于在网上查找和收集数据、信息或资料。但是这些信息大部分对生活和学习是没有实际帮助的,甚至由于这些信息真假难辨、充满矛盾,反而给使用者带来了心理上的负担、判断上的困惑或决策的犹豫不决。一旦上网者收集信息的行为被迫中止,就会产生痛苦、焦虑的情绪,担心漏掉重要的信息和新闻,害怕给学习、工作和生活带来负面影响甚至还会出现失眠、头痛、食欲下降、恶心呕吐等生理症状。

5. 网络交易成瘾

网络交易成瘾,指上网者难以抵抗网络交易的冲动,无节制地进行网购、网络赌博的一种病态行为。与其他类型的网络成瘾类似,网络交易成瘾的大学生在网络空间里难以自控,强迫性地购买一大堆不必要的东西或者参与网络赌博等活动,究其原因是这部分大学生在现实中学习、生活、工作压力较大,以网络交易作为发泄的途径来缓解内心的焦虑,渐渐地这种惯性行为就演变成了一种强迫行为,致使大学生越陷越深。

(三) 网络成瘾的行为机制

网络成瘾是一种行为成瘾,其行为涉及以下四种机制。

1. 认知行为模型

由于自身原因难以建立现实人际关系,从而更倾向于虚拟环境,在其中获

网络成瘾的医学解释

得满足。比如平时不善言辞、不善交际的人，在学校、单位甚至家庭里没有太大存在感，一旦发现自己在网上发帖引起了陌生人的关注，或者游戏打得好获得了认同和满足，那这个人肯定就更愿意活在虚拟的网络世界中。

2. 神经心理学模型

每个人都喜欢追求愉悦，逃避痛苦，这是人的天性，而网络的使用可以刺激人的中枢神经系统，获得短暂的愉悦和满足感，这种感受可以促使这个人持续地使用网络，一旦网络成瘾形成，这种感受就会转化为一种习惯状态，从而把上网变成一个固定行为。

3. 补偿理论

目前社会上普遍存在将学习成绩优异作为学生单一的评价系统，这也就导致许多青少年需要在网络活动中找寻“精神补偿”，通过参与网络活动找寻自尊与自我身份认同。

4. 情景因素

网络可以帮助人们逃避现实生活中的问题和困境，比如刚经历失恋痛苦的大学生可能会上网寻求帮助，考试失败的大学生可能会通过游戏寻求安慰。此外，网络还可以帮人们应对孤独感，比如性格内向的大学生通过上网寻找良好的交流；对环境不适应的大学生把大量时间投入网上缓解内心的孤独感和寻找归属感；现实生活中人际关系受挫的大学生可以在网络上寻找志同道合的朋友来抒发内心的情感。

（四）网络成瘾的危害

网络成瘾不仅会对大学生的大脑、视力、身体和形体等生理方面造成一定的不良影响，还会降低其心理健康水平，甚至产生不良的社会影响，如增加大学生犯罪行为倾向、提高离家出走和自杀概率等。具体危害表现在以下 3 个方面。

1. 生理危害

一是大脑受损。长时间的上网会使人体新陈代谢、正常生物钟受到严重的破坏，不仅影响大脑发育，而且会出现神经紊乱、睡眠障碍、食欲减退、头痛等症状。注意力、稳定性、反应能力也均明显下降。

二是视力受损。长时间面对屏幕会导致眼睛疲劳和视力下降。

三是机体受损。如在计算机前长时间静坐，易导致颈椎、腰椎以及手腕劳损等问题，计算机显示屏长时间辐射的积累会造成激素水平失衡、身体免疫力下降、体能下降、精神运动性迟缓等问题。

四是体形问题。有研究发现在过度使用网络的青少年中具有肥胖倾向的占 12.1%，尤其是下半身肥胖是较为突出的问题。

2. 心理危害

心理学研究发现，网络成瘾者的心理健康水平普遍低于非成瘾者。具体表现在以下 3 个方面。

一是容易导致人格异化。大学阶段是大学生世界观、人生观以及价值观形成的关键时期，由于辨别能力和实践经验上的缺乏容易受到不良思想的侵蚀。长期在网络中玩飙车、枪战、爆破、砍杀等游戏，易使游戏者模糊道德认知，混淆虚拟游戏与现实生活的差异，潜移默化地认为通过伤害他人达到目的的方式是合理的。这种错误观点一旦形成，便会引导大学生不择手段，对他人实施欺诈、偷盗甚至施暴行为。网络上信息繁杂，多样文化和价值体系的碰撞以及色情、暴力、欺诈等内容，易使大学生价值观念“倾斜”，导致拜金主义、利己主义、道德观念淡薄等问题。

二是趋向形成情感淡漠。网络成瘾者长时间生活于网络世界中，逐渐淡化了现实社会规则对自己的约束，容易形成缄默、孤僻、冷漠、紧张、攻击、欺诈、缺乏责任感的心理状态，在性格上主要表现为疑心和懒散。同时网瘾大学生更容易产生情绪波动、焦虑、抑郁等情绪。这些情绪若得不到及时有效的舒缓，会再次作用于成瘾大学生的心理和行为，从而使其变得更加敏感与自卑。

三是造成负面心理倾向。大学生网络成瘾者在心理健康症状自评等指标上，如强迫、人际关系、抑郁、焦虑、敌对、偏执、精神病、睡眠与饮食、心理健康等都显著高于非网瘾大学生。有研究表明，负面注意偏向是网络成瘾者的一个特点，表现为对负面表情快速定向而且解脱困难。这在一定程度上证明了网络成瘾者的负面心理倾向。此外还有研究表明相对于非成瘾者而言，网络成瘾者的自杀意念也更强。

3. 社会性影响

一是荒废学业。网络成瘾的大学生平均每天会花费大量时间和精力在网络上，对学习失去兴趣或是难以集中注意力学习，这将直接导致学业问题。有报道称，在某大学退学、试读和留级的237名学生中，约80%是由于各种类型的网络成瘾延误了正常的学习，从而荒废了学业。

二是人际交往错位。长时间的上网会减少与家人、朋友、同学、老师以及陌生人面对面接触与交流的机会，容易出现人际关系障碍，破坏现实人际关系。

三是增加了犯罪行为倾向。在网络游戏、色情、赌博以及暴力的影响下，网络成瘾大学生的攻击性、冲动性问题更加突出。如网络中呈现出将所谓“正义的暴力”作为正确的解决问题的方法，美化暴力内容、非现实的暴力等特征都容易对大学生的攻击性产生重大影响。因此在青少年犯罪案件中，网络成瘾者的犯罪倾向相对于非网络成瘾者更为明显。

一位网络成瘾大学生的自白

心理语录

「目前，文明最大的任务是让机器做回机器本身，而不是人类的主人。

——哈维洛克·艾利斯」

第四节 大学生网络心理调适

一、大学生网络心理调适

（一）培养科学网络观

科学网络观就是要科学地看待网络的功能和作用。首先要看到网络的作用和价值。它消除了人类跨时空沟通的鸿沟,拓展了人类的交往空间,深刻地改变着人与人、人与社会的关系,给人类带来了一个全新的时代,催生了居家办公、网上学习、电子商务、电子银行等新生事物的出现,使人类的生活方式发生着深刻的变革。网络极大地提高了现代人的工作效率,我们应该充分认识到这一点并加以利用。但同时我们也应认识到,网络社会并非真实的社会;网上暂时的成功并非真正的成功;虚拟情感宣泄与满足也并非能得到真正的幸福和快乐。尽管互联网技术目前已经很先进,但它毕竟仍是人类发明的一种工具,实质上是人类认识世界的一种手段,我们是使用这一工具和手段的主人,而不是它的奴隶。

（二）区分现实世界和虚拟世界

美国著名舆论学家李普曼认为,由于人们活动范围的有限性,人们接触到的外部信息,除了较少部分是通过亲身体验以外,大部分信息都是通过传播媒体获得的。因此,人们心目中的客观世界,其实不是真实的环境,而是一种由传播媒介有选择地提示所构建的“虚拟环境”,与现实环境存在着差距。也就是说,网络世界是一个虚拟的世界,这个世界与现实世界有差别,人们在网络上也往往会表现出与现实不同的人格。在网络上,基于个体内心准则和社会规范的制约而形成的约束力将大大削弱甚至不复存在,由此会使大学生的网络行为方式与现实生活存在很大差异,即网络虚拟人格和现实人格之间存在着统一和转化的问题。如果顺利转化,两个人格会出现良性互动,现实人格将会得到丰富和完善;如果转化不顺利,则可能造成人格分裂,个体就会把虚拟的世界当作避风港,通过网络来回避现实生活的矛盾,从而加深了对现实生活的不适应,使现实人格的成长受阻。

（三）正确对待网络人际关系

网络人际交往以其跨越性、即时性、便捷性、互动性等特点迅速以一种时尚、流行的方式被大学生群体广泛接受。不可否认的是,微信、微博等这类网络社交工具极大便利了大学生的人际沟通,但网络人际交往的虚拟性和隐匿性也给大学生现实人际交往和人际关系带来了不可忽视的影响。网络中碎片化交往方式不利于准确和全面的交流信息,交友双方缺乏互信的人际关系前提,因而网络人际关系的建立很容易,但同时又很脆弱。另外,当大学生沉浸在网络交往中,必然会对其现实生活中的人际关系建立造成一定的影响。网络交往只是传统交往方式的一种延伸和补充,但它无法完全替代现实中的人际交往。大学生健全的人际关系应是从多方面进行拓展,在现实生活中不断提高交际能力,学会完善自我形象,树立自信心,加强与他人的交流,构建现实的社会支持系统。

（四）养成良好的上网习惯

能力测试

良好的上网习惯首先是能理智地控制上网时间,明确上网要达到的目的,避免漫无目的地刷网页或沉迷于刷视频、聊天或网络游戏中;对网上经常出现的暴力、犯罪、色情等陷阱要保持洁身自好,遵从善恶标准,维护网络净土;尽管网络社交在现代社会中发挥着重要的作用,但它并不能完全替代传统的人际交往方式,因此必须保持与周围人员的正常社交;如果发现自己或周围人存在心理困扰,应向专业的心理工作者求助,而不是到网上寻求心理安慰。

（五）求助于专业的心理咨询

网络在满足人们各种需求的同时,人们对它的依赖程度也在与日俱增。适当的、合理的使用网络对大学生学习、生活的发展大有裨益。不当地使用网络,则会使部分大学生产生时间管理混乱、人际交往障碍、网络依赖、网络成瘾等问题。当大学生发现自身或周围同学出现类似的网络心理问题时,要相信个体的自我调节能力,学习有效的自我调节方法,若不能通过自我调节解除网络的不良影响,应该及时求助于专业心理咨询师,进行心理治疗。

二、提高大学生网络心理素质

(一)正确认识网络系统,积极使用网络功能

互联网时代,网络信息日益丰富,对于大学生来说上网不仅能提升认识能力,拓展知识面,而且能获得海量的信息、学习技巧和技能,其巨大的积极作用已为大学生们广泛称赞。但网络上一些不健康内容和信息也会对大学生产生消极的影响。不管是盲目夸大网络的功能并进而认为网络是解决一切问题的灵丹妙药,还是认为网络是带来自我迷失、人与人之间的相互欺骗、社会秩序紊乱而全面否定网络的作用,这些观点都是片面的。大学生只有树立对网络的正确认识,才有可能正确地面对网络,积极合理地使用网络资源,认清自己的真实需要,准确把握自我,处理好现实社会与虚拟社会的关系,避免网络心理问题的产生。

(二)加强自律与自我管理能力

自律有两层含义:一是自律总是与自由和理性联系在一起的,即要体现人格尊严和道德觉悟;二是自律是指自我主宰、自我约束、自我控制。对于大学生来说,只有自律才能充分体现个体的自尊、自主与自由,同时又能培养自我控制能力和自我约束力。

在网络世界中,大学生可以抛开“假面具”,尽情释放自己的喜怒哀乐,这确实缓解了大学生一部分现实矛盾与学习压力。但大学生无法也不可能永远生活在虚拟当中,沉迷于网络是对现实的一种逃避,也是一种社会责任感的淡化,它不仅不能真正地解决大学生面临的现实问题,反而会更多地产生自我迷失,产生非理性甚至是反社会的行为。同时在网络里,各种文化理念与价值观纷繁复杂,在匿名效应下,人性之“恶”便毫无顾忌地暴露出来。因此,在这样缺乏规则约束的网络社会里,大学生自律和自我管理显得尤为重要。

一个缺乏自律的大学生不可能是一个自尊自重的人,也不可能是一个获得自由与自我价值实现的人。大学生应合理安排自己的日常生活,保持正常的生活、工作、学习规律,勇于直面现实、积极面对人生。同时要树立正确的网络理念,端正上网动机,正确区分和对待网络虚拟世界与现实世界对于满足人的需要的不同作用,不沉迷于虚拟世界,充分利用网络上丰富的信息资源和更快、更好、更及时的服务,方便自己的生活,提高学习、工作效率。

(三)养成健全的网络自我意识和网络人格

网络自我意识指个体在网络活动和网络社会中对于自己的身心状况、自己与别人以及自己与周围世界关系的意识,是人格结构的核心部分。网络自我意识是人在网络这个环境中的一种认知过程。大学生在网络环境中不能丧失自我认知能力,必须处在清醒的认知意识之中,即“我”是谁?“他”是谁?网络是什么?“我们”的关系是什么?对这些问题必须有明确的认识。处于心理尚未完全成熟的大学生,一旦沉迷于网络这个虚拟的空间,就会迷失自我,分不清方向。大学生必须自觉养成良好的网络自我意识,确保自己在网络环境中保持清醒认识和理性思维。

健全的网络人格指在使用网络时保持健全的人格。健全的网络人格包括在网络环境中自

我认识现实而又客观、社会适应良好而独立、适宜的人际关系、稳定乐观的情绪、协调的人格结构。大学生只有具备健全的网络自我意识和网络人格，才能成为适应网络和现实社会的人。

（四）培养高尚的网络道德和心理品格，杜绝网络“失范”行为

大学生目前已成为网络社会的主要群体。文化层次及计算机网络技术水平都较高，决定了大学生网络主力军的地位和对网络文化的主导作用。相对地，网络文化和网络行为方式也对大学生的思想和行为产生了强烈的影响。从这一角度来看，大学生网民既是网络健康文化的主要创造力量，也是网络不良文化的制造者和受害者。由于网络的去抑制化效应和升级效应，网络世界里多数人行为规范意识淡薄、是非观念混乱，现实生活中循规蹈矩的人一旦上网就放飞自我肆无忌惮，出现了大量网络失范行为。大学生群体中世界观、人生观和价值观尚未完全建立，文化修养、自律能力等综合素质还不高，因此网络失范行为也层出不穷，而且失范行为的智能化程度更高，手段方法的技术性更强，产生的不良后果也更严重。

网络道德和心理品格是网络心理素质的重要组成部分。网络给道德伦理带来了诸多难题。作为大学生，在面对诸多的网络道德伦理的考验时，要学会自尊、自爱、自律、自省，增强网络道德意识。大学生在网络环境中要具有积极、健康、平和的心态和以集体和他人利益为上的心理品质，养成高尚的网络道德和心理品格。

心灵保健操

大学生网络使用改善计划

如果你或你的朋友存在网络依赖或网络成瘾的情况，下面的这些题目可以帮助你或你的朋友有所改善，请认真思考下面的题目，并做好记录。

一、增加自觉程度，并正确地评估上网时间

1. 试着记录你所有的上网时间。
2. 试着记录你上网的时间模式。
3. 记录你常联系的网上朋友，每一位都不要漏掉。
4. 整理你在群聊里的发言。
5. 整理网络游戏类型和参与频率。
6. 记录并整理你每天收发电子邮件的类型。
7. 记录并整理在网上论坛里的发言和参与的话题。
8. 整理自己常用网址并进行分类。

二、管理自己的上网时间

1. 培养其他的代替活动。

① 列举出你一直都想要去做的休闲运动。

② 列举出你一直都很想联络的朋友。

③ 列举出其他你也觉得有趣的活动。

2. 确定你的上网模式，并尝试做相反的调整。

① 平常你何时会上网。

② 平时你在哪里上网。

③ 平常你有怎样的上网顺序。

3. 利用外在具体的事物来停止上网，并将运用的情况记录下来。

① 如果你9点上课，那么8点开始上网，9点准时上课。

② 如果你12点有个午餐约会，那么10点上网。

③ 在上网前设定闹钟或启动定时关机软件来提醒自己上网结束。

三、在真实的生活中寻找满足需求的方式

1. 寻找真实的支持团体。

2. 加入志愿性质的团体。

3. 向周围的人坦诚自己的困难。

4. 和其他亲密的人一起上网。

四、填写以下问题，比较上网前后的感觉，了解网络对你真正的意义，并且分析哪些原因是促使你上网的因素。

1. 在我上网前，我通常觉得____________________（参考词汇：学习太累、觉得烦、没有朋友可聊、无聊、沮丧）

2. 当我从事喜欢的网络活动时，我觉得____________________

五、把以下问题的答案写在一张卡片上，随身携带，当碰到相似情景时，就把卡片拿出来读一读。

1. 列出5个导致自己网络依赖、网络成瘾的原因。

2. 列出倘若切断网络的5个好处。

心灵补给站

《欲罢不能》

这本书让人们了解什么是行为上瘾及其产生的问题；洞悉上瘾行为背后的心理设计技巧；掌握预防和减少上瘾行为的科学方法。

复习思考题

1. 大学生在日常学习生活中的时间管理存在哪些问题？
2. 哪些时间管理的策略可以帮助大学生改善对时间的管理？
3. 网络对大学生的影响体现在哪些方面？
4. 简述网络成瘾的表现和危害。
5. 如何培养健康使用网络的意识和行为习惯？

即测即评

第九章

我的未来不是梦——大学生创新心理与择业心理

心灵导航

第一节　创新心理概述
第二节　创新心理与创业
第三节　择业心理

学习目标

1. 掌握创新心理的基本内涵；
2. 了解创新心理的个性特征与倾向；
3. 熟悉创新过程中的情绪管理方法和意志力调整技巧；
4. 了解择业与大学生生活的密切关系。

重难点

重点为从身边事物入手，运用创新心理帮助自身解决现实问题；
难点为与志同道合的朋友组建创业团队。

心灵故事

大爷到菜市场买西红柿，他挑了3个放到秤盘，摊主称了下：一斤半，共3.8元。大爷说：做汤不用那么多。于是去掉了最大的西红柿。摊主：一斤二两，3元。正当摊主找方便袋装那两个西红柿时，大爷从容地掏出了八毛钱，拿起刚刚去掉的那个大的西红柿，扭头就走了。摊主当场目瞪口呆，有话说不出。

这个故事告诉我们打破定势思维，往往有意想不到的收获。

思考：大爷是怎样想到这个办法的？摊主内心最想表达的可能是什么？

心理语录

> 我们必须把发展基点放在创新上，通过创新培育发展新动力、塑造更多发挥先发优势的引领型发展，做到人有我有、人有我强、人强我优。[1]
>
> ——习近平

第一节　创新心理概述

一、创新心理的内涵

（一）创新心理的概念

创新是一个汉语词语，有两层含义，第一指的是创立或创造新的，第二指的是首先。

创新是指以现有的思维模式提出有别于常规或常人思路的见解为导向，利用现有的知识和物质，在特定的环境中，本着理想化需要或为满足社会需求，而改进或创造新的事物、方法、元素、路径、环境，并能获得一定有益效果的行为。从定义上看，创新其实从古到今一直都有传承和发展的概念，并非现代社会的产物。既然有发展的过程，现代的创新内涵当然是与古代有所不同的，甚至包含更多新的内容。

测一测

那么创新心理又是什么意思呢？创新心理是指在已有的思维模式下，重新组织已有的认知、情绪、行为和知识经验，提出新的想法或方案，并创造新的思维成果的心理过程。创新心理在生活中非常常见，例如夏天很热，如何有针对性地降温解暑呢？有人会用风扇，有人会喝冷饮，还有人会自己创造开发新的工具来解决问题。大学生更有必要了解和学习创新心理的内涵。创新教育关注的是全体大学生整个学涯阶段的成长，培育的是大学生的创新意识，训练其创新思维，提升其创新创业能力。这不仅对有意向创新创业的大学生有益，而且对全部大学生的创新精神、创新素质均有所提高。故而，高校提倡的创新心理教育是以培养高素质的创新人才为目的，以提升大学生的创新意识、创新思维、创业能力为目标，以科学的创新创业理论和创新创业实践为内容的一种关注人的发展和人生规划的教育。

（二）创新心理的结构

从心理学的角度出发，创新心理可以从多个维度对其进行分类，从创新心理素质的角度，可以分为以下三类：

1. 创新意识

创新意识是指人们根据社会和个体生活发展的需要，引起创造前所未有的事物或观念

[1] 科学技术部.《深入学习习近平关于科技创新的重要论述》. 北京：人民出版社，2023 年，第 115 页。

的动机,并在创造活动中表现出的意向、愿望和设想。它是人类意识活动中一种积极、富有成果性的表现形式,是人们进行创造活动的出发点和内在动力,是创造性思维和创造力的前提。

创新意识具有三个特性。① 新颖性。创新意识或是为了满足新的社会需求,或是用新的方式更好地满足原来的社会需求,创新意识是求新意识。② 社会历史性。创新意识是以提高物质生活和精神生活水平需要为出发点的,而这种需要很大程度上受具体的社会历史条件制约,在阶级社会里,创新意识受阶级性和道德观影响制约。大学生的创新意识激起的创造活动和产生的创造成果,应为人类进步和社会发展服务。创新意识必须考虑社会效果。③ 个体差异性。人们的创新意识和他们的社会地位、文化素质、兴趣爱好、情感志趣等相适应,它们对创新起重大推进作用。而这些方面,每个人都会有所不同,因此对于创新意识既要考察社会背景,又要考察其文化素养和志趣动机。

创新意识由创造动机、创造兴趣、创造情感和创造意志构成。创造动机是创造活动的动力因素,它能推动和激励人们产生和维持创造性活动。创造兴趣能促进创造活动的成功,是促使人们积极追求新奇事物的一种心理倾向。创造情感是引起、推进乃至完成创造的心理因素,只有具有正确的创造情感才能使创造成功。创造意志是在创造中克服困难,冲破阻碍的心理因素,创造意志具有目的性、顽强性和自制性。创新意识与创造性思维不同,创新意识是引起创造性思维的前提和条件,创造性思维是创新意识的必然结果,二者之间具有密不可分的联系。创新意识是创新人才所必须具备的。创新意识的培养和开发是培养创新人才的起点只有从小培养创新意识,才能为成长为创新人才打下良好的基础。教育部门应以此作为教学改革的重点之一,一个具有创新意识的民族才有希望成为知识经济时代的科技强国。

大国工匠

创新意识有三大作用。第一,创新意识是决定一个国家、民族创新能力最直接的精神力量。在今天,创新能力实际就是国家、民族发展能力的代名词,是一个国家和民族解决自身生存、发展问题能力大小的最客观和最重要的标志。第二,创新意识促成社会多种因素的变化,推动社会的全面进步。创新意识根源于社会生产方式,它的形成和发展必然进一步推动社会生产方式的进步,从而带动经济的飞速发展,促进上层建筑的进步。创新意识进一步推动人的思想解放,有利于人们形成开拓意识、领先意识等先进观念;创新意识会促进社会政治向更加宽容的方向发展,这是创新发展需要具备的基本社会条件。这些条件反过来又促进了创新意识的发展,更有利于创新活动的进行。第三,创新意识能促成人才素质结构的变化,提升人的本质力量。创新实质上确定了一种新的人才标准,它代表着人才素质变化的性质和方向,它输出着一种重要的信息:社会需要充满生机和活力、有开拓精神、有新思想道德素质和现代科学文化素质的人。它客观上引导人们朝着这个目标提高自己的素质,使人的本质力量在更高的层次上得以确证。它使人的主体性、能动性、创造性进一步发挥,从而使人自身的内涵获得极大丰富和扩展。

2. 创新能力

创新能力是指个体或组织在面对问题和挑战时,能够提出新的、有价值的解决方案的一种能力。创新能力是人的能力中最重要、层次最高的一种综合能力,对于个人和组织的发展都至关重要。在当今快速发展的社会中,具备创新能力的人和组织能够更好地适应环境的变化,取得更好的发展成果。

创新能力是一种综合性的能力，它涉及一个人的思维方式、知识储备、观察能力、想象能力等多个方面。具备创新能力的人通常有以下特点：

第一，思维方式。具备创新能力的人通常会从多个角度思考问题，不局限于传统的思维方式。他们能够看到问题的不同方面，从而提出更加新颖、有创意的解决方案。

第二，知识储备。具备创新能力的人通常具备广泛的知识储备，能够将不同领域的知识进行融合，从而产生新的创意。

第三，观察能力。具备创新能力的人通常具备敏锐的观察能力，能够发现别人容易忽视的问题和细节。他们能够从生活中的点滴中找到创新的灵感。

第四，想象能力。具备创新能力的人通常具备丰富的想象力，能构想出未来的场景和可能性。他们能够超越现有的限制，提出更加大胆、创新的想法。

创新能力不仅适用于个人发展，也适用于组织发展。在组织中，具备创新能力的个体和团队能够为组织带来更多的创新成果和竞争优势。以下是一些创新能力的应用场景：

第一，产品设计。在产品设计中，具备创新能力的人可以提出更加新颖、有创意的设计方案，提高产品的质量和市场竞争力。

第二，市场营销。在市场营销中，具备创新能力的人可以通过创新的营销策略和手段，提高品牌的知名度和销售额。

第三，管理方式。在管理中，具备创新能力的人可以提出更加高效、有创意的管理方案，提高组织的效率和绩效。

第四，商业模式。在商业模式中，具备创新能力的人可以提出更加新颖、有价值的商业模式，提高组织的竞争力和营利能力。

第五，技术研发。在技术研发中，具备创新能力的人可以提出更加先进、有创意的技术方案，提高组织的科技水平和创新能力。

3. 创新人格

创新人格是指个体在面对创新时所表现出来的人格特质和行为模式，是创新能力的重要组成部分，涉及一个人的思维方式、情感体验和价值观念等多个方面。具备创新人格的人通常有以下特点：

登陆系统
测一测

第一，独立思考。具备创新人格的人通常具备独立思考的能力。他们能够从多个角度思考问题，勇于挑战权威和传统观念，能够提出更加新颖、有创意的解决方案。

第二，开放心态。具备创新人格的人通常具备开放的心态。他们愿意接受新的思想、观点和创意，不排斥与自己不同的观点和想法，能够从不同的文化和领域中汲取灵感，并将其融入自己的创新中。

第三，坚持不懈。具备创新人格的人通常具备坚持不懈的品质。他们能够克服困难和挫折，持续不断地追求创新和突破，不断尝试和改进自己的创新方案。

第四，自信勇敢。具备创新人格的人通常具备自信和勇敢的品质。他们对自己的能力和创意充满信心，敢于冒险和尝试，不害怕失败和批评，能够超越自己的限制，实现自己的创新梦想。

第五，追求卓越。具备创新人格的人通常具备追求卓越的精神。他们对自己的工作和生活充满热情，不断追求进步和提高，能够将自己的创意发挥到极致，创造出更加优秀的成果。

第六，灵活适应。具备创新人格的人通常具备灵活适应的能力。他们能够快速适应变化的环境和需求，不断调整自己的思路和方法，能够根据不同的情境和需求，提出更加灵活、有创意的解决方案。

第七，善于沟通。具备创新人格的人通常具备善于沟通的能力。他们能够与他人进行有效的沟通和交流，了解他人的需求和观点，并将自己的想法传达给他人。能够与他人高效合作，共同实现创新的目标。

第八，具有审美意识。具备创新人格的人通常具备一定的审美能力。他们对美的事物具有敏感性和感知力，并能将其融入自己的创新中。从而创造出优美、有艺术性的成果。

以上特点能够帮助个体在面对创新时更加自信、勇敢地提出自己的想法和方案，创造出优秀、有价值的成果。

（三）创新学的诞生

创新学是一门研究创新理论、创新方法以及创新实践的综合性学科，它旨在探讨创新的本质、规律和机制，为创新实践提供指导。关于创新学的诞生问题可以追溯到20世纪初期，随着科学技术的发展和市场竞争的加剧，人们开始意识到创新对于经济发展和社会进步的重要性。在此背景下，创新学逐渐发展成为一门独立的学科。

1. 创新学的起源

创新学的起源可以追溯到19世纪末20世纪初的美国。当时，美国的经济和社会发展迅速，成为世界上最具创新力的国家之一。一些学者开始关注创新现象，探讨创新的本质和规律。其中最具代表性的是经济学家约瑟夫·熊彼特。

熊彼特提出了“创新理论”，认为创新是经济发展的重要动力。他指出，创新是对现有事物的改进和创造，是推动经济发展的重要力量。他还提出了“创新周期”理论，认为创新周期是经济周期的重要组成部分，是导致经济波动的重要原因。

2. 创新学的发展

第一阶段：创新思想的萌芽和形成。

在创新学的早期阶段，主要是一些先驱者提出创新的概念和思想，并进行了一些初步的探索和研究。这些思想包括技术创新、管理创新、制度创新等，为创新学的发展奠定了基础。在这一阶段，创新学的研究主要集中在欧美等发达国家，还没有形成完整的理论体系和方法论。

第二阶段：创新理论的形成和发展。

随着时间的推移，越来越多的学者和专家加入创新学的研究中，不断提出新的理论和方法，并进行了大量的实证研究和实践探索。在这一阶段，创新学的研究范围逐渐扩大，开始涉及企业管理、产品设计、政策制定等多个领域。同时，一些重要的创新理论也逐渐形成和发展起来，如技术创新理论、制度创新理论等。

第三阶段：创新学的成熟和完善。

随着创新学的不断发展，其理论和方法论也逐渐成熟和完善。在这一阶段，创新学已经形成了较为完整的理论体系和方法论，包括创新管理、创新思维、创新设计、创新评估等方面的内容。同时，创新学的应用范围也在逐渐扩大，从企业管理、产品设计到社会创新等各个领域都有广泛的应用。此外，一些重要的国际组织和机构也开始关注创新学的发展，推动其成为一门重要的学科。

3. 创新学的应用

(1) 学生生活领域。在学生生活领域,创新学主要被应用在大学生学习、交友和日常的生活中,它能帮助大学生以较自由的方式掌握对应的专业知识,并且能延伸到其他相关的专业中。例如参加校内的竞赛和社团活动,创新学可以给一个活动和团队带来新的创意和活力,带动同学们往积极的方向发展。

(2) 企业管理领域。在企业管理领域,创新学主要被应用于产品设计研发、市场营销、组织变革等方面。通过运用创新学的理论和方法,企业可以深入地了解市场和用户需求,开发出更具竞争力的产品和服务。同时,创新学也可以帮助企业优化组织结构和管理流程,提高组织效率和创新能力。目前,许多知名企业已经将创新学纳入企业管理和文化中,并取得了显著的成果。

(3) 公共政策领域。在公共政策领域,创新学主要被应用于政策制定、实施和评估等方面。通过运用创新学的理论和方法,政府可以更加科学地制定和实施政策,提高政策的有效性和针对性。同时,创新学也可以帮助政府更好地了解社会和公众需求,制定更加符合实际的政策。目前,许多国家和地区已经将创新学引入公共政策的制定和实施中,并取得了一定的成效。

(4) 社会组织领域。在社会组织领域,创新学主要被应用于社会组织的管理、服务和创新等方面。通过运用创新学的理论和方法,社会组织可以更加深入地了解社会需求和问题,开发出更加有效的解决方案和服务。同时,创新学也可以帮助社会组织优化管理和服务流程,提高服务质量和效率。目前,许多社会组织已经将创新学引入自身的管理和服务中,并取得了显著的效果。

二、创新心理的个性特征

创新心理的个性特征是指与创新活动相关个体的心理特质和倾向。这些特征对于大学生在创新过程中的表现和创新成果的质量具有重要影响。以下是关于大学生创新心理个性特征的具体内容。

(一) 好奇心和探索欲

创新心理的个性特征有好奇心和探索欲。具有这种特征的人对未知和新奇的事物充满好奇,愿意主动探索和学习。他们喜欢提问,善于发现问题,对于解决问题充满热情。这种好奇心和探索欲是推动个体进行创新活动的重要动力。

(二) 开放性和包容性

创新心理的个性特征还包括开放性和包容性。具有这种特征的人愿意接纳不同的观点和思想,对于新事物和新想法持开放态度。他们不会轻易否定他人的想法,而是愿意与他人进行交流和合作,共同探索新的领域。这种开放性和包容性有助于个体在创新过程中拓宽思路,获取更多的灵感和信息。

(三) 独立性和自主性

创新心理的个性特征还有独立性和自主性。具有这种特征的人喜欢独立思考和决策,不愿意受到他人的限制和约束。他们有强烈的自我意识和自我价值感,对于自己的目标和理想有清晰的认知。这种独立性和自主性有助于个体在创新过程中坚持自己的观点和想法,不轻易被他人左右。

（四）坚韧性和毅力

创新心理的个性特征还包括坚韧性和毅力。具有这种特征的人在面对困难和挫折时能够坚持不懈地努力,不轻易放弃。他们有强烈的责任感和使命感,对于自己的目标有坚定的信念。这种坚韧性和毅力有助于个体在创新过程中克服各种困难和挑战,实现自己的创新目标。

（五）冒险性和挑战性

创新心理的个性特征还有冒险性和挑战性。具有这种特征的人愿意接触新的事物、尝试新的方法,不畏惧失败和风险。他们喜欢挑战自己,追求更高的目标和更好的成果。这种冒险性和挑战性有助于个体在创新过程中打破常规,实现突破性的创新成果。

（六）灵活性和适应性

创新心理的个性特征还包括灵活性和适应性。具有这种特征的人能够灵活地应对各种变化和挑战,适应不同的环境和情境。他们善于调整自己的思维方式和行为方式,以适应新的需求和情境。这种灵活性和适应性有助于个体在创新过程中及时调整自己的策略和方法,适应新的变化和需求。

（七）创造力和想象力

创新心理的个性特征还有创造力和想象力。具有这种特征的人能够提出新的想法和解决方案,创造出新的事物和价值。他们善于从不同的角度思考问题,发现新的视角和观点。这种创造力和想象力有助于个体在创新过程中提出新的观点和想法,实现创新性的成果。

心灵保健操

无领导小组讨论:海上救援

(8~10人为一组)现在发生海难,一游艇上有8名游客等待救援,但是直升机每次只能够救一个人。游艇已坏,不停漏水。寒冷的冬天,刺骨的海水。游客情况如下:

1. 将军,男,69岁,身经百战;
2. 外科医生,女,41岁,医术高明,医德高尚;
3. 大学生,男,19岁,家境贫寒,参加国际奥数竞赛获奖;
4. 大学教授,男,50岁,正主持一个科学领域的项目研究;
5. 运动员,女,23岁,奥运金牌获得者;
6. 经理人,男,35岁,擅长管理,曾将一大型企业扭亏为盈;
7. 小学校长,男,53岁,劳动模范,五一劳动奖章获得者;
8. 中学教师,女,47岁,桃李满天下,教学经验丰富。

请将这8名游客按照营救的先后顺序进行排序。

(3分钟阅题时间,1分钟自我观点陈述,15分钟小组讨论,1分钟总结陈词)

三、创新心理的个性倾向

创新心理的个性倾向是指个体在创新活动中所表现出的稳定的心理倾向和特征。这些倾向和特征反映了个体在创新过程中的思维方式和行为模式,对于创新成果的质量和数量具有重要影响。以下是大学生常见的几种创新心理的个性倾向:

(一)愿意挑战权威和传统

具有创新心理倾向的人通常不愿意被现有的规则和传统束缚,而是愿意挑战权威和传统,寻找新的解决方案和创新点。他们善于从不同的角度思考问题,发现被忽略或者未被发现的问题和机会。这种倾向有助于个体突破传统的思维定式和框架,提出更具创新性的想法和解决方案。

(二)对问题保持敏感和好奇

具有创新心理倾向的人通常对问题保持高度敏感和好奇,愿意深入研究和探索问题的本质和根源。他们喜欢提出问题,并尝试从不同的角度去寻找答案。这种倾向有助于个体发现新的问题和机会,提出更具创意的解决方案。

(三)具有风险意识和冒险精神

具有创新心理倾向的人通常具有风险意识和冒险精神,愿意尝试新的事物和新的方法,即使这些尝试可能带有一定的风险和不确定性。他们不畏惧失败和挫折,将失败视为一次学习和成长的机会。这种倾向有助于个体在创新过程中勇于尝试和探索,实现突破性的创新成果。

(四)乐于与他人交流和合作

具有创新心理倾向的人通常乐于与他人交流和合作,愿意与他人分享自己的想法和观点,并听取他人的意见和建议,共同解决问题和实现目标。这种倾向有助于个体在创新过程中拓宽思路和获取更多的信息和资源,促进创新成果的产生和推广。

(五)对工作充满激情和动力

具有创新心理倾向的人通常对工作充满激情和动力,愿意为解决问题和实现目标付出更多的努力和时间。这种倾向有助于个体在创新过程中保持高度的专注力,实现更好的创新成果和更高的质量。

(六)善于从失败中学习和反思

具有创新心理倾向的人通常在面对失败和挫折时能够保持冷静和理性,善于从失败中学习和反思,寻找失败原因和改进方法。这种倾向有助于个体在创新过程中不断学习和进步,提高自己的创新能力和水平。

典型案例介绍

四、大学生创新过程中情绪与意志力管理

在大学生创新过程中,情绪与意志力的管理对于创新的成功具有至关重要的作用。情绪作为人类心理活动的重要组成部分,直接影响着大学生的创新思维和创新行为。而意志力则是大学生在面对困难、挫折和失败时能够坚持不懈、持之以恒的重要支撑。因此,探讨

大学生创新过程中的情绪与意志力管理具有重要的现实意义。

（一）情绪管理在大学生创新过程中的重要性

1. 情绪对大学生创新思维的影响

积极的情绪可以激发大学生的创新思维，使其更加活跃、敏捷，有助于产生更多的创新想法和解决方案。相反，消极的情绪则会抑制大学生的创新思维，使其陷入思维僵局。因此，大学生在创新过程中需要学会管理自己的情绪，保持积极的情绪状态。

2. 情绪对大学生创新行为的影响

情绪不仅影响大学生的创新思维，还影响其创新行为。积极的情绪可以促使大学生更加主动地参与创新活动，更加积极地寻求解决问题的方法，更加自信地表达自己的观点和想法。相反，消极的情绪则会使大学生在创新活动中出现消极、被动、逃避等行为。因此，大学生在创新过程中需要学会调节自己的情绪，以积极的心态面对挑战和困难。

（二）意志力管理在大学生创新过程中的重要性

1. 意志力是大学生实现创新目标的重要支撑

在创新过程中，大学生需要面对各种困难和挑战，如技术难题、资金短缺、市场竞争等。如果没有坚定的意志力和毅力，便很难克服这些困难并坚持下去。因此，大学生需要学会培养自己的意志力，坚定自己的信念和目标，以持之以恒的精神追求创新成果。

2. 意志力不仅影响大学生的创新目标，还影响其创新能力

在创新过程中，大学生需要不断地学习新知识、掌握新技能、尝试新方法。这些都需要付出大量的时间和精力。因此，大学生需要学会提升自己的意志力水平，以更好地应对创新过程中的挑战和困难。

（三）大学生创新过程中情绪与意志力的管理措施

1. 培养积极的情绪状态

大学生可以通过积极心理学的方法来培养积极的情绪状态。例如，保持乐观的态度、关注自己的优点和成就、与他人建立良好的关系等。

2. 学会调节自己的情绪

当大学生面临消极的情绪时，可以通过一些方法来进行调节。例如，进行深呼吸、冥想、运动等放松训练；与朋友或家人倾诉自己的感受；寻求专业心理咨询师的帮助等。

3. 设定明确的目标和计划

设定明确的目标和计划可以帮助大学生更好地管理自己的意志力。明确的目标可以为大学生提供方向和动力，使大学生更加专注于创新活动；而详细的计划则可以分解任务并设定具体的时间表，使大学生更加有条理地推进创新进程。

4. 培养自我控制和自律能力

自我控制和自律能力是意志力的重要组成部分。大学生可以通过一些方法来培养这些能力。例如，设定限制并遵守自己的承诺；抵制诱惑并坚持自己的原则；制订并执行自己的时间表等。这些方法可以帮助大学生更好地控制自己的行为并坚定自己的信念和目标。

案例分析

小李是一名计算机专业大二的学生，他对技术创新充满热情。有一天，他注意到校园里的垃圾分类问题。虽然学校有分类垃圾桶，但很多学生并没有做到正确分类垃圾，导致资源浪费和环境污染。小李决定想办法解决这个问题，他组建了一个创新团队，开始研发一款智能垃圾分类系统。

小李和他的团队利用课余时间进行研发。他们通过学习垃圾分类知识，结合机器学习和人工智能技术，开发出了一款可以自动识别垃圾并进行分类的系统。这个系统可以通过摄像头识别垃圾，然后将垃圾正确分类到不同的垃圾桶中。

为了让这个系统更加实用，小李他们还设计了一个手机应用。学生可以通过应用扫描垃圾，系统就会自动识别垃圾类型，并告诉学生应该将垃圾扔进哪个垃圾桶。这个应用不仅可以帮助学生更好地分类垃圾，还可以收集数据，用于优化系统的垃圾分类效果。

经过一段时间的努力，小李和他的团队成功开发出了这款智能垃圾分类系统。学校对他们的创新给予了高度评价，并在校园里推广使用这个系统。使用后，学校的垃圾分类效率大大提高，资源浪费和环境污染问题得到了有效解决。

小李进行技术创新的例子不仅体现了小李和他的团队对技术的掌握和运用能力，更重要的是他们通过创新解决了实际问题，为校园和社会带来了实实在在的好处。这种将所学知识与实际问题相结合的精神和能力，正是大学生创新的重要体现。

心理语录

「我们能够成功是因为我们相信，我们坚持，我们学习，我们做正确的事，我们正确地做事。

——马云」

第二节 创新心理与创业

一、大学生创新创业的心理准备

教育部、人力资源和社会保障部在 2022 年 11 月召开了 2023 届全国普通高校毕业生就业创业工作网络视频会议，会议指出，2023 届高校毕业生规模预计将达到 1158 万人，同比增加 82 万人。从 2001 年的毕业生人数 114 万，到 2023 年增至 1158 万人，22 年间增长了 10 倍多，尤其是近 5 年来高校毕业生人数大幅增加，就业形势依然严峻。面对当前严峻的就业形势，大学毕业后就直接创业或者先工作后创业的学生越来越多。众所周知，创业除了需要准备足够的资金，还需要做好充分的心理准备。现归纳为以下几点。

心理修炼方法

（一）自信心的建立

自信心是创新创业的重要基础。在创业过程中，创业者需要面对各种挑战和困难，如资金短缺、市场竞争激烈等。如果缺乏自信心，很容易一遇到困难就退缩。因此，大学生在创新创业之前，需要充分评估自己的能力和潜力，明确自己的优势和劣势，从而建立自信心。美国心理学家班杜拉于1977年提出了自我效能感理论，他认为，个体的自信心是通过成功经验、替代经验、社会劝说和情绪状态等四种信息来源建立起来的。当个体在面对困难时，如果他们拥有较高的自我效能感，就会更有信心地面对挑战并取得成功。

为了建立自信心，大学生可以采取以下措施：首先，积极参加各种社会实践活动和创新创业比赛，通过实践锻炼自己的能力并积累经验；其次，主动寻求导师或行业专家的指导和帮助，从他们的经验中学习并不断提升自己；最后，保持积极的心态和情绪，相信自己能够克服困难并取得成功。

（二）风险意识的培养

创新创业是一项高风险的事业。大学生需要认识到这一点，并做好充分的风险评估。要了解市场和行业的情况，掌握相关的法律法规和政策，提高决策水平，避免盲目决策和冒险行为。同时，也要学会从失败中吸取教训，不断调整自己的策略和方向。美国心理学家、风险认知学者保罗·斯洛维奇在《风险认知》一书中写道："谁控制了风险的定义，谁就掌握了解决手头问题的理性方案。"他强调了不同的人对风险含义的不同理解，会影响人们对风险的管理和反应。斯洛维奇的理论指出，人们对风险的理解会受到他们的知识、经验、文化背景和个人价值观等多种因素的影响。例如，一些人可能将风险视为需要避免的危险，而另一些人则可能将其视为机会或者挑战。

为了培养风险意识，大学生可以采取以下措施：首先，学习相关的风险管理知识和方法，提高自己的风险识别和评估能力；其次，关注市场和行业的动态，了解最新的技术和趋势，以便及时调整自己的创业方向；最后，建立创业团队并注重团队成员的互补性，通过团队协作降低创业风险。

（三）创新思维的培养

创新创业需要具备创新思维和想象力。大学生应该注重培养自己的创新思维，勇于尝试新的方式方法，不断学习和探索新的领域和技术。只有这样，才能在激烈的市场竞争中脱颖而出。

为了培养创新思维，大学生可以采取以下措施：首先，保持对新技术和新知识的关注和学习，了解最新的科技动态和趋势；其次，积极参加各种创新创业比赛和实践活动，通过实践锻炼自己的创新思维和想象力；最后，主动结交不同领域和行业的朋友，从他们的经验和知识中学习并激发创新思维。

（四）团队协作能力的提升

创新创业需要与他人合作和互动。基于此，建立良好的人际关系是非常重要的。大学生应该积极参加各种社交活动和实践项目，拓展自己的人脉圈，结交志同道合的朋友和合作伙伴。同时,也要学会在团队中发挥自己的优势和作用,与他人协同工作并取得成功。

为了提升团队协作能力,大学生可以采取以下措施:首先,参加各种社团和组织并积极参与其中的活动和项目;其次,学习团队协作和沟通的技巧和方法并注重实践运用;最后,尊重他人的观点和贡献并从中学习和借鉴。

案例分析

陈同学是一位来自广西钦州的小伙子,今年 24 岁,他在毕业后选择回到家乡,与父母和朋友一起从事家乡特色水果的销售。经过 4 年的发展,他们的年销售量从最初的 100 万斤提升到了现在的 300 多万斤,年销售额超过 1 000 万元。陈同学和他的团队注重水果的品质和口感,他们严格把关水果的采摘和储存环节,确保水果的新鲜度和质量。同时,他们还积极开拓销售渠道,通过线上线下相结合的方式,将家乡的水果销售到了全国各地。

为了吸引更多的顾客,陈同学和他的团队还注重品牌建设和营销推广。他们通过社交媒体和广告宣传等方式,提高品牌知名度和美誉度,吸引了更多的潜在客户。此外,他们还积极参加各种农产品展览和推介活动,与同行和客户交流合作,不断拓宽业务领域。

他们的成功经验也引起了其他大学生创业者的关注和借鉴。陈同学表示,他们的成功离不开团队成员的共同努力和协作,也离不开家乡政府和父老乡亲的支持和帮助。他希望未来能够有更多的大学生能够回到家乡,利用自己的知识和技能,为家乡的经济发展贡献力量。

从陈同学的案例中可以看到,创新创业单靠个人的力量往往很难成功,即使能成功也只能赚小钱。想要真正赚大钱,必须是团队协作,一起攻克创业难题,达到多方共赢的目标。

二、大学生创新创业的心理困境

请你帮忙

面对复杂的社会和就业形势,很多大学生曾经都有过"一夜暴富""一夜成名""躺平赚大钱"等想法,说到底这种心态是创新创业心理与现实的冲突所导致的。大学生创新创业过程中常见的心理困境主要有以下四种:

(一) 自我认知困境

在创新创业的过程中,大学生常常会遇到自我认知的困境。他们会对自己的能力、兴趣和价值观产生怀疑,不确定自己是否适合创新创业。这种自我认知的困境会导致他们缺乏自信和动力,甚至产生焦虑和抑郁等情绪问题。

1. 自我认知困境之一:自负

自负是一种心理状态,通常表现为过高的自我评价、过度的自信和以自我为中心。在大学生创新创业的情境中,自负会成为一种心理困境,影响他们的判断和决策。其主要表现为过度自信、以自我为中心、忽视风险、难以接受失败等。自负的影响集中在决策失误、人际关系紧张、情绪困扰、阻碍个人成长等问题上。

2. 自我认知困境之二：自卑

自卑是一种消极的心理状态，表现为对自己的能力、价值或成就感到怀疑、否定或贬低。在大学生创新创业的过程中，自卑可能会发展成一种严重的心理疾病，影响他们的自信、动力和效果。主要表现为自我怀疑、消极情绪、社交障碍、自我设限、过度努力等。自卑的影响集中在削弱自信、限制发展、人际关系问题、情绪困扰等多个方面。

3. 自我认知困境之三：意志力低下

意志力低下是指个体在面对困难、挑战或需要付出努力的任务时，缺乏足够的动力、决心和坚持的能力。在大学生创新创业的情境中，意志力低下会造成一种心理困境，影响他们目标的实现和创业成功。意志力低下的常见表现有缺乏明确的目标、拖延症、难以抵制诱惑、缺乏坚持性、情绪问题等。意志力低下对大学生创新创业的影响也是很明显的，常见的影响有目标难以实现、效率低下、心理压力大、机会丧失等。

（二）人际关系困境

大学生无论在校学习还是毕业后想要创新创业，单靠一个人的力量往往很难成功，哪怕只是申请个体户经营小生意也依然需要与客户建立关系。而大部分大学生的最初愿望也是希望能赚更多的钱，收获更多的效益，因此建立良好的人际关系，建构足够的人脉资源是有创业想法的大学生的必经之路，但大学生往往不重视人际关系在创新创业的重要性，容易陷入孤立无援的境地。

在创新创业的浪潮中，大学生作为一股新兴力量，充满了活力和创意。然而，在这个过程中，信任危机却常常成为阻碍他们前进的绊脚石，主要表现在以下几个方面：

1. 团队内部信任缺失

每个大学生创新创业团队的组建都要经历一个相当漫长的过程，这个过程随时有可能出现各种矛盾，出现矛盾并不是坏事，如果能积极解决矛盾，那团队之间的关系会更加牢固。但是团队成员之间如果缺乏了解和信任，导致沟通不畅、决策效率低下，甚至产生严重的矛盾，那么团队就很难再继续合作下去。

2. 与投资者关系紧张

大学生的创新创业团队往往需要外部的资金做支撑才能保证正常运行，但市场经济是遵循经济学原理并且是复杂的。在寻求外部投资的时候，很容易由于双方信息不对称或缺乏透明度，造成投资者对创业项目或团队能力持怀疑态度，从而导致投资决策受阻。

3. 合作伙伴猜疑

大学生在创新创业阶段的合作伙伴除了自己的同学、亲戚或者朋友以外，还有可能与素未谋面的社会人士进行合作。这样就免不了在合作伙伴之间因利益分配、合作方式等问题产生猜疑和不信任，影响合作关系的稳定和持续发展。

4. 客户信任难以建立

新创建的大学生团队要想营利，就需要拉动客户来促进消费，但在竞争激烈的市场环境中，新创大学生团队往往难以获得客户的信任和认可，导致市场拓展困难。

（三）时间管理困境

1. 拖延症

拖延症是指在能够预料拖延有害的情况下，仍要把计划要做的事往后推迟的一种行为，是时间管理中最常见的困境。大学生面对任务或决策时，如果有拖延症，个体往往选择推迟行动，导致任务积压、进度滞后。拖延症不仅影响大学生的学习进度和创新创业的效率，还可能引发焦虑、自责等负面情绪，严重的甚至会对整个团队产生负面影响。

2. 多任务处理困境

在大学生创新创业的过程中，团队成员常常需要同时处理多项任务，例如既要兼顾专业学习，也要兼顾项目营利。然而，多任务处理并非易事，它要求大学生具备高效的时间分配和切换能力。否则，很容易陷入效率低下、注意力分散的困境中。

3. 优先级模糊

在医学治病的原则中讲究“轻重缓急”，主要是指做事要有章法，要分清主次。当大学生创新创业面对众多任务时，确定任务的优先级是一个重要的时间管理技能。然而，很多人在这方面却存在着困惑，无法准确判断哪些任务更为重要、紧急。这导致他们在处理任务时缺乏条理性，容易陷入一种混乱的状态。

4. 时间浪费

时间浪费是大学生创新创业过程中另一个常见的时间管理困境。很多大学生会在无意义的活动上花费大量时间，如过度使用社交媒体、无节制地观看短视频等，导致真正重要的事情无法得到充分关注和处理。

5. 学习与生活失衡

学习与生活失衡也是大学生时间管理中的一个重要问题。大学生在追求学业成功的同时，往往忽视了家庭、健康和个人兴趣等方面的需求。这种失衡不仅降低了生活质量，还可能导致身心健康问题。

心灵保健操

请写出最近一个月你认为最明显拖延的事情，在小组和班级中分享，听取别人提出的意见。

（四）创业能力困境

1. 创业者自身素质不足

大学生作为创新创业者，其自身素质是决定创业成功与否的关键因素之一。一些大学生在知识储备、经验积累、心理素质等方面存在着不足，导致在创业过程中无法应对各种挑战和困境。

2. 创业环境的不利影响

大学生创业环境对创业者的能力发挥具有重要影响。虽然国家特别支持大学生在上学期间利用业余时间创新创业，但在竞争激烈的市场环境中，创新创业者需要不断适应变化、抓住机遇。然而，一些不利的创业环境因素，如行业限制、市场壁垒等，会限制大学生能力的发挥。

3. 缺乏有效的创业支持

大学生在创新创业过程中，有效的创业支持对提升大学生的创业能力具有重要的推动作用。然而,一些有创新创业意向的大学生无法获得足够的创业支持,如导师指导、资金支持、市场资源等。这导致他们在创新创业过程中陷入困境。

三、创新创业困境的解决办法

在当前的经济环境下,大学生创新创业已成为推动社会发展的重要动力。然而,许多大学生在创新创业的过程中,都会遇到不同程度的困境。这些困境源于资金、技术、市场、团队等多个方面,给大学生带来了巨大的压力和挑战。针对上述创新创业困境,下面介绍一系列具体的解决办法,以期帮助有创新创业意向的大学生走出困境,实现梦想。

(一)创新创业大学生自身心理素质准备

1. 认识自我与定位

大学生在创新创业前需要深入了解自己的兴趣、优势和劣势。通过自我反思和评估,明确自己在创新创业中的角色和定位。这有助于更好地把握机会,发挥自身优势,同时避免盲目跟风或涉足不熟悉的领域。

设定合理的目标也是认识自我的重要一环。大学生应根据自身实际情况和市场环境,制定切实可行的短期和长期目标。这有助于大学生保持清晰的方向感和动力,避免在创业过程中迷失方向或产生挫败感。

2. 积极心态与情绪管理

保持积极心态是创新创业大学生必备的心理素质之一。创业过程中难免会遇到一些困难和挫折,但积极的心态能够帮助创业者发现问题的另一面,从挑战中寻找机会,化压力为动力。

情绪管理同样至关重要。在创新创业中大学生需要学会控制自己的情绪,避免情绪波动对创业决策和执行力产生负面影响。在面对挫折和失败时,要保持冷静和理智,从而做出更明智的决策和行动。

3. 风险意识与抗压能力

创新创业充满不确定性,因此大学生需要具备强烈的风险意识。这包括对潜在风险的清晰认识和评估,以及制定相应的风险应对策略。通过降低风险,可以提高成功的概率,同时减少不必要的损失。

抗压能力是应对创新创业过程中压力和挑战的关键。大学生需要学会在压力下保持冷静和理智,不被困难吓倒。这需要具备坚定的信念和强大的内心力量,相信自己的能力和选择,勇往直前。

4. 学习意识与成长心态

创新创业是一个不断学习和成长的过程。创业者需要保持强烈的学习意识,不断吸收新知识、新技能,提高自身综合素质。这不仅有助于更好地应对创业过程中的挑战,也为企业的持续发展提供了有力支持。

拥抱成长心态是创新创业者应有的态度。将挑战视为成长的机会,勇于尝试和创新,不断突破自我,才能实现个人和企业的不断进步。这需要创业者具备开放的心态和勇于接受新事物的精神。

5. 团队协作与沟通能力

创新创业往往不是一个人的战斗，而是需要团队的力量。因此，有创新创业意向的大学生需要具备良好的团队协作精神，能够与团队成员相互支持、共同成长。这需要创新创业者具备包容和尊重他人的品质，以及善于调动团队积极性的能力。

沟通能力是团队协作的基石。创新创业大学生需要善于倾听他人意见，理解不同观点背后的逻辑和需求。同时，也需要有效表达自己的想法和需求，以便更好地与团队成员、合作伙伴和客户进行沟通和协作。

6. 自我激励与自我调节

创新创业过程中，创新创业大学生需要具备自我激励的能力。在遇到困难和挫折时，能够给自己打气，保持动力和信心。这需要创新创业大学生具备坚定的信念和目标，以及对自己的认可和信任。

同时，自我调节也是必不可少的心理素质。创新创业者需要合理安排时间和精力，保持身心健康。在创业过程中，很容易因为工作忙而忽略了自己的生活和健康。然而，只有保持良好的身心状态，才能更好地应对创业过程中的挑战和压力。

（二）资金困境的解决办法

1. 寻求政府学校支持

利用政府和学校提供的创新创业扶持基金、贷款优惠等政策，减轻资金压力。政府和学校提供的资金支持通常是低利息或者免利息的，这种方式特别适合还在就读大学的创新创业者。与此同时，除了资金支持以外，还有不少单位提供场地和税收减免等支持。部分地区还会提供创业顾问，为大学生答疑解惑解决了不少有创新创业意向大学生的后顾之忧。

2. 拓展融资渠道

除了政府和学校的支持以外，社会上还有多种合法的资助渠道，例如通过天使投资、风险投资、众筹等方式，吸引外部资金注入。这些方法能带来创新创业资本，但是也伴有一定的条件，例如盈利分红、产生负债和盈利压力等。

3. 降低运营成本

每个创新创业项目都是需要有一套持之以恒的方案。当想法不成熟或不明确的时候，就会产生额外的运营成本。因此，优化生产流程、提高资源利用效率、寻求低成本运营等策略可以最大限度地降低风险，争取更多盈利。

（三）技术困境的解决办法

1. 加强技术研发

加强技术研发是创新创业大学生实现持续创新和提升竞争力的必然选择。通过明确研发目标和战略定位、加大研发投入和人才培养、深化产学研合作和创新生态建设、注重知识产权保护和成果转化以及持续跟踪评估和优化调整等措施，项目可以不断提升自身的技术研发能力和水平，为持续创新和长期发展奠定坚实的基础。

2. 寻求技术合作

社会上有不少高校、科研机构都具备一定的研发能力，大学生在开展创新创业时，可以找到对口的部门和人员，寻求合作发展的机会，与他们建立合作关系，共同研发新技术、新产品，最大限度地缩减时间成本。

3. 关注技术趋势

密切关注行业技术动态,及时调整技术方向,保持技术领先。

创新心理和创业是相互促进、共同发展的。在未来的商业竞争中,只有具备强大创新心理和卓越创业能力的人和项目才能立于不败之地。因此,大学生应该重视创新心理的培养和创业能力的提升,为个人的持续发展奠定坚实的基础。同时,也期待更多的创新创业者能够涌现出来,为社会带来更多的创新和价值。

心理语录

「择业要根据自己的兴趣和能力,而不是别人的期望。

——爱因斯坦」

第三节　择业心理

一、择业的内涵

大学生活看似很漫长,实则却很短暂。从高中毕业后踏入大学,从懵懵懂懂开始大学生活,到不知不觉三年或四年的大学生活结束,一切仿佛在眨眼之间,但大学终究只是人生命中的一个阶段,而不是永远停留的港湾。因此,在大学里面学习专业知识和技能,最后还是要面临寻找适合自己职业的现实问题,为国家的发展而努力。

(一)择业的概念及发展过程

择业,顾名思义,即选择职业的过程。它是个体在特定时期,根据自身条件、兴趣爱好、价值取向,结合社会环境、市场需求等因素,对未来从事的职业所做的一种主动选择。择业不仅仅是找到一份工作那么简单,它更多地涉及个体的自我认知、职业定位、发展规划以及对职业环境的适应和选择。

对于大学生而言,择业是其从学校走向社会的重要一步,也是其实现自我价值、追求幸福生活的重要途径。大学生的择业行为不仅关乎个人的职业发展,更与国家的经济发展、社会的和谐稳定密切相关。因此,大学生择业是一个值得深入研究和探讨的重要课题。

择业观念和行为并不是一成不变的,它随着社会的发展而不断演变。下面将从历史的角度,对择业的发展过程进行简要梳理。

1. 传统择业观念时期

在封建社会,职业选择受到严格的等级制度和家族观念的影响。个体的职业选择往往被局限在特定的范围内,如士农工商等。这一时期,个体的择业自主性受到很大限制,往往要遵循家族或社会的期望和安排。

2. 工业革命与职业分化时期

随着工业革命的到来，社会分工越来越细化，职业种类也日益增多。这一时期，个体的择业空间得到了极大的拓展，但同时也面临着更多的选择困难和挑战。个体需要具备一定的知识和技能，才能适应新的职业环境和要求。

3. 现代社会与多元化择业时期

进入现代社会以来，科技的进步和经济的发展使得职业世界变得更加丰富多彩。个体的择业观念也逐渐从单一走向多元。除了传统的职业选择外，个体还可以选择自由职业、创业等新兴择业方式。同时，随着全球化的推进和信息技术的普及，个体的择业范围也从本地扩展到全球。

在大学生群体中，择业观念和行为也经历了类似的发展过程。从最初的“包分配”到后来的“双向选择”，再到现在的“自主择业”，大学生的择业自主性也在逐渐增强。他们开始更加关注自己的兴趣爱好、价值取向以及职业发展前景等问题，在择业过程中表现出更强的主动性和选择性。

（二）当前大学生择业的特点

新兴职业

1. 多元化

随着社会的进步和经济的发展，职业的种类和形态日益丰富多样。大学生在择业时，不再局限于传统的职业领域，而是有了更多的选择空间。他们可以根据自己的兴趣、特长和价值观，选择适合自己的职业方向。这种多元化趋势，使得大学生的职业世界变得更加丰富多彩。

多元化还体现在能自主决定是作为普通员工还是自身选择创新创业。据《2023 年新职业发展趋势白皮书》显示，已经有 17.5%的年轻人在尝试传统行业以外的新职业，58.5%的年轻人对新职业抱有强烈兴趣。

当前很多新业态、新职业的出现，为年轻人就业带来新选择。民宿管家、外卖运营师、调饮师、数字孪生应用技术员、整理收纳师、农业数字化技术员、增强现实 3D 打印操作员、陪诊师等新职业让更多的年轻人看到了在传统职业之外的更加丰富的人生。

2. 个性化

当代大学生更加注重个性的发展和自我价值的实现。他们在择业时，不再盲目追求所谓的“热门职业”，而是更加注重自己的兴趣和特长。他们希望通过职业选择，能够展现自己的个性魅力，实现自己的人生价值。这种个性化的追求，使得大学生的职业选择更加具有针对性和独特性。择业个性化追求具体表现在以下 3 个方面：

（1）兴趣导向。现代大学生在择业时，一般都会根据自己的兴趣，选择能够激发自己热情和动力的职业方向。这种兴趣导向的择业观念，使得大学生的职业选择更加具有针对性和持久性。

（2）特长发挥。每个人都有自己的特长和优势，大学生在择业时，也越来越注重发挥自己的特长。他们希望通过职业选择，能够将自己的特长和优势转化为实际的工作能力和业绩，从而实现自我价值和社会价值的最大化。

（3）价值观契合。对于很多大学生来说，择业不仅仅是找一份工作那么简单，更重要的是找到一份与自己价值观相契合的职业。他们希望通过职业选择，能够实现自己的人生理想和价值追求，获得精神上的满足和幸福感。

3. 重视职业发展

与前几代大学生相比，当代大学生更加注重职业的长远发展。他们不再仅仅关注眼前的薪资待遇和工作环境，而是更加关注职业的发展前景和空间。他们希望通过不断努力和学习，能够在职业生涯中取得更大的成就。这种对职业发展的重视，使得大学生的择业观念更加成熟和理性。

4. 社会责任感增强

随着社会的进步和教育水平的提高，大学生的社会责任感逐渐增强。他们在择业时，不再仅仅考虑个人的利益和发展，而是更加注重社会的需求和自己所能作的贡献。他们希望通过自己的职业选择，为社会贡献一份自己的力量。这种社会责任感的增强，使得大学生的职业选择更加具有社会意义和价值。

行业薪酬榜

（三）当前大学生择业的挑战

1. 就业市场竞争激烈

随着高等教育的大众化和普及化，大学生毕业人数逐年增加，使得就业市场的竞争日益激烈。大学生在择业时，需要面对来自同龄人的竞争压力，以及社会其他群体的就业冲击。这种激烈的竞争环境，给大学生的择业带来了很大的挑战和困难。

2. 职业信息不对称

在择业过程中，大学生需要获取大量的职业信息，以便做出正确的选择。然而，由于信息不对称现象的存在，大学生往往难以获取全面、准确的职业信息。这种信息不对称现象，增加了大学生择业的盲目性和风险性。

3. 职业期望与现实差距

大学生在择业时，往往对自己的职业期望较高，希望找到一份既符合自己兴趣又能发挥自己特长的职业。然而，在现实的就业市场中，这种理想化的职业往往难以找到。这种职业期望与现实的差距，给大学生的心理上带来了一定的落差感。

4. 快速变化的职业环境

随着科技的进步和经济的发展，我国的职业环境也在不断变化。一些传统职业逐渐衰退甚至消失，而一些新兴职业则不断涌现。这种快速变化的职业环境，要求大学生具备更强的适应能力和创新能力。然而，由于教育体制和课程设置的滞后性，大学生往往难以适应这种快速变化的职业环境。

5. 大学生心理特性与岗位匹配

社会的快速发展和高等教育的普及，大学生就业问题成了社会关注的热点。大学生在就业过程中，其心理特性对岗位选择和职业发展产生着重要影响。了解大学生的就业心理特性，并根据这些特性进行合理的岗位匹配，对于提高大学生的就业质量和职业发展至关重要。

（四）大学生就业心理特性分析

1. 焦虑与期待并存

大学生在面临就业时，常常表现出焦虑的情绪。他们担心找不到合适的工作，担心自己的能力和素质无法满足企业的要求。同时，他们又对未来充满期待，希望能找到一份理想的工作，实现自己的职业梦想。这种焦虑与期待并存的心理特性，使得大学生在就业过程中既充满动力又倍感压力。

2. 自我价值感强烈

大学生在经过多年的学习和积累后，往往具有较高的自我价值感。他们希望通过找到一份好工作来证明自己的能力和价值，获得社会的认可。这种强烈的自我价值感使得大学生在就业过程中更加注重个人的发展和职业成长。

3. 理想与现实冲突

大学生在就业过程中，往往会受到理想与现实的冲击。他们对未来职业有着美好的憧憬和期望，但现实却可能并不如他们所想的那样。当理想与现实发生冲突时，大学生会感到困惑、失落甚至沮丧。这种理想与现实的冲突，需要大学生在就业过程中不断调整自己的心态和期望来解决。

4. 依赖与自主矛盾

虽然大学生在年龄上已经成年，但在心理上依然不够成熟。在就业过程中，他们可能希望得到家庭、学校和社会的支持和帮助。然而，另一方面，他们又渴望独立自主地选择自己的职业道路。这种依赖性与独立性的矛盾心理，使得大学生在就业过程中既需要他人的支持又渴望自主决策。

（五）岗位匹配的重要性及原则

岗位匹配是指将大学生的个人特性与岗位需求进行合理配置，以达到人岗相适、人事相宜的目的。岗位匹配的重要性在于它能够提高大学生的工作满意度和职业发展水平，同时也能够提升企业的用人效率和竞争力。

在进行岗位匹配时，应遵循以下原则：一是兴趣原则，即将大学生的兴趣与岗位需求相结合；二是能力原则，即根据大学生的能力特点和优势进行岗位匹配；三是性格原则，即将大学生的性格特点与岗位需求相结合；四是价值观原则，即确保大学生的价值观与企业文化和岗位价值观相一致。

（六）实现大学生就业心理特性与岗位匹配的策略

1. 加强职业指导与心理辅导

高校在毕业季前都会加强对大学生的职业指导和心理辅导工作，帮助毕业生了解自己的兴趣、能力、性格和价值观等个人特性，以及不同岗位的需求和特点。通过职业指导和心理辅导，毕业生可以更加清晰地认识自己，明确自己的职业方向和发展目标。

2. 提供实习机会与职业体验

实习是大学生了解职业世界、积累工作经验的重要途径。实习可以帮助大学生了解职业领域，体验真实的工作环境。每年高校和企业都会积极为大学生提供实习机会和职业体验活动，让他们在实际工作中了解自己的职业倾向和能力特点。通过实习和职业体验，大学生可以更加准确地判断自己与岗位的匹配程度，为未来的就业选择提供参考。

3. 建立信息交流平台与就业服务体系

每个高校和企业都建有信息交流平台，平时及时发布招聘信息和人才需求信息，为大学生提供更多的就业选择机会。同时，很多单位都有完善的就业服务体系，为大学生提供就业指导、职业规划、求职技巧等方面的帮助和支持。通过信息交流平台和就业服务体系的建设,可以促进大学生与企业的有效对接和岗位匹配。

4. 注重企业文化与岗位价值观的塑造

每个大学生都可以主动了解心仪企业的文化和岗位,企业文化和岗位价值观对于大学生的就业选择和职业发展具有重要影响。不少企业都注重企业文化的建设和岗位价值观的塑造,营造出一种积极向上的工作氛围和团队合作精神。同时,在招聘过程中应明确岗位需求和价值观要求,确保招聘的大学生能够融入企业并认同岗位价值观。

实现大学生的就业心理特性与岗位匹配是一个复杂而重要的过程。通过加强职业指导与心理辅导、提供实习机会与职业体验、建立信息交流平台与就业服务体系以及注重企业文化与岗位价值观的塑造等策略的实施,可以有效地促进大学生与岗位的匹配程度,提高他们的就业质量和职业发展水平。同时,大学生自身也应积极了解就业市场和企业需求,努力提升自己的综合素质和能力水平,为未来的职业发展打下坚实的基础。

案例分析

李明(化名)是一名今年即将毕业的大学生,学的是药学专业,他面临着人生中的一次重要选择——就业。在择业过程中,李明展现出了典型的大学生择业心理特性。

李明对自己的未来充满期待,他渴望找到一份既能发挥自己专长又有发展前景的工作,希望能进入世界500强的药企。然而,面对纷繁复杂的就业市场和形形色色的招聘信息,他开始感到焦虑和迷茫。他担心自己的能力和经验不足,无法在众多竞争者中脱颖而出;同时,他又害怕选择了不适合自己的岗位,导致职业发展受阻。

这种焦虑与期待并存的心理状态让李明在择业过程中犹豫不决。他既想追求高薪职位,又担心自己无法胜任;他既想从事自己感兴趣的行业,又害怕行业前景不明朗。这种矛盾心理使得他在面对多个就业机会时难以抉择。

经过深思熟虑,李明决定先了解自己的兴趣和能力所在,再结合市场需求和企业发展前景来做出选择。他参加了多场招聘会和职业规划讲座,积极与学长学姐交流经验,还利用假期时间进行了实习。通过这些努力,李明逐渐明确了自己的职业方向和发展目标,最终成功找到了一份既符合自己兴趣又有发展潜力的工作——国内知名药企的研发岗位。

这个案例反映了大学生在择业过程中常见的心理特性和困惑。通过了解自己的兴趣和能力,结合市场需求和企业发展前景来做出选择,是大学生成功择业的关键。

二、大学生就业与终身发展

每到毕业季,无数的大学生都处于人生的十字路口,是继续深造,还是步入社会?面对严峻的就业形势,大学生又该如何正确认识,把握机会呢?近年来,大学生的就业压力不断增大。但随着国家政策的扶持和新兴行业的发展,许多领域都在渴求合适的人才。

2023年12月5日,教育部、人力资源和社会保障部召开会议,部署新一届高校毕业生就业创业工作。据统计,2024 届全国普通高校毕业生规模预计达到 1 179 万人,同比增加 21 万。教育部要求各地各高校实施“2024 届全国普通高校毕业生就业创业促进行动”,多措并举促进高校毕业生就业。

教育部印发的《关于做好 2024 届全国普通高校毕业生就业创业工作的通知》,提出了 26 条举措,要求各地各高校全力促进高校毕业生就业,将毕业生就业工作摆在更加突出位置。具体措施包括按比例配备校级就业工作人员、大力开拓市场化社会化就业渠道、持续深入开展“高校书记校长访企拓岗促就业专项行动”,以及推进实施“万企进校园计划”,为毕业生提供更多优质岗位信息。

近年来,我国高校毕业生人数连年攀升。尽管毕业生规模仍在不断增长,但并未达到顶峰,这也意味着就业市场将继续面临更大的挑战。

(一)大学生就业对终身发展的影响

1. 经济基础

大学生通过就业获得经济收入,为个人的终身发展提供了物质基础。稳定的收入来源可以满足个人的生活需求,为未来的职业发展和社会地位提升奠定基础。

2. 职业技能提升

大学生在就业过程中可以接触到实际工作场景和业务流程,从而提升自己的职业技能和实践经验。这些技能和经验不仅有助于个人在当前工作中取得更好的成绩,也为未来的职业发展提供了更多的可能性。

3. 人际关系网络

大学生通过就业可以结识更多的同事、领导和合作伙伴,从而建立起广泛的人际关系网络。这些人际关系不仅可以帮助个人在工作中解决问题、获取信息,还可以为未来的职业发展和业务拓展提供有力的支持。

4. 自我认知与定位

大学生在就业过程中可以更加深入地了解自己的兴趣、能力和价值观等个人特性。通过对不同工作岗位的尝试和探索,他们可以逐渐明确自己的职业方向和发展目标,为未来的终身发展做出更加明智的选择。

(二)终身发展对大学生就业的促进作用

1. 提升就业竞争力

通过终身学习和不断提升自己的综合素质,大学生可以提高自己在就业市场上的竞争力。具备丰富知识、高超技能和良好品质的大学生往往更容易获得企业的青睐和认可。

2. 拓宽就业渠道

终身发展意味着大学生需要不断地拓宽自己的知识领域和技能范围。这不仅可以帮助他们适应不断变化的就业市场,还可以为他们提供更多的就业选择和机会。通过跨行业、跨领域的学习和实践,大学生可以发掘更多的就业渠道和发展空间。

3. 提高职业适应能力

终身发展要求大学生具备强大的职业适应能力。在快速变化的工作环境中,大学生需要不断地学习新知识、掌握新技能、适应新环境。这种适应能力可以帮助他们更好地应对职业挑战和变化,在职场中保持强大的竞争力。

4. 促进个人全面发展

终身发展不仅关注大学生的职业技能提升，还注重他们的个人全面发展。通过培养兴趣爱好、拓宽社交圈子、参与社会公益活动等方式，大学生可以丰富自己的人生阅历和情感体验，提升自己的综合素养，发扬人文精神。这些品质和能力在求职过程中同样具有重要作用，可以帮助大学生更好地展示自己的优势和魅力。

大学生就业与终身发展密切相关，二者相互促进、相互影响。通过加强职业指导与心理辅导、深化教育教学改革、完善就业服务体系以及倡导终身学习理念等策略的实施，可以有效地促进大学生的就业与终身发展。这不仅有助于提升大学生的就业质量和职业发展水平，也为社会的经济发展和人才培养做出了积极的贡献。在未来的发展中，需要继续关注大学生就业与终身发展的问题，不断创新思路和方法，为大学生的顺利就业和全面发展提供更加有力的支持和保障。

心灵补给站

《你的 CareerDNA——发现自己的优势，找到适合的职业》

该书作者(美)布莱恩·A.施华兹博士将其 45 年的职业与人生设计咨询服务经验，通过六大模块、十章的内容进行了阐述，包括 CareerDNA 解决方案、CareerDNA 评估模型、心理类型与气质、个性与性格和自尊、技能 DNA、价值观与职业匹配、职业兴趣与职业主题、你的梦想临界点、整合你的结果及个人和组织的新生活等，旨在根据当今职场环境的变化，为读者提供一种综合、系统的职业规划方法，帮助他们深入地了解自己，做出正确的选择，并将自己的发现运用到工作中，获得人生的幸福与成功。

复习思考题

1. 创新往往需要跨界思考，大学生如何培养自己跨学科的知识整合能力？
2. 在团队合作中，如何促进不同成员之间的创新思维碰撞？
3. 如何克服对未知的恐惧，勇敢地尝试新的创新方法？
4. 在选择职业时，如何平衡个人兴趣与市场需求？
5. 当你的职业规划与家人的期望不符时，你会如何处理这种冲突？

即测即评

第十章

磨刀不误砍柴工——大学生心理抗压力与韧性提升

心灵导航

第一节　大学生压力概述
第二节　压力对大学生的影响
第三节　大学生压力应对方式
第四节　心理韧性

学习目标

1. 学会识别和分析压力源，能够区分不同类型的压力并采取相应的应对措施；
2. 掌握有效的压力管理技巧，如时间管理、放松训练、情绪调节等，以提高自己的心理抗压力；
3. 培养解决问题的能力，学会从不同角度思考问题并寻求最佳解决方案；
4. 培养坚韧不拔的毅力，能够在遇到挫折和失败时保持不气馁、不放弃的精神。

重难点

重点为理解心理压力与韧性的核心概念和理论框架，以及影响因素、作用机制等；

难点为心理抗压能力和韧性的提升需要长期的实践训练和自我调整，这要求学习者具备持续学习和自我管理的能力。

心灵故事

作息与压力

李华(化名)是一名年轻的白领，每天朝九晚五，工作繁忙。为了升职加薪，他常常加班到深夜。一天，李华接到老家的电话，母亲生病了。他急忙请假赶回家，看到母亲憔悴的面容，李华心疼不已。回到公司后，工作压力依然如山，但他却时常分心担忧母亲。直到有一天，他意识到生活不仅有工作，还有家人和健康。他决定调整作息，多陪陪家人，工作上也更加高效。从此，李华学会了平衡生活与压力，让生活更加美好。

思考：

如果你是李华，你认为工作重要还是家人重要？

如果学习压力很大，你会怎样平衡？

如果你身边的同学和朋友也面临着压力，你会怎样帮助他们？

心理语录

「患难困苦，是磨炼人格之最高学校。

——梁启超」

第一节　大学生压力概述

邂逅压力，如同遇见一位严厉的教师，它无声地督促着我们前行，挑战着我们的极限。在这场与压力的较量中，我们学会了坚韧与不屈，逐渐变得成熟与稳重。每一次与压力的交锋，都是一次心灵的洗礼，让我们更加明白自己的目标与追求。感谢压力，让我们在人生的道路上不断前行，成就更好的自己。邂逅压力，不是终点，而是新起点，它激励我们勇往直前，追求更加美好的未来。

一、压力的内涵

（一）压力的定义

压力，又称为应激，是一个广泛存在于现代生活中的概念，它通常指的是个体在面对各种挑战、要求或变化时所感受到的心理和生理的紧张状态。这种紧张状态可能源于工作、学习、家庭、社交等多个方面，表现为焦虑、不安、紧张、疲惫等情绪和生理反应。

压力的产生往往与外部环境和内部需求之间的不平衡有关。当外部环境的要求超出个体的应对能力，或者内部需求无法得到满足时，压力就会产生。这些要求来自工作任务的紧迫性、学习成绩的期望、家庭责任的担当或者社交圈子的认同等。

压力并非全然消极，适度的压力可以激发个体的潜能，提高工作效率和学习成绩，推动个人的成长和进步。然而，当压力过大或持续时间过长时，就会对身心健康产生负面影响。

长期承受巨大压力的人会出现睡眠障碍、消化系统紊乱、免疫系统功能下降等生理问题，以及情绪低落、焦虑、抑郁等心理问题。

（二）压力研究的起源与发展

测一测

压力研究的起源与发展可以追溯到古代哲学家对人类存在和困境的初步探讨。然而，真正的科学研究始于19世纪末20世纪初，当时心理学家和生理学家开始对人类应对压力的方式产生了浓厚的兴趣。随着工业化和都市化的迅速推进，人们生活节奏的加快以及工作强度的不断增加，压力逐渐成了现代社会中一个显著且不可忽视的问题，从而吸引了越来越多的学者进行深入研究。

在早期的压力研究中，心理学家主要聚焦于压力对人类心理的影响，如焦虑、抑郁、疲劳等情绪和心理反应。其中，汉斯·塞利的贡献尤为突出，被誉为“压力理论之父”。他在20世纪30年代提出了著名的“一般适应综合征”（General Adaptation Syndrome，GAS）理论。这一理论详细阐述了压力反应的三个阶段：警觉阶段，此时个体对压力源产生警觉反应；抵抗阶段，个体试图通过各种方式来对抗或适应压力；衰竭阶段，若压力持续存在或过大，个体的适应机制可能会崩溃，导致一系列身心疾病。塞利的这一理论为后续的压力研究奠定了坚实的基础。

随着时间的推移，学者们开始发现压力的影响并不仅限于心理健康。生理学、医学和生物学等领域的专家也逐渐加入压力研究的行列。他们通过大量的实验和临床观察，发现长期承受压力会导致内分泌失调、免疫系统减弱，甚至增加患心血管疾病的风险。这一系列的发现，不仅将压力研究的范畴扩展到了身体健康领域，还促进了跨学科的合作与交流。

到了20世纪六七十年代，随着认知心理学的兴起，压力研究又迈上了一个新的台阶。学者们开始关注个体对压力的认知评价和应对方式。通过一系列精心设计的实验，他们发现面对同样的压力源，不同个体由于认知评价和应对方式的不同，会产生截然不同的反应。这一发现为压力管理提供了重要的理论依据，也帮助人们认识到，通过调整自己的认知评价和应对方式，可以有效地减轻压力。

进入21世纪后，压力研究更加注重实用性和应用性。学者们不仅关注压力与身心健康的关系，还致力于开发各种有效的干预措施来帮助人们减轻压力。例如，一些研究探讨了正念冥想、瑜伽、呼吸练习等心理行为干预方法在减轻压力方面的效果；另一些研究则关注如何通过改善工作环境、优化时间管理、寻求社会支持等方式来降低压力水平。这些研究为压力管理提供了丰富的实践方法，也为政策制定者提供了重要的参考依据。

回顾压力研究的发展历程，可以看到它从早期的关注心理健康逐渐拓展到对身心健康的全面关注，从单一学科的研究发展到跨学科的合作研究。未来，随着科技的不断进步和大数据的广泛应用，人们有望通过更加精确和客观的方法来评估个体的压力水平，进一步揭示压力与身心健康的复杂关系。同时，人们也期待通过更加深入和系统的研究，开发出更加有效的干预措施来帮助人们更好地应对压力，提升身心健康水平。

心理学界一直尝试从不同的角度来研究压力的形成机制，总结出压力是机体与环境交互作用的结果，其机制是压力源打破机体内稳态、超出机体的负荷和控制所引起的综合性反应。同时，心理学界也探索出影响压力的多种因素，包括生活事件、认知评价、应对方式、社会支持、人格特征、心理反应等,其中认知是关键因素,人格是核心因素。

（三）压力的分类

1. 急性压力与慢性压力

根据持续时间的长短,压力可以分为慢性压力与急性压力。早期心理学界对慢性压力进行了界定,认为慢性压力是指个体在一段较长时间里都感到威胁并超过了个体的应对能力,具有持久性、间接性或反复性的特点。关于慢性压力的时间划分,要求压力事件持续时间超过 1 个月或对个体的影响超过了 1 个月;而急性压力则是由一些突发、不可预见、对个体造成威胁并且产生不可控的突发事件所导致的,例如考试、面试、公众演讲、比赛或车祸等,急性压力持续时间比较短暂,通常不超过 1 个月。

2. 日常生活琐事压力与重大生活事件压力

从压力源的角度进行划分,可把压力分为日常生活琐事压力和重大生活事件压力。日常生活琐事,就是我们在生活上碰到的琐碎事情,对个体影响较小,但是较为普遍,对人们有日积月累的影响,例如做饭、买菜、塞车、迟到、丢雨伞等。重大生活事件,是指在生活上较少遇到,但是对人们影响较大的事件,如考试、比赛、重要会议、车祸、亲人离世等。

3. 紧张感和失控感

从压力知觉的角度分类,可把压力分为紧张感和失控感两个维度,该分类方法主要从测量个体主观感受到的压力进行划分。紧张感,是个体面对压力源时的焦虑反应,具体表现为心跳加速、思维奔逸;失控感,是个体面对压力源时的彷徨与无助感,如惊慌失措、回避、退缩等。瑞士心理学家爱德沃兹根据这两个维度,于 1983 年制定出了压力知觉量表。

（四）对于压力的测量

对于压力的测量,心理学界最常用的是慢性压力与急性压力两种测量方式。

1. 慢性压力的测量

国内测量慢性压力使用范围最广泛的量表是“中国大学生心理应激量表”(China College Student Psychological Stress Scale ,CCSPSS),该量表是由梁宝勇与郝志红编制的,共有 84 个条目,5 个分量表,分别是学习分量表、生活分量表、社交分量表、发展分量表、家庭分量表,全方位地测量大学生的学习、生活、社交、适应性和家庭方面所承受的压力。

针对 12 岁到 18 岁的青少年所使用的“青少年生活事件量表”是由刘贤臣等人编制的,主要针对他们应激性生活事件发生频度和应激强度而进行评定,有 27 个条目,6 个因子,结构简明,易于操作,有较好的信度和效度。

另一种测量慢性压力的方法是生理指标检测法。这种方法通过检测被试者的生理指标来评估其慢性压力水平。这些生理指标包括心率、血压、皮质醇水平等。例如,皮质醇是一种在压力反应中起重要作用的激素,其水平可以反映个体所承受的压力程度。研究者可以从唾液、尿液、血液或头发中提取并检测皮质醇,以评估被试者的慢性压力水平。这种方法具有客观性强的优点,但操作相对复杂。

此外,还有一些方法也可以用于测量慢性压力,如基于日记的压力评估法、基于生态瞬时评估法等。这些方法要求被试者在一段时间内记录自己的压力感受和相关情境,或者通过移动设备在特定时刻报告自己的压力状态。这些方法可以提供详细、动态的数据,有助于准确地评估慢性压力。

2. 急性压力的测量

对急性压力的测量侧重于探究压力情境下个体的应对方式，包括直觉、情绪和动机行为反应。鉴于急性压力持续的时间较短，而且强度较大等特点，单纯地用量表或问卷的方式难以测量出被试者的急性压力，而且有较大主观成分。因此心理学界对急性压力的测量，往往先制造出急性压力的情境，然后再使用生理指标测量。这样会更为精准测量到被试者在突然出现的急性压力的自然应激反应。从应激源的角度划分，有三类常用的测量急性压力的模式，生理性应激诱发模式、心理性应激诱发模式以及复合型应激诱发模式。

（1）生理性应激诱发模式。主要通过对个体实施外界的刺激，打破个体生理平衡的状态，从而激发被试者的急性应激反应。常用的方法包括热冷刺激和疼痛刺激等，例如冷加压试验模式（Cold Pressor Test，CPT），就是让被试者将手浸入冰水中 2 分钟来激活被试者的交感神经，进而引发神经内分泌反应，这种突如其来的刺冷感觉会让被试者感受到来自生理上的压力，从而检测被试者的应激反应。

（2）心理性应激诱发模式。通过操纵心理任务来诱发个体的急性应激反应。常见的模式包括特里尔社会应激测试（Trier Social Stress Test，TSST）、蒙特利尔脑成像应激任务（Montreal imaging stress task，MIST）和观看极端暴力电影片段。其中由于 MIST 要求具备脑成像的仪器，对实验的成本要求较高；而观看极端暴力电影片段容易对被试者的身心造成严重的负面影响，所以国内会较多采用 TSST 进行急性压力的情景实验。TSST 是由特里尔大学的 Kirschbaum 教授提出的可用于实验室研究的标准化心理应激测试，主要包括 5 分钟的公众演讲和 5 分钟的心算作业。大量采用 TSST 模式诱发急性压力的研究发现，被试者不仅在主观评定上表现出应激反应，而且在客观上也表现出显著的应激生理反应。

（3）复合型应激诱发模式。通过上述的生理性应激诱发模式和心理性应激诱发模式的结合，即对被试者既施加生理和心理上的压力，从而检测被试的应激反应。最常见的是社会评价冷加压技术，就是让被试者将手浸入冰水的同时，让异性研究者全程注视被试者，对被试者在心理与生理上制造压力，从而监测被试者的应激反应。

对于急性压力的测量，除了实验研究外，还经常用来检测个体承受压力的能力，因此急性压力测量的研究模式经常应用于人才选拔的面试中，例如压力面试与情景面试。

二、大学生常见的压力

大学生作为一个特殊的社会群体，面临着来自学业、生活、情感、就业等多方面的压力。这些压力不仅影响着他们的身心健康，也对其学业成绩和未来发展产生着深远的影响。受多方面压力的影响下，大学生心理健康状况有逐步下降的趋势，抑郁症与焦虑症在群体中频频发生，心理健康问题已经成为日益突出的社会性问题。有研究表明，大学生的心理问题普遍来源于心理压力，而心理压力又主要来自学业压力、家庭压力、人际压力、就业压力等多个方面。

（一）学业压力

大学生的压力首先来自学业。在经历了高中的紧张复习与高考的激烈竞争后，很多大学新生都心存余悸。这余悸尚存的压力没来得及消退,来到大学后还要适应新的学习模式。由于学习模式的不同,很多大学新生感觉难以适应。

首先,课程设置的多样性和复杂性给大学生带来了巨大的压力。为了培养全面发展的人才,大学课程往往涵盖了广泛的领域,要求学生掌握大量的知识。这不仅要求学生具备扎实的专业基础,还需要他们具备跨学科的学习能力。

其次,考试和评估的严格性也是学业压力的重要来源。为了检验学生的学习成果,大学通常会设置期中考试、期末考试以及各种形式的课程作业和论文。这些不仅要求学生具备扎实的专业知识,还需要他们具备良好的时间管理和自我调整能力。

此外,学业与未来发展的紧密关联也增加了大学生的学业压力。在竞争激烈的就业市场中,学业成绩往往被视为衡量一个学生能力和素质的重要指标。因此,大学生为了获得更好的就业机会和薪资待遇,不得不在学业上投入更多的时间和精力。

然而,过度的学业压力会对学生的身心健康产生负面影响。长期处于高压状态的学生可能会出现焦虑、抑郁等心理问题,甚至影响他们的日常生活和社交活动。

(二)家庭压力

家庭压力是指大学生在面对家庭期望、家庭关系、家庭经济状况等家庭因素时所承受的心理压力。家庭对于大学生而言,既是成长的重要环境,也是心理支持的重要来源。然而,家庭有时也可能成为大学生压力的源头。在20世纪90年代之前,家里面出一个大学生就算是一件光宗耀祖的事情,但是在今时今日,大学生普遍存在,近年来,每年全国普通高校毕业生已超过千万人。大学生数量在逐年增加,导致大学生的社会价值逐步下降,但同时培养一名大学生的成本是在不断上升的。大学生的家庭压力主要体现在以下3个方面:

(1)家庭期望过高。许多家庭对孩子的教育寄予了极高的期望,希望孩子能够进入一所好的大学,取得优异的成绩。然而,这种过高的期望往往会给大学生带来巨大的压力,让他们感到无法承受。

(2)家庭经济状况不佳。一些大学生来自贫困家庭,他们需要为家庭分担经济压力,无法像其他同学一样专注于学习和生活。这种经济压力不仅影响了他们的生活质量,还可能对他们的心理健康产生一定的负面影响。

(3)家庭关系不和。家庭关系不和也是大学生家庭压力的重要来源。如果家庭内部存在矛盾、争吵或冲突等问题,大学生就会受到负面情绪的影响,无法安心学习和生活。

(三)人际压力

大学生除了面对学业和家庭的压力,还要面对人际压力。当今的大学生大多数出生于2000年以后,他们的父母很多是出生在20世纪80年代的第一代独生子女,所以他们更是集万千宠爱于一身。当他们来到高校过上寄宿生活的时候,宿舍里面住的大多数是独生子女,平时习惯受他人迁就,现在要考虑如何相互迁就,成了他们在大学中的一门“隐形的必修课”。因此在高校的心理咨询中,经常会收到人际关系的问题,例如宿舍矛盾、情感问题等。

大学生人际压力的来源主要有以下几个方面:首先,角色转变带来的挑战是大学生人际压力的重要来源之一。大学生需要适应新的社交环境和角色要求,这会让他们感到不适应和困惑。其次，个性差异也是导致人际压力的重要因素。不同的性格和价值观会引发摩擦和冲突，给大学生带来一定的压力。此外，期望与现实差距以及社交媒体的影响也是不可忽视的压力来源。

（四）就业压力

齐力应对就业压力

就业压力是大学生从大学报到的第一天就开始面对直到毕业的那天，甚至在毕业后很长的一段时间里，还要继续去面对。现在大学生培养成本上升，所以每一名大学生都希望自己在毕业的时候能找到一份好工作，这种期望值是他们在就业从下往上的压力；而由于大学生的普遍存在导致社会价值降低，普通的本专科学历在社会中难以形成竞争力，这是他们在求职中遇到的从上往下的压力。就业压力与学业压力、家庭压力是联动的，父母对子女有更高的期待，正是由于这种期待，会让他们在学习和生活中形成更大的压力。这种压力体现在以下3方面。

（1）焦虑与不安。面对严峻的就业形势和竞争激烈的职场环境，许多大学生在求职过程中感到焦虑和不安。他们担心自己无法找到满意的工作，担心自己的职业发展前景黯淡。

（2）自我评价降低。在求职过程中，大学生会遇到各种挫折和打击，如简历投递后无回应、面试失败等。这些挫折会导致他们自我评价降低，产生自卑和失落感。

（3）生活质量下降。就业压力不仅影响着大学生的心理健康，还影响他们的生活质量。一些大学生在求职期间忽视饮食、睡眠等基本生活需求，导致身体状况不佳。

案例分析

张强的挑战

张强（化名）是一名985高校计算机科学与技术专业的优秀毕业生。他在大学期间表现突出，然而毕业后却遭遇了就业难题。张强发现，尽管他拥有高学历和技术背景，但许多公司更倾向于招聘有工作经验的求职者。在激烈的岗位竞争中，他感受到了巨大的压力。同时，薪资水平也低于他的预期，这让他倍感焦虑，每天都在担惊受怕，也常常给亲戚朋友打电话托付帮忙找工作。

点评：张强的遭遇是当前大学生就业压力的典型表现。其中，供需失衡、经验门槛和薪资预期与市场现实的差距是主要原因。

供需失衡：计算机科学与技术专业毕业生数量剧增，而市场需求相对有限，导致就业竞争加剧。

经验门槛：企业招聘时更看重实际工作经验，对应届毕业生形成一定障碍。

薪资预期与市场现实的差距：大学生在设定薪资预期时，往往未能准确把握市场行情，导致出现心理落差。

为应对这些压力，大学生需要调整就业期望和薪资预期，积极提升实践能力和综合素质。同时，高校和政府部门也应加强就业指导，为大学生提供更多的实习和就业机会，以缓解他们的就业压力。

心灵保健操

写下你的压力源

在一张纸上以“我目前最大的压力来自……”写下10个自己目前感觉最突出的压力，并给压力从1~10编号，1代表最强烈的压力，10代表最弱的压力，看看自己最大的压力是什么，与自己的同学共同分享，最后统计出来，看看班上排名前5的压力分别是什么。

心理语录

「故天将降大任于斯人也，必先苦其心志，劳其筋骨，饿其体肤，空乏其身，行拂乱其所为，所以动心忍性，曾益其所不能。

——《孟子·告子下》」

第二节 压力对大学生的影响

压力，这个词在现代社会中频繁出现，它似乎成了人们生活中不可或缺的一部分。压力有时被视为推动人们前进的动力，有时又被看作导致身心崩溃的元凶。确实，压力是一把双刃剑，它既有积极的一面，也有消极的一面。

一、适当的压力有助于提高效率

在快节奏的现代社会中，压力无处不在，它伴随着人们的工作、学习和生活。很多人对压力持负面的看法，认为它是导致焦虑、抑郁等心理问题的元凶。然而，人们也不能忽视压力的积极作用。适当的压力，不仅可以激发人的潜能，还能有效提高工作和学习效率。

适当的压力能够激发人的动力和斗志。当面临一定的压力时，人们会感受到一种紧迫感和责任感，这会促使人们更加专注地投入工作或学习中，以期望达到更好的效果。这种积极的心态有助于人们克服拖延症，减少无效的时间消耗，从而提高工作效率。

适当的压力有助于提升人的注意力和专注力。在压力的作用下，人的大脑会处于一种相对紧张的状态，这有助于集中注意力，更好地处理手头的任务。与此同时，压力还能促使人们更加细致地思考问题，寻找解决问题的最佳方案，从而提高工作质量。

适当的压力还能激发人的创新能力和应变能力。在面对压力时，人们往往需要跳出固有的思维模式，寻找新的解决方案。这种过程有助于拓展思维，发现新的可能性，从而在工作或学习中取得突破性的进展。此外，压力还能锻炼人的应变能力，在面对突发情况时能够迅速作出反应，减少损失。

二、过度的压力对生理的影响

压力与效率的研究

过度的压力是影响大学生发展的重要因素，而持续过度的压力更是会危害大学生的身体健康，增加患病风险。强烈或持续的压力能够改变与社会情绪调节相关的大脑区域，如杏仁核、海马的体积，进而使大学生产生一系列内化问题，如抑郁、焦虑和低自尊等，增加患病风险。

（一）压力对内分泌的影响

当面对过度的压力时，由交感神经系统驱动的肾上腺髓质儿茶酚胺大量分泌，从而导致个体的血管、皮肤电水平、瞳孔大小、唾液淀粉酶浓度发生变化，这就是个体在面对压力时，生理上最直接的反应。

（二）压力对大脑的影响

当个体长期面对过度的压力时，由下丘脑-垂体-肾上腺轴活动驱动的肾上腺皮质分泌糖皮质激素经由神经递质、神经肽和内分泌激素介导作用于大脑内部的杏仁核、海马等区域，从而产生情绪、认知上的应激反应。导致情绪反应增加、对压力敏感警觉性提高、环境中重要刺激的信息处理更为容易、唤起强烈情绪事件的长期记忆增强；在压力下进行无情绪材料的学习对人类的记忆有损害作用等。

（三）压力与疾病的关系

研究表明压力的负面影响可能会诱发衰老症状和各种疾病，例如癌症、心血管疾病、神经退行性疾病。而疾病的产生，又会破坏调节压力反应的神经和内分泌回路，产生抑郁、焦虑、失眠和不适等精神症状。研究表明应激还会引起创伤后应激障碍、急性应激障碍、适应障碍、物质成瘾、神经性厌食症等问题。

案例分析

李丽（化名）是一名大三的高职学生，她面临着找实习和学业的巨大压力。她对自己的未来抱有高期望，但现实的竞争让她开始怀疑自己。她不仅要应对学业负担，还要处理社团活动带来的额外压力。这种多重压力让她感到无法承受。为了应对这些压力，李丽开始调整自己的心态和行动。她制定了时间表，合理安排学习、面试和社团活动的时间。同时，她也学会了向他人寻求帮助和支持，与同学、老师和家人分享困惑和焦虑。这些交流为她提供了宽慰和鼓舞，也帮她找到了解决问题的思路。逐渐地，李丽学会了在压力下保持冷静和理智。她发现，这些压力虽然带来了挑战和困难，但也让她变得更加坚强和成熟。她不仅在学业上取得了更好的成绩，而且在人际交往和自我认知方面也有了更多的收获。李丽的经历展现了压力对大学生的影响。面对压力，大学生需要学会调整心态和行动，积极寻求帮助和支持。这样，他们才能更好地应对压力，实现自我成长和发展。此外，李丽还意识到平衡学业、工作和个人生活的重要性。她学会了如何合理分配时间和精力，从而更好地管理自己的压力。这为她未来的职业生涯打下了坚实的基础。

点评：李丽同学是一个非常优秀的准毕业生，她能在毕业前做好充足的准备，哪怕压力再大，也能灵活地掌握节奏，分清轻重缓急，把握节奏。相信李丽同学能很快地找到自己心仪的工作，并且在岗位上发光发热。

三、过度的压力与心理健康的关系

过度的压力还是大学生心理问题的主要来源之一，它能够预测大学生心理问题的增加。过度的压力使大学生心理问题发生的概率和频率比以往任何时期都大，还会使其难以适应学校生活，导致问题行为的增加，表现为学业不良、对学校持消极态度和攻击行为等。然而，过度的压力，如何影响大学生的心理健康，这里以弗洛伊德的人格结构理论作具体的解释。弗洛伊德人格结构理论把人分为超我、自我与本我三个部分，当内外部的压力过大，使三者不能协调、和谐时，就会出现焦虑的情绪。人具有自我防御机制，当遇到不能处理的压力时，自我防御机制就会通过不同形式启动。

（一）人格结构理论

心理学家弗洛伊德在维也纳对精神病人进行研究，提出了经典的人格结构理论，认为人格结构包括本我、自我、超我三个部分，它们就像冰山一样，在顶端的是超我，在水面的是自我，沉在水面下的是本我部分，虽然肉眼看不到本我的部分，但是它却占据人格结构大部分内容。

冰山理论

（1）本我，即原我，指原始的自己，其包含生存所需的基本欲望、冲动和生命力，是一切心理能量之源。弗洛伊德认为本我是按快乐原则行事，它不在乎社会道德和行为规范，它唯一的要求是使个体获得快乐，避免痛苦。本我追求快乐的欲望通常是无意识的，不被个体觉察，但又推动着个体的日常行为。

（2）自我，是自己可意识到的执行思考、感觉、判断或记忆的部分，自我的机能是寻求"本我"冲动得以满足，而同时保护整个机体不受伤害，它遵循的是"现实原则"，为本我服务，根据这一原则，自我不断寻找一个满足本我，又能被社会接受的形式，以此来平衡个人跟环境的关系。

（3）超我，是人格结构中代表理想的部分，它是个体在成长过程中通过内化道德规范，内化社会及文化环境的价值观念而形成，其机能主要在监督、批判及管束自己的行为，它所遵循的是"道德原则"。超我的特点是追求完美，所以它与本我一样是非现实的，超我大部分也是无意识的，超我要求自我按社会可接受的方式去满足本我。

本我、自我、超我之间是不断地交互作用着的。自我在超我的监督下，按现实可能的情况，只允许来自本我的冲动有限度的表现。在一个健康的人格之中，这三种结构的作用必然是均衡的、协调的。如果这三种力量不能保持这种动态平衡，就会导致心理失常。

（二）心理焦虑的来源

当内外部的压力超过人的可控范围，就会形成焦虑。焦虑的功能就是作为自我被威胁的一种警告。弗洛伊德归纳的焦虑有三种：客观性焦虑、精神官能性焦虑和道德性焦虑。

（1）客观性焦虑是由现实世界面对真正危险时所产生的恐惧，另外两种类型由它发展而来。

（2）精神官能性焦虑是从辨识出满足天生本我潜在的危险而来。它不是害怕本能本身，而是害怕因本我支配的行为而带来的处罚。

（3）道德性焦虑则是被一个人的良心恐惧唤起。当一个人表现或甚至是想到做一些和良心道德价值相悖的行动时，他可能会经历罪恶或羞愧。因此，道德性焦虑视一个人良心的发展情况而定，如果一个人的道德价值较低就会产生较少的道德焦虑。

焦虑的情况下会形成一种紧张的状态，刺激个人以行动来减少它。弗洛伊德提出自我发展反抗焦虑的保护性防卫方式，叫作自我防御机制，是对潜意识的否认或对现实的扭曲。

（三）自我防御机制

自我防御机制，是个体抵抗过度压力时的一种自我保护方式。防御机制是指为抗拒生活中的冲突引起的焦虑所采取的行为模式。防御机制是自我的一种防卫功能，很多时候，超我与本我之间，本我与现实之间，经常会产生矛盾和冲突，这时人就会感到痛苦和焦虑，这时自我可以在不知不觉中，以某种方式，调整冲突双方的关系，使超我的监察可以接受，同时本我的欲望又可以得到某种形式的满足，从而缓和焦虑，消除痛苦，这就是自我的心理防御机制，它包括压抑、否认、投射、退化、隔离、抵消、转化、合理化、补偿、升华、幽默、反向形成等多种形式。人类在正常和病态情况下都在不自觉地运用，运用得当，可减轻痛苦，帮助渡过心理难关，防止精神崩溃，运用过度就会表现出焦虑抑郁等病态心理症状。以下是归纳的 12 种自我防御方式：

1. 压抑

当一个人的某种观念、情感或冲动不能被超我接受时，就会被压抑到无意识中去，以使个体不再因之而产生焦虑、痛苦，这是一种不自觉地主动遗忘和抑制。例如童年不愉快的经历，会压抑在记忆的深层，个体以为自己忘记了，但是这些记忆还是会影响人们的日常行为与情绪，最常见的是小时候被水呛过，长大后就一直莫名地害怕水，不敢游泳。

2. 合理化

合理化是指个体遭受挫折时，赋予合乎情理的解释，以及勉强能被接受的理由，以掩饰的方式重新诠释，借由自欺的行为自圆其说，使其能说服自己或被他人接受，从而获得安慰，例如人们常说“吃不到葡萄就说葡萄是酸的”就是合理化的表现。

3. 否认

否认是拒绝承认那些不愉快的现实以保护自我的心理防御机制。例如当得到亲人突然死亡的消息，短期不敢相信真有此事，以否认的方式减轻突如其来的精神打击。

4. 投射

投射是指个体将自己不能容忍的冲动、欲望转移到他人身上，以免除自责的痛苦。常见的是家长在工作上受了气，但是在上司面前不敢表现出来，回到家后会把这些气撒在孩子身上，这是家长为了满足本我的需要，又要逃避超我的责难，就将自己的欲望投射到别人的身上从而得到解脱的心理机制。

5. 抵消

抵消是指以象征性的事情来消除已经发生了的不愉快的事情，以补救其心理上的不舒服，例如一个孩子犯了过错，就会刻意在父母面前表现得很乖巧，从而弥补内心的羞愧。

6. 转化

转化是指精神上的痛苦、焦虑转化为躯体症状表现出来，从而避开了心理焦虑和痛苦，例如考试焦虑的时候，容易出现莫名其妙的肚子痛，这种转化的动机完全是潜意识的，是个体意识难以控制的。

7. 幽默

幽默是指以有趣或好笑的语言或行为来应对紧张的情境或表达潜意识的欲望。通过幽默来表达攻击性或欲望，可以不必担心自我或超我的抵制，例如在日常交际中，攻击等话题是常见的笑话桥段，它们是个体用幽默的“糖衣”包含着大量受压抑的思想。

8. 反向形成

反向形成是指有意识地采取某种与潜意识完全相反的看法和行动，因为真实意识表现出来并不符合社会道德规范或者可能会引起内心的焦虑。如有些男生在班上有自己暗恋的对象，却故意对她冷嘲热讽。

9. 退行

退行指当人受到挫折无法应对时，放弃已经学会的成熟态度和行为模式，使用以往较幼稚的方式来满足自己的欲望。如有些成年人在遭受失业的严重打击时，就会不顾众人眼光像儿童一样放声大哭，甚至退回到婴儿时期被他人照顾的状态中。

10. 隔离

隔离指将一些不愉快的事实或情感隔离于意识之外，以免引起精神上的不愉快。如女生来月经很多人都会说成“来例假”，人死了就会说成“仙逝”“长眠”等，这样的表达方式可以避免尴尬或悲哀的情况。

11. 补偿

补偿是指个体因为生理或心理上存在不可避免的缺陷，而有意识地采取其他方法获取成功，从而掩盖自己的自卑感和不安全感，例如某些孩子因为先天身体发育有缺陷而在后天努力学习，从而以优异的成绩获得他人的认可。

12. 升华

升华指被压抑的不符合社会规范的原始冲动或欲望，通过采用其他符合社会要求的建设性方式表达出来，比如拳击、格斗、击剑等体育项目，均是采用社会认可的方式来替代本能冲动的发泄。

心灵保健操

数一下图 10-1 中有多少个黑点

其实图中没有一个黑点，只有黑色的正方形，灰色的线条与白点组成，如果你看到的黑点越多，说明你现在越焦虑，提示你现在身上有很多压力。

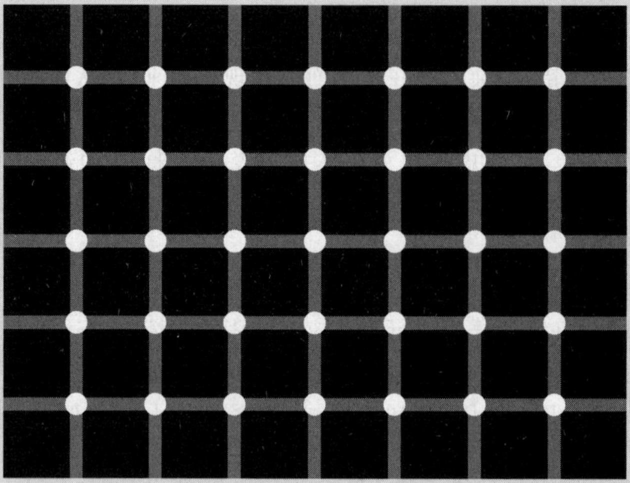

图 10-1　压力测试图

心理语录

「受苦是考验，是磨炼，是咬紧牙关挖掉自己心灵上的污点。

——巴金」

第三节　大学生压力应对方式

俗话说："既是压力也是动力"，大学生在面对压力的时候并非绝路一条，压力更像是黑暗中看到的曙光，沿着光的指引走出黑暗。因此，即使大学生遇到压力，也有很多可以处理的方式。

一、合理的认知

每个人面对的压力都是相似的，但为什么人们对压力有着不同的反应，主要原因是不同的个体有着不同的认知观念。情绪 ABC 理论是由美国心理学家艾利斯提出的，他为人们提供了一个全新的视角来理解和处理情绪问题。这一理论主张，人的情绪并非由诱发事件本身直接引起，而是由个体对这一事件的看法、解释和评价所引发。换言之，同一件事，由于人们的看法和认知不同，会产生截然不同的情绪反应。

首先需要了解情绪 ABC 理论中的三个核心概念。A 代表诱发事件（Activating Events），它是指引发情绪的事件或行为。B 代表信念(Beliefs),它是指个体对 A 事件的看法、解释和评价。C 则代表情绪和行为的结果(Consequences),它是指由于 B 信念所引发的情绪反应和行为结果。

在情绪 ABC 理论中,B 信念发挥着至关重要的作用。它是个体对 A 事件的主观认知和评价,而这种认知和评价往往受到个体的过往经历、价值观、信仰等多种因素的影响。因此,同一件事对于不同的人会产生不同的信念,从而导致不同的情绪反应。

为了更好地理解情绪 ABC 理论,可以举一个例子。假设有两个人同时遭遇了一场车祸,其中一人受伤较轻,另一人受伤较重。对于受伤较轻的人来说,他可能会认为这只是一次不幸的意外,自己还算幸运,因此情绪上可能只是短暂的惊慌和疼痛。而对于受伤较重的人来说,他可能会认为这次车祸意味着自己的命运多舛,生活从此变得艰难,因此可能会产生沮丧、绝望等消极情绪。

在这个例子中可以看到,同样是车祸这一诱发事件(A),由于两个人的信念(B)不同,导致了他们产生了截然不同的情绪反应(C)。这也验证了情绪 ABC 理论的核心观点:情绪并非由事件本身引发,而是由个体对事件的看法和评价所引发的。

那么,如何在实践中运用情绪 ABC 理论来调整自己的情绪呢?首先,需要认识到自己的情绪反应并非完全由外界事件所决定,而是受到人们内心信念的影响。因此,当面对一些负面事件时,应该学会调整自己的信念,以更积极、乐观的态度去看待问题。其次,可以通过改变自己的认知模式来调整情绪。比如,可以尝试采用“积极心理暗示”的方法,即在面对困难时给自己一些正面的暗示和鼓励,让自己保持信心和勇气。同时,也可以学习“换位思考”,从不同的角度看待问题,以更全面的视角来认识事物的本质。

情绪 ABC 理论应用

二、寻求他人的帮助

人类是群体动物,当面对同样的压力时,有他人的支持与独自面对会产生不一样的效果。当我们面对自己不可控的压力时,可以寻求身边的社会支持。社会支持从性质上可分为两类,一类是客观的、可见的或实际的支持,包括物质上的直接援助,社会网络、团体关系的存在和参与,如家庭、婚姻、朋友、同事等;另一类是主观的、体验到的情感上的支持,指的是个体在社会中受到尊重、被支持理解的情感体验和满意程度,与个体的主观感受密切相关。

三、压力宜宣不宜堵

合理宣泄是心理学中提倡的心理防御机制之一。为了避免精神上的痛苦和不快,避免遭受挫折后可能产生的生理疾病,人们常常会采用各种防御机制,以维持自身的心理平衡,而宣泄是最直接有效把负面能量对外输出的方法。有人认为不能随意发泄情绪,应该有所限制,其实发泄与限制都有着各自的积极意义。

当一个人在生活或工作中受到挫折或打击后,由于受到外部环境与内部超我的约束,当时无法将受到的委屈或不满表现出来，只好把这种负面情绪压抑起来。但由于人的心理承受力是有限的，负面情绪长期积郁在心中，人的心理就会出现严重的失衡，也很容易导致一系列疾病。为了维持自身的心理平衡，人们就需要去寻找一个恰当的对象将个人的负面情绪予以宣泄，从而摆脱这种负面情绪的干扰，保持心理的平衡。

当然宣泄不是无条件、随意地宣泄，而是选择在适当的时候、恰当的地点、用恰当的方法发泄自己内心的负面情绪。如在不恰当的时候、不恰当的地点随意宣泄，那样会造成另外的问题。

案例分析

主动求助是强者的表现

小张是一名大三学生，来自农村，家庭负担重。为了减轻家庭压力，他兼职做家教，同时保持与家人的联系。然而，他逐渐感到难以平衡学习和家庭的压力，担心成绩下滑，害怕辜负家人的期望。面对困境，小张积极寻求帮助。他向心理辅导老师请教，学习管理时间和情绪的方法。与家人深入沟通后，他获得了他们的理解和支持，这为他提供了精神上的慰藉。此外，小张还参与学校的志愿者活动，结交朋友，拓宽视野。这些经历不仅让他心情放松，还为他提供了宝贵的经验和资源。经过努力，小张逐渐找到了平衡学习和家庭的方法，成绩稳步提升，同时也能够更好地照顾家人。

点评：小张的经历表明，面对家庭压力，大学生应学会寻求帮助，与家人、老师和朋友保持沟通。同时，要合理规划时间和精力，确保学习和家庭两不误。这样，他们才能更好地应对压力，实现自我成长和发展。总的来说，处理家庭压力需要大学生保持积极的态度，选择有效的方法。通过寻求帮助、调整心态、合理规划时间和精力，大学生可以更好地应对家庭压力，实现学业和家庭的和谐共进。

四、提升自己承接压力的“容器”

瑞士分析心理学家荣格说过，咨询师是一个容器，能够承接来访者的负面情绪。当人承接不过来的时候，就有必要成长，使自己的容器变得更大。其实，不止咨询师，每个人的内心都有一个容器，当没法承接当前的压力时，就去扩大自己容器的容量，使自己能够承接更多的压力。那如何扩大自己的容器呢，有以下几种方法：

首先，要扩展自己的视野。试想是否有过这样的经历，小时候遇到一道题目觉得很难，但是随着阅历的增加、能力的提升，若干年后再次面对这道题目时，会觉得很轻松。这就说明视野扩展了，在见过大千世界后，曾经的高坡已经不再是不可逾越。所以年轻人需要多见见世面，拓宽自己的视野。

其次，制定适当的目标，并用分解目标法。当今的大学生，期望值甚高，总想在大学毕业时候就飞黄腾达。有目标是好事，但是如果目标与自己的现实相差过大，那就会对自己的内心形成过度的压力，在这种过度的压力下，效率不但得不到提升，反而会下降，尤其是面对难度较大的任务时更为明显。这时候在大学生内心还会形成一种挫败感，造成习得性无助。所以大学生要制定适合自己的目标。如果真的是志存高远，有着远大的目标，那就要懂得把目标分解成一层层的小目标，逐步去实现。研究发现，当目标比自己当前水平高出25%是最适宜的，这样个体既能通过努力达到，又能使自己有所进步。

最后就是提升自己的心理韧性。心理韧性在过去被认为是一种人格特质，是人与生俱来的，即有些人出生就具备良好的心理韧性，能够“泰山崩于前而色不变”，而有些人遇到少许问题就会变得异常焦虑，随着心理学家的研究发现，心理韧性也是一种能力，一种技能，可以通过后天的培养得到提升。

校园暴力

心灵保健操

雨中人绘画

绘画步骤：

感知雨中氛围：在开始绘画之前，请先闭上眼睛，深呼吸几次，让自己放松下来。然后，尝试用心灵去感知雨中的氛围。想象自己正身处雨中，感受雨滴落在皮肤上的触感，听雨滴落在地面、屋顶、树叶等不同物体上的声音。感知雨中的色彩、温度、气味等，将这些感觉融入你的绘画中。

描绘雨中人形象：在画布上描绘出你心目中的雨中人形象。这个人可以是自己，也可以是别人。注意雨中人形象的比例、姿势、表情等细节，用线条和色彩表现出其特征。在描绘过程中，不要拘泥于现实，可以运用想象力和创造力，让画面更加生动有趣。

表达情感与思考：通过绘画雨中人形象，表达你内心的情感和思考。你可以选择表现悲伤、孤独、紧张等情绪，或者思考人生意义、宇宙奥秘等问题。通过绘画表达自己的情感和思考，可以帮助你更好地认识自己，释放内心的压力。

探索内心世界：在绘画过程中，深入探索自己的内心世界。思考自己与雨中人形象的关系，以及这个形象所代表的意义。也可以反思自己的生活经历和情感体验，挖掘内心深处的感受和想法。通过这样的探索，你可以更好地了解自己的内心世界，找到心灵的平静和成长。

感受分享与教师点评：作品绘制结束后，同学之间可以进行作品和情绪分享，分享结束后由教师对作品进行单独点评。

心理语录

「患难可以试验一个人的品格，非常的境遇可以显出非常的气节。

——莎士比亚」

第四节 心理韧性

一、心理韧性概述

心理韧性，又称心理弹性意为“反弹，弹回”，中国台湾学者将其译为“复原力”，中国香港学者译为“抗逆力”“压弹”，最初是物理学用于界定“物体受外力后变形，再通过外力去除‘弹回’原形的特性”的概念。此概念被引入心理学中，指个体应激或处于不利处境的一种积极的能力，该能力可使个体“弹回”至应激前的正常功能状态。

心理韧性对个体应对压力、保护心理健康有重要的作用。弗里伯格等人在2006年的研究中发现，高心理韧性比低心理韧性个体感知到更少的心理困扰，表现出更高的心理健康水平，弗里伯格等人在同年的研究中验证了心理韧性对压力和心理困扰具有调节效应。德国学者发现心理韧性与较低水平的心理困扰相关，随着时间的推移，心理韧性与心理困扰水平的减低有关，并且心理韧性缓解了日常琐事应激对学生心理困扰的消极影响，最后提出心理韧性是应激和心理困扰的调节因素。国内学者杨彩霞的研究显示，心理韧性在压力事件和心理健康之间起到部分中介作用。心理韧性作为个体应对压力所需的积极心理品质受到研究者的广泛重视。

二、心理韧性模型

Kumpfer 在 1999 年综合了其他人的研究工作，形成了一个心理韧性框架（见图 10-2）。该框架是建立在社会生态模型和“个体—过程—情境”模型基础上的综合模型。Kumpfer 的弹性框架由以下内容构成：已有的环境特征，个体的心理韧性特征，个体心理韧性的重组或消极生活经历后产生的积极结果，调适个体和环境以及个体和结果之间的动力机制。

图 10-2 显示了 Kumpfer 的心理韧性框架，其中第一个椭圆框架部分描述了环境中危险因子和保护因子之间的交互影响，保护性因子履行缓冲功能。一般而言，个体在两个危险因子下尚能适应好，如果超过两个，其发展功能损伤以及适应不良的概率大增。而保护性因子数量的增加可以有效缓冲这些危险因子。

图中第二个椭圆表示个体与环境交互作用的过程，个体与环境的部分交互过程可以帮助高危的儿童青少年将高危险环境改造成具有相对保护性的环境，这包括感知、重组、改变和环境及积极应对。外在环境因子（包括危险因子和保护因子）和内在心理韧性因子之间交

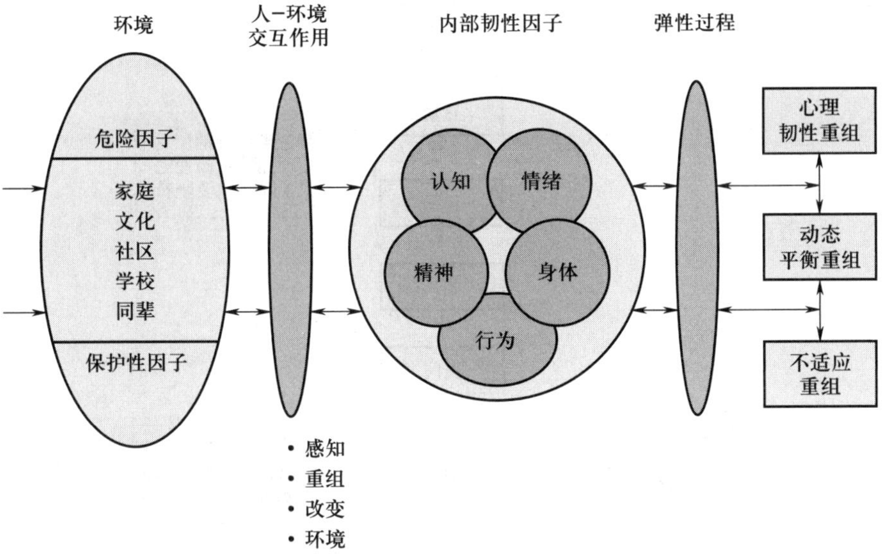

图 10-2　Kumpfer 的心理韧性框架

互作用的过程,就导致了心理韧性的过程或结果的产生。心理韧性框架最右边部分,是心理韧性过程导致的三种结果:心理韧性重组包括变得更强并达到一个更高的心理韧性水平;动态平衡重组包括回到早在压力或危险之前就已经存在的初始状态;不适应重组则表示心理韧性水平差,即个体的心理功能停留在一个很低的水平。

三、如何有效提升心理韧性

(一) 团体心理辅导

为提高大学生的心理韧性,中国台湾学者提出了"我是(I am)、我有(I have)、我能(I can)"的团体心理辅导操作化方案,简称"3I"(见图 10-3)。其中,"我有"指的是个体的"归属感",个体拥有信任自己并且无条件爱自己的人,发现自己所拥有的外部支持和资源,发展安全感和被保护的感觉;"我是"指的是个体的"乐观感",相信未来是光明的,对未来有所期盼,能够尊重自己和他人,对自己的行为负责;"我能"是指个体的"效能感",主要包括社交能力、问题解决能力、情绪管理能力及目标设定能力等。通过这项策略,让学生发展个体的内部力量,包含个人的感觉、态度及信念,并充分利用重要的外部支持与资源,发展安全感和受保护的感觉以及学会人与人之间交流沟通的技巧,如创造性、幽默感等,进而提高他们的心理韧性。

(二) 建立和谐的家庭关系

家庭是社会的细胞,和谐的家庭关系对于个人成长和社会稳定至关重要。要建立和谐的家庭关系,需要每个家庭成员的共同努力。

首先,沟通是建立和谐家庭关系的基石。家庭成员之间应该多沟通、多交流,分享各自的想法和感受。通过沟通,可以增进彼此的理解,减少误解和冲突。在沟通时,要尊重对方的意见,耐心倾听,避免过度批评和指责。

其次,相互支持是建立和谐家庭关系的关键。家庭成员应该彼此支持,共同面对生活中

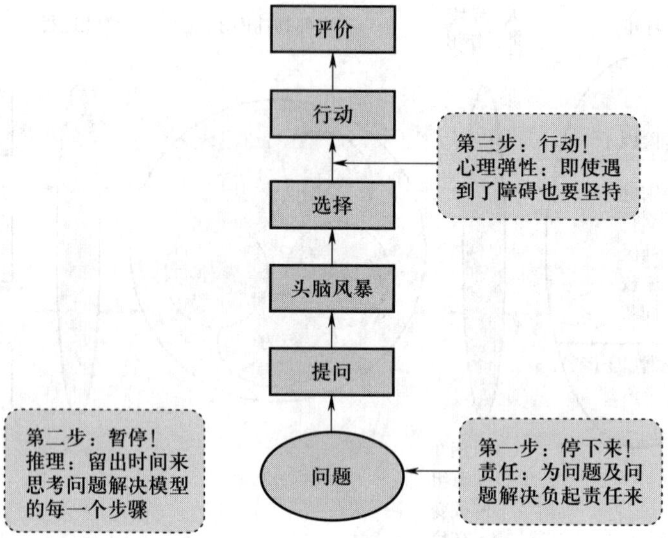

图 10-3　团体心理辅导"3I"流程

的挑战和困难。在家庭中，每个人都有自己的角色和责任，要相互理解和支持，共同承担起家庭的责任。当有人遇到困难时，其他家庭成员应该给予关心和支持，共同克服困难。

最后，尊重是建立和谐家庭关系的基础。家庭成员之间应该相互尊重，尊重彼此的人格和权利以及对方的隐私和个人空间，不要过度干涉和控制。同时，要尊重家庭成员的不同意见和生活方式，不要把自己的意愿强加给别人。

（三）体育锻炼

体育锻炼与大学生的心理健康有密切的联系，它能够降低压力反应，促进心理健康的发展。很多研究从运动项目、频度、时间、强度以及它们之间的组合等方面，探讨体育锻炼与大学生的心理压力水平的关系，结果表明，参加体育锻炼有利于其心理韧性的提高。具体表现为学生心理韧性与体育参与时间、体育项目选择呈中度相关，其中，在一小时以内的运动比一小时以上的运动与心理韧性相关度更高；项目选择上，参与集体运动项目对大学生心理韧性产生积极影响。例如篮球运动与心理韧性的部分维度呈显著正相关，参加过篮球运动的大学生心理韧性总分显著高于从未参加过篮球运动的大学生。所以在体育项目的选择上，笔者认为团体运动项目将对大学生心理韧性产生更积极的影响，例如羽毛球、乒乓球、篮球、足球等团体活动，会比跑步、游泳等个体运动更能有效提高心理韧性。

心灵保健操

压力测试

该量表根据刘贤臣等编制的"青少年生活事件量表（ASLEC）"改编，适用于青少年尤其是中学生和大学生的压力测量，若没发生过，就勾选"未发生"，该题计 0 分；若已发生过，则根据事件发生时的真实心理感受勾选"无影响计 1 分，轻度计 2 分，中度计 3 分，重度计 4 分，极重度计 5。累计各事件的评分为总压力分数。

1. 被人误会或错怪。
2. 受人歧视冷遇。
3. 考试失败或不理想。
4. 与同学或好友发生纠纷。
5. 生活习惯(饮食、休息等)明显变化。
6. 不喜欢上学。
7. 恋爱不顺利或失恋。
8. 长期远离家人不能团聚。
9. 学习负担重。
10. 与老师关系紧张。
11. 本人患急重病。
12. 亲友患急重病。
13. 亲友死亡。
14. 被盗或丢失东西。
15. 当众丢面子。
16. 家庭经济困难。
17. 家庭内部有矛盾。
18. 预期的评选(如三好学生)落空。
19. 受批评或处分。
20. 转学或休学。
21. 被罚款。
22. 升学压力。
23. 与人打架。
24. 遭父母打骂。
25. 家庭给你施加学习压力。
26. 意外惊吓,事故。
27. 如有其他事件请说明。

若总分低于54分,表示压力适中;若总分大于54分,表示生活中有较大压力;若总分大于81分,表示压力太大,注意放松心情。其中:

若条目1、2、4、15、23合计分数大于10分,人际关系方面压力较大;

若条目3、9、10、18、22、25合计分数大于10分,学习方面压力较大。

心灵补给站

《压力管理》

《压力管理》全面探讨了压力的含义、类型、起因、表现、症状,强调了压力对人身体免疫系统的巨大危害,以及由此对健康、工作、生活、交往所带来的一系列负面影响,分析了各年龄段、男性和女性、不同职业的人的压力产生的根源及其对压力的反应,总结出催眠疗法、锻炼疗法、芳香疗法、营养疗法、按摩疗法、创造疗法、乐观主义疗法、印度草医学、冥想、太极、瑜伽等一系列有效的减压、解压方法。

复习思考题

1. 你认为心理抗压力对于大学生来说为什么重要?它如何影响个人成长和未来的职业发展?
2. 在你看来,哪些因素可能影响大学生的心理抗压力?请列举至少三个因素,并解释它们如何起作用。
3. 想象一下,如果你在未来遇到非常大的压力和挑战,你将如何调整自己的心态以提升心理韧性?
4. 你认为大学教育在培养学生心理抗压力和韧性方面应该承担怎样的责任?有哪些具体的建议或措施?
5. 在面对长期压力和不确定性时,你认为有哪些心理策略或技巧可以帮助大学生保持积极的心态并提升韧性?

即测即评

第十一章

千锤百炼出深山——大学生意志力培养与提升

心灵导航

第一节　大学生意志力概述

第二节　团体心理活动提升意志力

第三节　团体心理活动原理及资料推荐

学习目标

1. 理解意志力的概念、作用及其对个人成长和成功的重要性；
2. 培养积极面对挑战和困难的心态，学会在挫折中坚持和成长；
3. 学会在团队中锻炼意志力，提升团队合作和沟通能力。

重难点

重点为定期评估自己的意志力水平，根据反馈调整提升策略，实现持续进步；

难点为在日常生活中践行意志力提升的策略和方法，如坚持锻炼、规律作息等。

心灵故事

愚公移山

在遥远的古代，有一个老人名叫愚公。他家门前有两座巍峨的大山，一座叫太行，一座叫王屋。这两座山高大陡峭，使得愚公家出行变得异常艰难。每次出门，他们都需要绕过这两座大山，耗费大量的时间和精力。愚公看着这两座大山，心中充满了不满和决心。他召集家人商量，提出了一个惊人的计划：他们要一起挖掉这两座大山，开辟一条直通外界的道路。愚公的妻子和孩子们都震惊了，他们认为这是一个不可能完成的任务。但愚公却坚定地说："我虽年老，但我还有儿子、孙子，子子孙孙无穷尽也。而山不增高，总有被我们挖平的一天。"于是，愚公带领着家人开始了艰苦的挖山工程。他们每天起早贪黑，挥舞着锄头、铁锹，一点点地挖去山石和泥土。虽然进展缓慢，但他们从未放弃过。

这个消息传到了附近的一个神仙耳中。他被愚公的坚持和毅力感动，决定帮助愚公完成这个伟大的工程。于是，他施展法力，将两座大山瞬间移走了。愚公和家人们惊喜地发现，门前已经变成了一片平坦的土地。他们欢呼雀跃，感谢神仙的帮助。而愚公的故事也流传了下来，成了一个激励人心的寓言故事。

这个故事告诉我们，只要有坚定的信念和毅力，就没有什么是不可能的。即使面对再大的困难和挑战，只要我们坚持不懈地努力下去，总有一天能够取得成功。愚公的意志力就是这个故事中最闪耀的品质之一。他的故事激励着我们在面对困难时不要轻易放弃，要相信自己有能力战胜一切挑战。

心理语录

「锲而舍之，朽木不折；锲而不舍，金石可镂。

——荀子」

第一节 大学生意志力概述

《鲁滨孙漂流记》主人公鲁滨孙·克鲁索在一次去非洲航海的途中遇到风暴，只身漂流到一个无人的荒岛上，开始了一段与世隔绝的生活。他凭着强韧的意志与不懈的努力，在荒岛上顽强地生存下来，经过 28 年 2 个月零 19 天后回到社会群体中。生活中存在困难，解决困难需要方法，需要技巧，更需要意志。

一、意志力概述

（一）意志力的概念

意志力是指个体通过意识的力量来控制和指导自己行为的能力。它是个体在面对困难、挑战或诱惑时，能够坚持自己的目标和价值观，做出正确决策并付诸实践的能力。意志力不是一种固定的特质，可以通过训练和实践得到增强。

（二）意志力在大学生活中的作用

意志力作为人类心理的重要组成部分，在人的成长与发展过程中都发挥着不可替代的作用。尤其在大学生活这个特殊的人生阶段，意志力的重要性更是凸显无遗。大学生活是自由与责任并存的时期，学生们脱离了高中的严格管理，开始独立面对生活中的各种挑战和诱惑。意志力在大学生活中的具体作用有：

1. 学业

大学生活中，学业仍然是重中之重。面对繁重的学业压力，大学生需要具备坚韧不拔的意志来保持学习的动力和热情。只有坚持不懈地努力学习，才能取得优异的成绩，为未来的职业生涯打下坚实的基础。

2. 时间管理

大学生活中，时间管理是一项重要的技能。大学生需要自主安排学习时间、休闲时间和社交时间。在这个过程中，意志力发挥着至关重要的作用。只有具备坚强的意志力，才能抵制各种诱惑，保持专注和高效，合理利用每一分每一秒。

3. 人际关系处理

大学生活中，人际关系变得更加复杂多样。同学们需要学会与不同背景、不同性格的人相处。在这个过程中，意志力同样扮演着重要的角色。只有具备足够的耐心和包容心，才能妥善处理各种人际关系问题，营造出一种和谐的人际环境。

4. 克服挫折与困难

在大学生活中，大学生难免会遇到各种挫折和困难，这些挫折来自学业、人际关系、就业等多个方面。在面对这些挫折时，意志力是大学生最宝贵的财富。只有具备坚强的意志力，才能勇敢面对困难，积极寻求解决方案，最终战胜挫折。

5. 培养自律与习惯

大学生活是一个自我管理和自我约束的过程。大学生要学会自律，培养良好的学习和生活习惯。在这个过程中，意志力起着至关重要的作用。只有具备坚定的意志力，才能抵制各种不良诱惑，最终形成良好的自我管理体系。

二、培养大学生意志力的意义

（一）提升学业成绩

意志力对于大学生而言，是其学习生活中不可或缺的重要素质。在充满挑战与竞争的大学环境中，学业成绩的提升往往需要大学生付出持续且艰辛的努力。而在这个过程中，意志力发挥着至关重要的作用。

1. 意志力能够帮助大学生克服学习中的困难和挫折

面对复杂难懂的课程内容、紧张的学习进度，大学生们时常会感到压力和挫败感。而具备坚强意志力的大学生，能够勇敢地面对这些挑战，不轻易放弃，持之以恒地寻求解决问题的方法和途径。

2. 意志力有助于大学生保持学习的专注度和持续性

学习是一项需要长期投入和积累的过程，而在这个过程中，学生们难免会遇到各种诱惑和干扰。具备坚强意志力的大学生，能够抵制这些诱惑，保持对学习的专注和热情，从而确保学习的质量和效果达到最优。

3. 意志力还能够帮助大学生在学业上取得更好的成绩

通过培养意志力，学生们可以更加有效地管理自己的学习时间，制订更加合理的学习计划,以及更加积极地参与课堂讨论和学术研究。这些努力最终都将转化为学业上的优异成绩,为他们的未来发展奠定坚实的基础。

(二)提高社会适应能力

在当今社会,大学生不仅要在校园内学习专业知识,更要为步入社会做好准备。而社会环境的复杂性和多变性,要求大学生必须具备良好的社会适应能力。在这方面,意志力的培养显得尤为重要。

1. 意志力有助于大学生在面对社会压力和挑战时保持冷静和坚定

走出校园,大学生会遇到各种各样的压力和挑战,如就业压力、人际关系处理、生活环境的改变等。具备坚强意志力的大学生,能够从容应对这些挑战,不轻易被困境击垮。

2. 意志力有助于大学生在社会生活中保持积极的心态和乐观的态度

面对挫折和失败,意志力强的大学生能够迅速调整心态,从中吸取教训,重新出发。这种积极向上的态度,不仅有助于他们更好地适应社会,还能为他们赢得更多的机会和尊重。

3. 意志力还能帮助大学生在社会交往中建立良好的人际关系

在与人交往的过程中,难免会遇到意见不合、利益冲突等情况。具备坚强意志力的大学生,能够更好地控制自己的情绪和行为,以理性和宽容的态度处理人际关系问题,从而在社会交往中树立良好的形象。

(三)促进个人全面发展

培养意志力,有助于大学生形成自律的生活习惯,无论是在学习、生活还是未来的工作中,都能保持专注和高效率。此外,意志力还能提高大学生的抗挫能力,使他们在面对困难时不轻言放弃,而是勇于挑战、积极进取。

更重要的是,意志力的培养有助于大学生形成健全的人格和积极的人生态度。一个具备坚强意志力的人,更有可能在人生的道路上实现自我价值,收获幸福和成功。因此,意志力的培养对于促进大学生个人的全面发展具有深远的影响。

三、意志力的行为表现

意志力作为一种心理力量,在人们的日常行为中有着多种表现。以下是意志力的四种主要特性表现:

(一)坚定性

坚定性是指个体在面对困难、压力或诱惑时,能够坚持自己的立场、信仰或目标,不轻易动摇或放弃。这种坚定性来源于内心强大的意志力量,使个体能够在逆境中保持清醒的头脑和明确的方向,从而持续努力,直至达到预定目标。

(二)自制力

自制力是指个体能够有效地控制和管理自己的情绪、欲望和行为,而不是被它们主导。具备自制力的个体在面对诱惑或冲动时,能够理智地做出决策,避免盲目或冲动的行为。这种自制力是意志力的重要组成部分,它有助于个体在复杂多变的环境中保持冷静和理智。

(三)果断性

果断性是指个体在面对选择或决策时,能够迅速、坚定地作出决定,而不是犹豫不决或拖延。具备果断性的个体能够在短时间内权衡利弊，明确自己的目标和方向，从而迅速采取行动。这种果断性来源于内心的自信和清晰的思维，是意志力在决策过程中的重要体现。

（四）持久性

持久性是指个体在追求目标或执行任务时，能够保持长时间的专注和努力，不轻易放弃或懈怠。具备持久性的个体能够在长时间内保持高度的自律和投入，不断克服困难和挑战，直至达到最终目标。这种持久性是意志力在长时间行为中的体现，它要求个体具备坚韧不拔的毅力和耐心。

四、大学生意志力评估方法

在大学生这一特定群体中，意志力的强弱往往直接影响其学业、生活和未来职业的发展。对大学生意志力的评估有多种方法，常用的是下面几种：

（1）自我评估。通过反思自己的日常行为、学习态度和面对困难时的表现，对自己的意志力水平进行初步评估；

（2）他人评价。通过老师、同学、朋友等第三方的观察与评价，可以客观地评估学生的意志力水平；

（3）量化评估。借助心理学中的意志力评估量表，如“意志力自评量表”等，对大学生的意志力进行量化评估，以获取更为准确的数据。

测一测

五、大学生意志力缺失的原因分析

在生活中，大部分大学生积极向上，努力学习，为自己的未来打拼。但是少部分的同学意志力有所欠缺，这部分大学生缺乏明确的目标和追求，对于自己的学业和未来发展缺乏规划和动力。他们感到迷茫和无所适从，导致无法持之以恒地追求自己的目标。此外，一些大学生在面对困难和挑战时容易放弃，他们对学习、社交或课外活动等方面遇到的困难感到畏惧，缺乏坚持和克服困难的毅力。究其原因主要可以分为内部因素和外部因素两种：

（一）内部因素

1. 缺乏明确的目标和动机

许多大学生在进入大学后，就失去了动力，忽视了之前明确的学习目标。没有明确的目标，就很难产生强烈的意志力去克服困难。

2. 自我认知不足

一些大学生对自己的能力、兴趣和价值观缺乏清晰的认识，不知道自己真正想要的是什么，因此在面对困难时容易逃避，缺乏坚持下去的决心和毅力。

3. 自我控制能力不足

自我控制能力是意志力的重要组成部分。部分大学生由于之前的生活习惯或教育方式等原因，没有养成良好的自我控制能力，导致在面对诱惑和挑战时难以做出正确的选择。

4. 情绪管理能力欠缺

情绪对意志力的影响不容忽视,情绪管理能力欠缺会导致多种问题,包括心理健康问题、身体健康问题以及社交问题。一些大学生在面对挫折、焦虑等负面情绪时,缺乏有效的应对策略,容易导致情绪失控,进而影响意志力的发挥。

5. 缺乏自信和自我效能感

自信和自我效能感是个体对自己能否成功完成某项任务的主观判断。部分大学生由于过去的失败经历或自我评价过低等原因,对自己的能力缺乏信心,因此在面对挑战时容易选择放弃。

(二)外部因素

1. 社会环境因素

随着社会的快速发展和竞争的加剧,大学生面临着来自学业、就业等多方面的压力。这些压力可能导致大学生产生焦虑、迷茫等负面情绪,从而影响意志力的发挥。在严峻的竞争环境下,一些大学生因为缺乏自信或看不到希望而选择放弃,表现出意志力薄弱的现象。

2. 文化环境冲击

当前社会文化多元,各种价值观和信息充斥在大学生的生活中。一些消极的文化现象,如享乐主义、功利主义等,对大学生产生不良影响,导致他们缺乏长远的目标和奋斗精神,进而影响意志力的培养。

3. 教育环境因素

在应试教育背景下,学生往往过于注重考试成绩和短期目标,而忽视了对自身意志力等非智力因素的培养。这种教育模式可能导致学生在面对困难和挑战时缺乏足够的毅力和耐心,最终导致无法坚持下去。

4. 高校教育管理的不足

部分高校在教育管理过程中过于强调学生的自由发展,而忽视了对学生意志力的引导和培养。同时,一些高校在课程设置、实践教学等方面存在不足,也会影响学生意志力的提升。

5. 家庭环境因素

父母的教育方式对培养孩子的意志力具有重要影响。由于一些父母溺爱孩子,导致孩子缺乏独立性和自主性,难以形成坚强的意志力。另一些父母则对孩子要求过于严格,使孩子产生强烈的挫败感和逆反心理,同样不利于意志力的培养。

6. 家庭经济条件的限制

家庭经济条件也是影响大学生意志力的重要因素之一。一些家庭经济困难的大学生面临更多的生活压力和挑战,导致在面对困难时更容易选择放弃。同时,一些家庭条件优越的学生因为缺乏挫折体验而难以形成坚强的意志力。

心理语录

「生活就像海洋，只有意志坚强的人，才能到达彼岸。

——马克思」

第二节　团体心理活动提升意志力

一、相遇即缘分——构建团队

（一）活动意义

意志力提升团体心理辅导关注大学生的内心世界和情感需求，通过倾听、理解、支持等方式，帮助大学生减轻心理压力和焦虑感，增强自信心和自尊心。这有助于促进大学生的心理健康和全面发展，提升他们的幸福感和生活质量。

（二）活动目的

1. 帮助团体成员明确个人目标，增强目标导向意识；
2. 培养团体成员的坚持精神和毅力，增强面对困难的勇气；
3. 提升团体成员的自我控制能力，改善不良的学习和生活习惯；
4. 促进团体成员间的相互支持和合作，形成积极向上的团队氛围。

（三）活动人数及场地

参与者30~50人、助教2~3人；室内外均可。

（四）活动步骤

活动	目标	内容和步骤	建议时长	所需物资
活动介绍	让各位参与活动的组员了解活动的流程和目的	1. 参与活动者到达指定地点后，导师讲解本次活动的目的和意义； 2. 介绍个人和团体的价值等理论	15分钟	麦克风
大风吹	通过热身运动让同学们身体动起来	1. 所有的参与者围成一个圆圈坐在椅子或者地板上； 2. 导师选中一个人做号令者并让其站在圆圈最中间，其他人继续原地就座； 3. 然后导师需要给出一个命令，让坐着的部分人换凳子，而在此期间，号令者可以抢夺凳子，最终没有凳子可坐的人就成了下一轮的号令者； 4. 游戏开始后，号令者说：大风吹！其他人则问：吹什么？号令者说：吹走所有“戴眼镜的人”。则所有戴眼镜的人换位置，而落单的人会进入自由表演环节；	10分钟	椅子或垫子

续表

活动	目标	内容和步骤	建议时长	所需物资
大风吹	通过热身运动让同学们身体动起来	5. 当某一人成为3次号令者，则游戏结束	10分钟	椅子或垫子
你的名字	小组同学名字串联增强同学们的熟悉感	1. 将全体参与者分为10人左右的小组，并配1个助教； 2. 组内参与者相互交流，了解各自的姓名和特点； 3. 5分钟后，每个小组组员逐一介绍自己，以“我是特征+姓名”开头，从第二个同学开始则以“我是特征+姓名旁边的××”叠加进行介绍； 4. 助教在组内协助组员完成自我介绍	20分钟	无
蜘蛛网运人	小组同学集思广益通过思考和尝试对未知的任务进行解决	1. 助教给每个小组分发一卷包装绳和剪刀； 2. 在指定时间内，小组组员通过思考并编织一个可以运送一个人的网； 3. 时间到后，每个小组选出该组体重最轻的组员作为被运送的对象，其他组员通过绳网将该组员从团辅室一头安全地运送到另一头，所有组员的手和身体部位不能触碰被运送者，耗时最短最稳当的小组胜利； 4. 助教从旁观察并保障组员安全	30分钟	绳子、剪刀
让生命飞翔	通过保护象征生命的鸡蛋让其坠地时不被破坏，让每个同学知道生命需要被集体重视才能更好地展现其魅力	1. 导师讲解活动的规则：在指定时间内，利用指定的工具组合成能保护生鸡蛋落地不碎裂的装置； 2. 助教从旁提醒时间和装置的可靠性； 3. 时间到后，选出小组内身高最高的同学站在一张椅子上，将装有生鸡蛋的装置水平落下； 4. 鸡蛋到地上不破碎者为胜利	30分钟	鸡蛋、椅子、塑料袋、牙签、吸管、棉签、橡皮筋等常见生活用品

续表

活动	目标	内容和步骤	建议时长	所需物资
活动总结	总结活动,聚焦主题	1. 导师引导每位参与者对活动感想进行发言,并给予参与者积极的反馈; 2. 导师最后总结发言,并简单介绍下一单元的活动; 3. 感谢每位同学的到来	30 分钟	无
备选活动 1:一元五角	通过男女配对组合,让团队实现快速热身	1. 导师先说明规则:规定每个女生代表"一元",每个男生代表"五角"; 2. 导师随机说出数字,如 5 元,则需要成员组成 5 元并站在一起,能组成指定金额为通过,落单或组错数字为失败; 3. 失败者需要在大家面前表演一个节目	10 分钟	无
备选活动 2:解手链	以小组每人双手打结的方式,将人联系在一起,预示人既会遇到矛盾也能解决矛盾	1. 导师让每组站成一个面向中心的圆; 2. 导师说:先举起你的右手,握住对面那个人的手;再举起你的左手,握住另外一个人的手;目前你们正面对着一个错综复杂的问题,在双手不松开的情况下,想办法把这张乱网解开; 3. 告诉大家一定可以解开,但答案会有两种。一种是一个大圆,另外一种是两个套着的环; 4. 如果过程中实在解不开,培训师可允许学员相邻两只手断开一次,但再次进行时必须马上封闭	20 分钟	无

二、团队同心,其利断金——困难即考验

(一) 活动意义

通过设计具有挑战性的任务或活动,让参与者在实践中体验坚持的重要性,学习如何在困难面前保持积极态度并持续努力。

(二) 活动目的

通过导师带领同学进行多个模拟现实生活中的经常出现的难题,以小组的形式进行解决,同时收获和体会更大的团体价值,导师引导同学深化意志力提升的意义。

（三）活动人数及场地

参与者 40~50 人、助教 2~3 人；团体活动室或拓展基地（如有条件）。

（四）活动步骤

活动	目标	内容和步骤	建议时长	所需物资
再次相聚	回顾上一单元的活动，介绍本单元的活动	1. 导师向继续参与活动的参与者打招呼并致谢； 2. 简单回顾上次活动的情况；介绍清楚本次活动的流程	10 分钟	
头脑风暴	通过无领导小组讨论，决定如何对现实问题进行合理解决	1. 8~10 人一组； 2. 相互介绍交流，5 分钟后，每个小组派代表抽取“无领导小组的题目”； 3. 领取题目后开始限时自由讨论； 4. 讨论时间结束后，每小组派一位代表对所抽题目的解决方案进行陈述； 5. 其他小组可以对该题目进行质疑； 6. 导师进行活动小结	40 分钟	《无领导小组讨论题》（资料 1）、笔、草稿纸
得分大投篮	通过小组竞赛和合作，争取最高的得分	1. 助教提前将活动场地围成一个正方形，并在正方形内地板上随机放下标有数字 1~9 的卡片若干，卡片背后有 A~Z的随机字母 1 个； 2. 正方形正中心放有一个用来装皮球的纸箱； 3. 每组组员排成一列必须站在正方形以外； 4. 助教给每个小组派发一个皮球； 5. 导师说：“开始”后，每组只能派出一个手捧皮球组员进入正方形内并踩在分数卡上，然后将手中的球扔进纸箱，如扔进纸箱内就能捡走卡片和自己组的皮球；如没扔进纸箱，则不能捡走踩着的卡片，但要捡回皮球换另外一名同学进圈再重复扔球，直到正方形内全部卡片被捡走； 6. 卡片都捡走后，结束游戏，助教统计卡片分数之和，分高组为胜	20 分钟	数字 1~9 卡片若干、皮球、纸箱、白板、白板笔

续表

活动	目标	内容和步骤	建议时长	所需物资
输赢并非绝对	为了让同学领悟生活中没有绝对的输，也没有绝对的赢，输赢往往只是表象	1. 接上个活动的物品，助教统计完分数，核算出分数，告知每小组将卡片翻转； 2. 用卡片背后的英文字母组成一个数字之和最大的单词； 3. 助教判断单词的完整性和单词卡片上数字之和最大的为胜； 4. 导师引导学生进行活动分享	10 分钟	数字 1~9 卡片若干、白板、白板笔
人椅	消除小组内竞争，全体同学达成共赢	1. 每小组组员各围成一个圆圈； 2. 每位组员将双手放在前面一位组员的双肩上； 3. 听从导师的指令，缓缓地坐在身后学员的大腿上； 4. 坐下后，导师再给予指令，让成员喊出响应的口号（例如：齐心协力、勇往直前）； 5. 最后以小组竞赛的形式，看看哪个小组可以坚持最长时间； 6. 小组都挑战成功后，全体同学一起挑战一个大圆圈，坚持不少于 10 秒	20 分钟	
总结	每位同学和导师分享总结	1. 导师告诉参与者团体活动即将结束，请参与者分享当前的感觉及想法，特别是游戏中表现突出的同学； 2. 导师发下团体反馈单，请每位组员认真填写； 3. 感谢大家的参与，整理好场地后结束活动	30 分钟	《反馈单》（见资料 2）、笔
备选活动 1："不倒翁"挑战	通过团体对个体的刺激，训练个人的专注力和意志力	1. 团队成员需保持某种姿势（如金鸡独立、单腿站立等）尽可能长的时间； 2. 其他团队成员可以通过各种方式（如讲笑话、做鬼脸等）试图让他失去平衡	10 分钟	无

续表

活动	目标	内容和步骤	建议时长	所需物资
备选活动2：“定向越野”	以团队的形式进行PK，在规定的时间内找到指定物品和完成指定任务提升意志力	1. 暂时收缴团队成员的手机，待活动结束后发回； 2. 团队代表通过抽签领取本小组要完成的任务和道具； 3. 小组成员有10分钟的讨论时间，讨论任务怎样完成； 4. 参与者需要使用地图和指南针，在规定时间内找到指定的地点或物品	30分钟	指南针、计时器、抽奖箱、任务表等

心理语录

「既然我已经踏上这条道路，那么，任何东西都不应妨碍我沿着这条路走下去。

——康德」

第三节　团体心理活动原理及资料推荐

一、团体心理活动原理——团队发展的五个阶段理论

美国著名管理心理学家布鲁斯·塔克曼有关团队发展的五个阶段的观点被人奉为规范的团队建设的五个阶段理论。这五个阶段分别为组建期、激荡期、规范期、执行期和休整期。布鲁斯·塔克曼认为这五个阶段是所有团队建设所必需的、不可逾越的，团队在成长、迎接挑战、处理问题、发现方案、规划、处置结果等一系列经历过程中必然要经过上述五个阶段。

（一）第一阶段：组建期

每一个人都有加入新团队的经历和感受。激动、困惑、矜持、观望是团队组建期成员的主要特点。组建期的团队缺乏清晰的工作目标，工作职责与标准不明确，缺乏顺畅的工作流程，成员间缺乏有效的沟通，个人的角色定位不明确，部分成员还可能表现出不稳定、忧虑等特征。

组建期的主要工作是明确方向、确定职责、制定规范与标准、进行负责人和成员的培训。团队负责人一定要向团队说明工作目标、工作范围、质量标准及进度计划，并根据工作目标要求对团队成员进行技能和知识培训。团队负责人要让成员参与探讨工作计划，主动和他

们进行平等且真诚的交流，消除团队成员的困惑与忧虑，确保团队成员之间建立起一种互信的工作关系，设想成功的美好前景并达成共识，以激励团队成员。

（二）第二阶段：激荡期

团队经过组建阶段以后，团队获得了发展信心，但同时也形成了各种观念激烈竞争、碰撞的局面，出现人际冲突与分化的问题。团队成员面对其他成员的观点、见解，更想展现个人的性格特征，对于团队目标、期望、角色以及责任的不满和挫折感被表露出来。团队成员间、团队和环境间、新旧观念间会出现不同程度的矛盾，甚至负责人的权威都面临着一定的挑战，使团队组建初期确立的原则受到冲击与挑战。作为团队负责人应具有解决冲突和处理问题的能力，营造出一个积极向上的工作环境。激荡期要解决的是如何安抚人心。首先要认识并处理各种矛盾和冲突，比如某一派或某一个人力量绝对强大，那么作为领导者要适时地化解这些权威和权力，绝对不允许以一个人的权力打压其他人的贡献。同时要鼓励团队成员就有争议的问题发表自己的看法。要善于做好引导工作，想方设法化解矛盾，而不应置之不理或进行权力压制。这一时期，若不能因势利导，防患于未然，团队就会面临颠覆的危险，至少会在团队发展的道路上埋下了隐患的种子。

同时，这个阶段要准备建立工作规范。没有工作规范约束，就会造成一种不均衡的现象，这种均衡也是冲突源，领导者在规范管理的过程中，自己要以身作则。

（三）第三阶段：规范期

通过第二个阶段的磨合，进入规范期，规则、流程、价值观、行为、方法、工具均已建立，团队的工作技能开始慢慢地提升，新的技术慢慢被掌握。团队成员之间开始建立起互谅互让互助的关系。成员的目光重新聚集到工作上来，关注目标与任务，团队成员有意识地解决问题，实现组织和谐发展。他们开始关心彼此的合作和团队工作的开展，并逐渐适应环境、技术和各种规范的要求。

团队要顺利地度过第三个阶段，最重要的是形成团队的文化和氛围。团队精神、凝聚力、合作意识能不能形成，关键就在这一阶段。这一时期的最大危险是团队成员对激荡期存在的问题心有余悸，害怕引发矛盾而不敢表达自己的思路和看法。作为团队的负责人，在这一时期的主要工作，就是通过激励来使团队成员放下各种心理上的包袱，提高责任心和相互信任度，使他们的行为和工作任务紧密地结合起来。拿破仑认为，在有效地管理下属问题上，荣誉比鞭子重要得多。这也正符合马斯洛需要层次理论，尊重和自我实现是更高层次的需要。激励是多种因素的综合，这时期的团队建设，可从以下角度切入。鼓励建议，让成员在发表意见的过程中，感觉到团队的发展与自己休戚相关；实行参与制，让每个成员认识到自己是团队中的一员；压担子，通过授予成员工作，激发他们的责任心；进行表扬和奖赏。必须强调的是，实施激励应该在工作过程中，而不应只是在完成时。当然，除激励之外，规章制度的约束和惩罚是必不可缺的辅助手段。

（四）第四阶段：执行期

度过第三阶段，执行期的团队逐步变成高绩效的团队。这一阶段团队呈开放、坦诚、及时沟通的状态，具备多种技巧，协力解决各种问题，用规范化的管理制度与标准工作流程进行沟通、化解冲突、分配资源，团队成员自由而建设性地分享观点与信息，有一种完成任务的使命感和荣誉感。

"领导者要干自己的事,不干别人能干的事",这是现代领导方法的基本法则。对于执行期的高绩效团队,团队负责人应该起掌舵而不是划桨的作用,应集中精力关注预算、进度、计划、成绩和成员的教育培训等事关全局的大事,其他事情可授权他人管理。同时,在这个阶段中团队负责人要根据任务发展需要,随时更新实践方法与流程,推动交流,提升管理效率,营造高效率的组织文化,集中团队的智慧作出高效决策,通过成员的集体努力追求团队成就。

(五) 第五阶段:休整期

天下没有不散的筵席,任何一个团队都有它的寿命,团队运行到一定阶段,完成了自身的计划后,就进入了团队发展的第五个阶段——休整期。

处于休整期的团队可能会面临三种局面:一是解散;二是组建新的团队;三是因团队表现欠佳而勒令整顿。以任务或工作小组形式成立的临时团队,一般在项目或某项工作完成后,团队会解散或组建新的团队。常规团队在活动发展到一定阶段,会根据任务需要进行撤销、调整或重组。

在执行期内,团队成员形成了良好的默契与合作,不同的休整会对团队成员心理造成不同程度的影响,这个时期需要做好团队成员的思想引导工作,说明休整的必要性及意义,让员工认同组织休整决定。

布鲁斯·塔克曼认为,在团队建设的这五个阶段中,每个阶段的工作绩效和团队精神的水平都存在着很大差异。进行团队建设,就是要分析团队所处的发展时期,了解其特点及规律,对症下药,采用恰当的领导方式,减少团队内耗,降低发展成本,提高团队绩效。

二、团体心理活动资料

(一) 资料1

无领导小组题目

题目一

背景:一天上午,你们乘坐的一架小型客机,由我国西北边疆飞向东部的一个城市。就在飞临北疆某严寒地区的一个没有人烟的荒野时,飞机遇到大风雪不幸失事,跌到山里。此时正是一月,气温低达-15 ℃。飞机可乘坐10人,是双引擎机,机身已撞毁并起火。飞机驾驶员及1名乘客死亡,其他人则没有受到严重伤害。

驾驶员还没来得及告诉大家飞机的具体位置就死去了。就在失事之前,你曾注意到飞机的高度显示:飞机是在3 000米左右出现故障的。失事地点正好在雪线下面不远,地面崎岖不平,树林茂密。乘客们穿着秋装,并且每个人都有一件外套。

问题:在飞机爆炸以前,乘客们从机舱中抢救出15件物品。现在请你们将这15件物品按照对生存的重要性从1~15的顺序排列出来。请在以下物品中选出你认为最重要以及最不重要的物品(各5个)。

物品:该地区的航空地图、大型手电筒、四条羊毛毯、一支手枪及10发子弹、一支雪橇、两小瓶白酒、一面化妆用小镜子、一把小刀、四副太阳镜、三盒火柴、一个军用水壶、急救箱、十二小包花生米、一张塑料防水布、一支大蜡烛。

要求：

根据情境，请你们完成以下任务：

1. 整个小组自由讨论，并在讨论结束时形成一个决议，即对问题达成一致共识。

2. 小组选派一名代表在讨论结束后向主考官报告讨论情况和结果。

题目二

学期末了，院学生会由于工作出色，获得了学校一笔奖励金，对于怎么分配这些奖金，学生会专门从全院学生中邀请了6名同学组成奖金分配决策小组，专门讨论奖金的分配问题，你有幸成为其中的一员。

学生会下面有四个部门，分别是学习部、文艺部、体育部和公关部，由于奖金的数额是固定的，若某个部门的奖金多了，就意味着其他部门的奖金要少，每个部门的部长都能说出一大堆理由，希望能多分一些奖金。

1. 学习部：今年举办了很多活动，如英语演讲比赛、征文比赛、辩论赛等，给同学创造了很多学习的机会，受到了同学们的一致好评。

2. 文艺部：今年市政府举办庆典活动，文艺部参加了庆典活动中的文艺汇演节目，由于文艺部同学的共同努力，最后囊括了整个文艺节目的冠亚军。

3. 体育部：体育部今年不但为同学提供了很多体育比赛活动，还有一名同学进了国家体育队，为国家又输入了一名准冠军。

4. 公关部：为了帮助毕业班的同学更好地明确自己的职业规划，找到一份理想的工作，公关部的同学经过多方面的努力，最后终于拿到了两家企业的赞助，为同学举办了一次别开生面的职业规划大赛，同学们都获益匪浅，而且产生了非常好的社会影响。

问题：作为决策小组的一员，请你决定奖金应如何分配？

要求：

请你用5钟的时间，提出你认为合理的奖金分配方案和主要理由，写在答题纸上。内容包括：四个部门奖金额的排序（由高至低）；并说出哪些部门应高于平均水平，哪些部门应拿平均水平，哪些部门低于平均水平，并分别说明理由。

（二）资料2

反　馈　单

团体辅导主题：

本次调查问卷答案没有正误之分，请如实回答。

1. 你觉得本次团体辅导效果如何？（　　）

A. 非常好　　B. 好　　C. 一般　　D. 不好　　E. 非常不好

2. 你喜欢此次团体辅导的哪种活动形式（可多选）？（　　）

A. 个人游戏　　B. 团体游戏　　C. 集体交流　　D. 个人分享　　E. 老师讲解

3. 通过此次团体辅导，你的主要收获有哪些（可多选）？（　　）

A. 各方面能力得到提升，使我的人生目标更明确。

B. 有一定启发，掌握一些认识自我、自我调控的方法和技巧。

C. 对自己有所了解，但还是缺乏一些行动力。

D. 跟原来差不多，问题还未得到解决。

4. 通过团体辅导,你认为自己还有哪些方面需要提升(可多选)?(　　)

A. 自我认识能力　　　　B. 人际交往能力

C. 目标规划能力　　　　D. 学习能力

E. 时间管理能力　　　　F. 挫折承受、自我调节能力

G. 团队合作能力

5. 你还希望参加以下哪些团体辅导(可多选)?(　　)

A. 生命教育　　B. 人际交往　　C. 未来规划　　D. 自我认识

E. 学习能力　　F. 时间管理　　G. 团队合作

6. 你会推荐其他人参加类似这样的团体辅导吗?为什么?

7. 你对此次团体辅导活动有什么建议?

复习思考题

1. 请简述意志力的定义及其重要性。
2. 当你遇到学习上的困难时,如何运用意志力帮助自己克服?
3. 请分析意志力与个人自信心之间的关系。
4. 当你感到疲惫或沮丧时,如何利用意志力来激励自己?
5. 描述一个你需要长期坚持的目标,并说明你将如何利用意志力来实现它。

即测即评

第十二章

谁在我家——大学生原生家庭探索与人脉资源运用

心灵导航

第一节　原生家庭概述
第二节　团体心理活动——探索原生家庭
第三节　团体心理活动资料推荐

学习目标

1. 通过深入了解原生家庭带来的影响，大学生可以更全面地认识自己，包括性格形成、行为习惯、价值观等方面；

2. 通过认识并接纳原生家庭带来的影响，可以培养大学生更加健康、积极的心态，以应对生活中的挑战和困难；

3. 学习如何建立和维护人际关系，掌握有效的沟通技巧和社交礼仪，以提升个人在社交场合的表现力和吸引力；

4. 学习如何在团队中与他人合作，发挥各自的优势，共同完成任务和计划。通过合作，不仅可以提升个人能力，还可以促进团队的整体发展。

重难点

重点为从身边事物入手，运用创新心理帮助自身解决现实问题；

难点为与志同道合的朋友共同组建创业团队。

心灵故事

家庭与命运

在一个普通的小镇上，小雯（化名）成长于一个充满争吵和冷漠的家庭环境中。她的父母经常因为琐事大吵大闹，很少关心她的感受和需求。小雯渐渐变得内向且缺乏自信，总觉得自己不够好，不值得被爱。

在学校，她也很难与同学建立亲密的友谊，总是害怕被拒绝或嘲笑。这种恐惧和不安一直伴随着她，严重影响了她的学习和社交能力。

直到有一天，她遇到了一位关心她的老师。老师发现了她的孤独和不安，主动与她交流，并给予她鼓励和支持。在老师的帮助下，小雯开始慢慢打开心扉，学会表达自己的感受和想法。

这个过程虽然艰难，但小雯逐渐意识到，原生家庭的影响并不是她无法改变的命运。她开始努力提升自己，积极与人交往，最终收获了友谊和成长。这个故事告诉我们，即使原生家庭不完美，我们也可以通过自我努力和他人的帮助，走出阴影，拥抱阳光。

心理语录

「原生家庭是性格与命运的来处，但不是归途。

——电视剧《都挺好》」

第一节　原生家庭概述

一、原生家庭的定义与重要性

每个人都有一个自己的家，没有家庭，没有父母就没有我们今天的一切。家庭即诞生之处，也是我们老年后回归的地方。美国著名的“家庭治疗师”萨提亚认为，一个人和他的原生家庭有着千丝万缕的联系，而这种联系有可能影响他的一生。一个童年成长得好的人，可以治愈自己的一生，而一个童年成长得不好的人则要用一生来治愈童年。原生家庭塑造着我们的人格和自我，影响着我们与他人的人际关系和亲密关系。

（一）原生家庭的定义

原生家庭，这一概念源于家庭系统理论，通常指的是个体从出生到青少年时期所生活的家庭环境。这一概念涵盖了家庭成员之间的互动、教育方式、家庭氛围以及家庭经济状况等诸多方面。原生家庭在个体的成长过程中扮演着至关重要的角色，它不仅塑造了个体的性格、情感和行为习惯，还深刻影响着个体的世界观、人生观和价值观。

首先，从地理角度来看，原生家庭是指个体在成长过程中所居住的家庭环境，这个环境可能是一个物理空间，也可能是一个情感空间。其次，从社会角度来看，原生家庭是个体与社会之间的第一个连接点，个体通过原生家庭初步了解和适应社会规范、价值观念和人际关系。最后，从心理角度来看，原生家庭是个体心理发展的重要场所，在原生家庭中个体形成了对自己的认知、对他人的认知以及对世界的认知，对个体的身份认知产生了重要的影响。

原生家庭不仅包括父母和兄弟姐妹等直系亲属，还包括其他对个体成长产生重要影响的家庭成员，如祖父母、叔伯姑姨等。这些家庭成员之间的互动关系、教育方式、家庭氛围等因素共同构成了原生家庭的整体环境。

（二）原生家庭的重要性

原生家庭作为大学生成长的起点，承载着深远且持久的影响力。它不仅是大学生情感和心理发展的起点，更是塑造大学生性格、价值观和行为模式的基石。原生家庭的重要性不容忽视，它影响着大学生的自我认知、情感表达、人际关系以及未来的人生轨迹。

谁在我家

1. 原生家庭对个体的自我认知起着决定性的作用

在原生家庭中，大学生开始认识自己，理解自己的需求和愿望。父母的反馈、评价和期望，都会对大学生的自我认知产生一定的影响。一个温馨和谐的家庭氛围，有助于大学生建立一个积极的自我形象，培养自信、自尊和自爱的品质。相反，家庭冲突、忽视或虐待则可能导致大学生形成消极的自我认知，影响自尊心和自信心的发展。

2. 原生家庭对个体的情感表达和情感需求产生深远影响

在原生家庭中，大学生学会了如何表达自己的情感，如何与他人建立情感联系。健康的家庭关系有助于大学生形成健康的情感表达方式，能够妥善处理自己的情绪，建立稳定的人际关系。而一个关系紧张或冷漠的家庭环境则可能导致大学生在情感表达上出现障碍，难以与他人建立亲密的情感联系。

3. 原生家庭还是个体性格塑造和行为模式形成的重要场所

父母的教养方式、家庭氛围和家庭成员之间的互动关系，都会对大学生的性格和行为模式产生一定的影响。例如，父母的过度保护可能会培养出依赖性强的孩子，而过度放任则可能会培养出无法自律的孩子。良好的家庭教育和家庭氛围有助于大学生形成积极的性格特征和行为习惯，为未来的成长和发展奠定坚实的基础。

4. 原生家庭还对个体的未来人生轨迹产生深远影响

原生家庭中的教育支持和资源投入，为大学生的学业和职业发展奠定了重要的基础。同时，原生家庭中的价值观和信仰体系也会对大学生的未来选择产生影响，引导个体走向不同的人生道路。

5. 原生家庭的影响并非绝对和不可改变

大学生在成长过程中，通过自我认知、学习和实践等途径，可以不断地调整和改变自己的行为模式和思维方式。对于原生家庭带来的负面影响，大学生可以通过寻求专业机构的帮助、建立健康的人际关系等方式来应对和改变。同时，大学生也可以通过教育和自我成长来弥补原生家庭中的不足，实现自我超越。

二、对大学生的建议

（一）理解与接纳

每个人的家庭背景、成长环境都是不同的，这些因素都会影响大学生的性格、价值观和行为方式。通过了解家庭的历史、文化和价值观，大学生可以更好地理解自己，并接纳自己的过去。

（二）沟通与表达

与原生家庭保持良好的沟通是建立健康家庭关系的关键。大学生可以尝试与父母或其他家庭成员进行定期的交流，分享各自的生活、学习和情感，拉近彼此之间的距离。在沟通过程中，要学会表达自己的感受和需求，同时也要倾听家人的想法和意见。

（三）独立与自主

大学生正处于独立生活和学习的重要阶段，需要逐渐摆脱对原生家庭的依赖。但这并不意味着要与家庭疏远，而是要学会独立思考、决策和承担责任。通过制定个人目标、规划未来、管理时间等方式，可以培养自己的独立性和自主性。

（四）寻求支持与帮助

当面对原生家庭带来的困扰或压力时，大学生可以积极寻求外部的支持与帮助来解决问题。可以选择朋友、同学、老师、辅导员或专业的心理咨询师，与他们分享自己的困惑和感受，听取他们的建议和指导，有助于大学生更好地应对原生家庭带来的负面影响。

（五）自我成长与提升

大学生可以通过不断学习和成长来提升自己应对原生家庭影响的能力。这包括提高自己的心理素质、情绪管理能力、社交技能等方面。通过阅读相关书籍、参加培训课程、参与社团活动等方式，大学生可以不断提升自己的综合素质，更好地应对原生家庭带来的挑战。

（六）保持积极心态

面对原生家庭的影响，大学生需要保持积极的心态。要相信自己的能力和潜力，勇于追求自己的梦想和目标。同时，也要学会感恩和珍惜家人的付出与关爱，以积极的心态回馈家庭和社会。

心理语录

「原生家庭之所以重要，不在于它们建立了我们的性格，而在于它们建立了我们如何对待这些特性。

——佚名」

第二节　团体心理活动——探索原生家庭

一、原生家庭的“真相”

（一）活动意义

认识自己，不仅是通过对自己的身体、心理和社会角色进行了解，更多时候还要探讨一个人的根源，这个根源远一点说是祖先，近一点说是原生家庭，了解了这个根源一个人才算是扎扎实实地活在这个世界上，才是真正踏上探索自我的路。我们每一个人都生活在中华民族这个大文化背景下，而在这个背景下的每个家庭环境也是千姿百态的，你的家庭又会有哪些色彩呢？

（二）活动目的

通过对原生家庭的探索，更进一步了解自我，理解家人，增强自身内在的力量，懂得如何与人相处。

（三）活动人数及场地

30人左右，团体活动室。

（四）活动步骤

活动	目的	内容和步骤	建议时长	所需物资
签订保密和相互尊重协议	保护成员，营造相互尊重和安全的氛围	1. 参与者到达指定地点后，导师讲解本次活动的目的和意义； 2. 助教派发《心理成长相互尊重保密协议》给每位参与者，提醒参与者仔细阅读后签署该协议； 3. 若参与者存在疑问，由助教进行解答； 4. 回收协议	10分钟	《心理成长保密与相互尊重协议》（见资料1）、笔
绘制家谱图	了解家庭动力系统中自己的内部和外部现实	1. 导师利用黑板或提前准备的《家谱图》样例讲解家谱图绘制基本规则； 2. 导师给每个成员派发一张活页纸并在纸上绘制出跨越祖孙三代的家庭人员关系图； 3. 在绘制的关系图上添加对各个成员的细节描述	30分钟	《家谱图》（见资料2）、A3大小或更大的素描纸
即兴演绎情景剧	呈现主角和配角的相似家庭情景，从另一个视角理解家人	1. 成员自荐作为主角，其余成员的家庭成员与主角家庭中某个成员类似的成员可自荐为配角； 2. 主角按照自己的个性特征进行即兴演绎一个场景，配角按照类似的家庭成员的个性配合主角进行情景即兴演绎； 3. 演绎结束后主角向配角分享感受，配角向主角分享感受； 4. 导师引导主角、配角和旁观的成员谈谈自己的感受和想法； 5. 使用《家谱图导师引导分享资料》解释家庭动力对个人的影响	40分钟	《家谱图导师引导分享资料》（见资料3）、A4纸和笔，配合现场取材

续表

活动	目的	内容和步骤	建议时长	所需物资
谈谈感受	在看见中增加对自我的了解,在理解中达成和解	1. 导师引导主角、配角进行总体分享,引导旁观者谈谈感受; 2. 导师总结升华,引导成员到主题上进行一个深入的再体验; 3. 导师讲述今后的期待,引导成员继续在生活中探索自己的原生家庭以帮助其增进自我了解和成长	30 分钟	纸笔
备选活动 1:真心话大冒险家庭版	通过选择一个家庭角色,提出关心问答,尝试在组员间坦诚交流	1. 每个组模拟一个家庭,选择一个家庭角色进行扮演; 2. 家庭成员轮流抽取问题或挑战,选择真心话回答问题或冒险完成挑战	15 分钟	无
备选活动 2:都挺好	模拟电视剧《都挺好》中的经典剧目,让成员感受紧张的家庭关系	1. 导师提前剪辑好电视剧中对应的片段; 2. 活动中列出和角色对应的对白; 3. 组员自愿选择角色或创建新的角色,重新演绎电视剧中的片段	30 分钟	服装、餐具等

二、接纳原生家庭，助力自我成长

（一）活动意义

原生家庭既是爱的港湾,也是心理问题的温床。它会给大学生带来不同程度的影响,但是这些影响是可以通过自我成长进行改变的,不仅如此,当大学生有所改变时,环境也会因此而产生改变,由此大学生的生活会过得更加幸福。

（二）活动目的

通过团体活动,在不同的深度自我探索游戏中感悟家庭对自我发展的积极意义,并坚定自己未来的目标。

（三）活动人数及场地

30 人左右,团体活动室。

（四）活动步骤

活动	目的	内容和步骤	建议时长	所需物资
承上启下	回顾上一单元的活动,介绍本单元的活动	1. 导师回顾上次活动内容; 2. 导师介绍本次活动的目的与意义	10 分钟	

续表

活动	目的	内容和步骤	建议时长	所需物资
影响力车轮	呈现主角在发展过程中受到他人的影响和存在的资源	1. 导师通过《影响力车轮》样板向成员介绍影响力车轮绘制内容与方式； 2. 导师给每位成员发放一张 A3 纸和铅笔等工具，并让成员们绘制属于自己的影响力车轮； 3. 绘制完成后，成员之间进行分享，并承接上一单元的活动。一方面探讨重要人和物对自身的影响，另一方面思考自己现有的资源	20 分钟	《影响力车轮》（见资料 4）、A3 素描纸、铅笔
人生事件编年史	呈现个体成长经历对其个性的塑造	1. 导师介绍《人生事件编年史》绘制的内容与方式； 2. 成员使用一张 A3 纸绘制人生事件编年史	20 分钟	《人生事件编年史》（见资料 5）、A3 素描纸、笔
我的人生舞会	重温人生，认识自我的独特性，接纳自己	1. 成员自荐成为主角和配角，主角演绎“我”，配角演绎“我”人生中的人和物； 2. 成员根据主角的《人生事件编年史》即兴演绎“我”的人生场景； 3. 结束后导师引导大家思考和分享	40 分钟	纸笔配合现场取材
有话要说	对自我资源和自我接纳的感悟与分享	1. 导师引导主角、配角进行总体分享，引导旁观者谈谈感受； 2. 导师总结升华，引导成员到自我资源和自我接纳的主题上进行一个深入的再体验	20 分钟	无
备选活动 1：家庭故事接龙	通过该活动可以激发大家的创造力和想象力，同时也有助于增进模拟的家庭成员之间的合作和沟通	1. 由导师一个人开始讲一个故事的开头； 2. 然后组员依次传递下去，每个人都要为故事添加一个新的情节或元素； 3. 最后一个人说出故事的结局	15 分钟	无
备选活动 2：信任背摔	该活动可以增进家庭成员之间的信任和依赖，培养团队精神	1. 小组成员轮流站在一定高度的平台上，背向其他成员，然后向后倒下，由其他成员接住； 2. 导师检查好安全措施再发号施令； 3. 女生要注意站位	15 分钟	平台或桌椅

心理语录

「家人有过，不宜暴怒，不宜轻弃。此事难言，借他事而隐讽之；今日不悟，俟来日而正警之。如春风之解冻，和气之消冰，才是家庭的型范。

——《菜根谭》」

第三节　团体心理活动资料推荐

一、资料1

心理成长相互尊重保密协议

1. 理念

在团体心理互动中更容易重新认识自己、发现自己和促进自我成长。本团体强调在游戏和讨论分享中实现心理互动、发现真正的自我。

2. 目标

本团体的整体目标是：(1)了解自我、认识自我，形成客观、理性的自我评价。(2)增进自我觉察，不断获得自我成长。(3)发展良好的适应能力，有效应对今后的学习、生活。

3. 出席

请务必每次都要准时出席，并积极参与游戏和分享。每位参与者都准时出席才能促进团体活动有效展开。如果你不能准时参加，请提前与导师联系。任何参与者都有权利在任何时刻退出该团体，但是，请提前与导师沟通。这样对你对团体都是负责任的表现。

4. 作业

每位参与者在下次聚会前，均需要完成团体以外的实践练习和某些具体的作业，你可以拒绝做导师布置的作业。但是，一旦同意，请务必按时按质完成。

5. 保密

任何一位参与者在团体辅导中所说的话都是绝对保密的，不得随意在团体辅导以外议论。尊重每位参与者的隐私权，当你不想和团体参与者分享的时候，你有权保持沉默。

6. 签名

本人已经认真阅读并充分了解本合约的内容。本合约在领导者和本人彼此同意下也可修正。

参与者签名：　　　　　　日期：

二、资料 2

家　谱　图

1. 绘制内容跨越祖孙三代的家庭关系，包括去世或同父（母）异母（父）的所有成员。

2. 绘制方式：男性用□表示，女性用○表示，主角本人用双方框或双圆表示，如◎，离世用☒或⊗表示。同辈人从大到小用从上到下的顺序绘制。

3. 绘制步骤：

（1）询问有关主角父母、祖父母和外祖父母的一些细节问题，如结婚日期，父母双方的名字，生日和出生地，目前的年龄或是去世时的年龄，宗教信仰、职业、民族、教育（文化程度）、业余爱好等。

（2）导师让主角为父母、祖父母和外祖父母双方增加一些元素，如三个形容性的形容词，她或他在压力情景下采用的主要应对模式和次要应对模式。（主角对某些信息不确定时，可鼓励其进行“虚构”）

（3）导师继续引导主角补充信息，如补充自己的兄弟姐妹从年长到最年幼成员的信息，补充信息与步骤（1）和（2）一样。

（4）导师引导主角根据自己的观点补充以下信息：父母和祖父母持有的家庭规则、家庭价值和信念（例如对饭桌的家庭规则，对教育的价值观，对金钱的价值观等）、家庭神话和家庭秘密（如家族史中的传说）。

4. 家谱图样例（见图 12-1）：

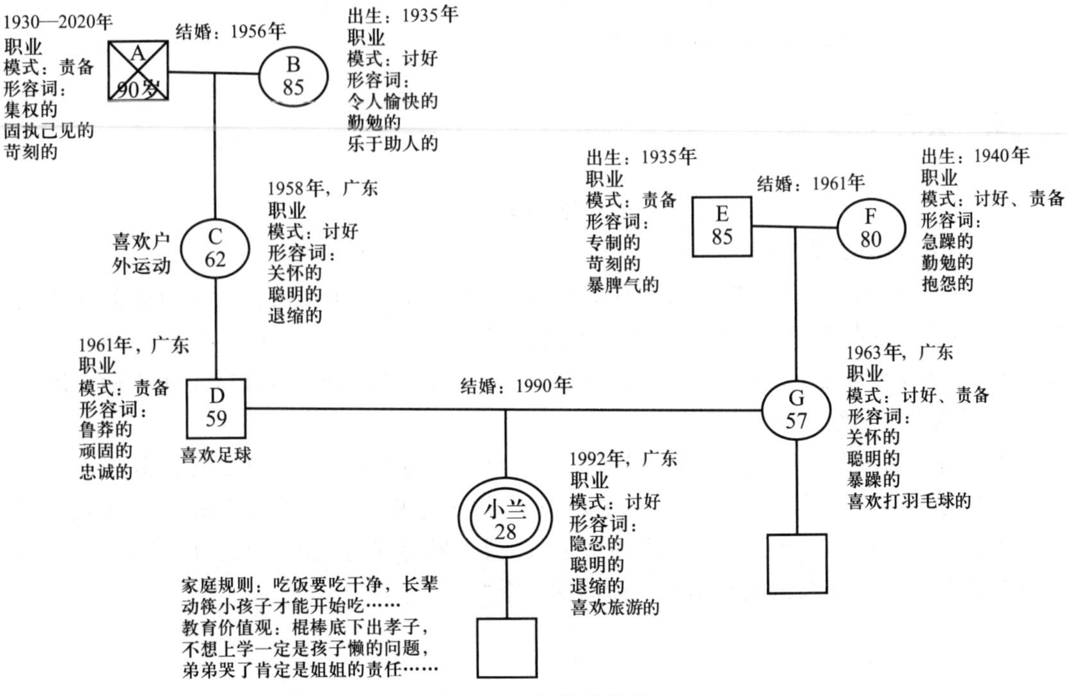

图 12-1　家谱图样例

三、资料 3

家谱图导师引导分享资料

成员绘制完家谱图之后可引导其从以下方面思考：

(1) 从自己的家谱图中看到了之前没有注意到的哪些内容？有何感受？

(2) 绘制家谱图之后如何理解父母和自己的成长环境？

根据主角的个性和主角亲人的个性即兴演绎完情景剧之后，导师可从以下方面引导成员进行思考和分享：

(1) 我听到和看到了什么？

(2) 对于我看到和听到的情景，我给予什么样的意义解释？

(3) 对于我所做出的解释，我对此有什么感觉？

(4) 对于这些感受我又产生了怎样的感受？

在活动的尾声，对整个活动进行总结分享，导师可从以下方面引导成员思考和分享：

(1) 用言语表达出在家庭中任何未达到的预期和渴望，并承认它；

(2) 描述对于未被满足的预期和渴望的感受；

(3) 看到父母的优势和缺点，描述并接受这些优势和缺点确实存在；

(4) 站在第三者角度看待自己的人格特点和父母的人格特点，理解和接纳这些特点，每个人都是可以被理解的；

(5) 承认作为普通人的父母，他们已经在尽他们的努力做到足够好了；

(6) 接纳父母与祖父母和外祖父母的相似性和差异，也接纳自己和父母的差异和相似性，不再渴望过去缺少的认可和赞同。

四、资料 4

影响力车轮

1. 影响力车轮绘制内容

主角的车轮标注了生命中对自己有影响的人和物，也代表了主角所拥有的资源，车轮越多，资源越多。这些人可能是祖孙三代的家庭成员，从小与主角生活在一起的人，某个老师或朋友；这些物可能是从小陪伴自己的宠物或玩具，其他特殊的事件和物品，想象中的物等。

2. 影响力车轮绘制方式

主角将自己的名字写在中间，在周围写上其他人的名字或称呼，物品或动物的名称，事件名称等；然后用线条将这些人和物与主角相连，线条越粗表示关系越亲密；最后在每个人物和事物的旁边写下三个形容词来描述这个人或物，形容词是积极的则在形容词前面加一个“+”号，形容词是消极的则在形容词前面加一个“-”号。

3. 影响力车轮样例(见图 12-2)

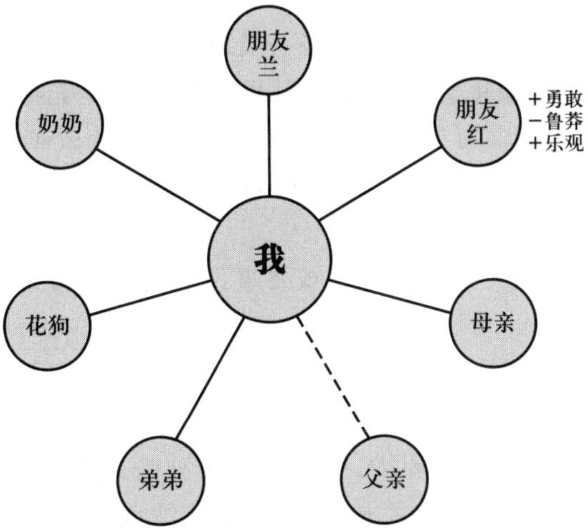

图 12-2　影响力车轮样例

五、资料 5

人生事件编年史

编年史按照时间顺序进行呈现,主要是祖孙三代家庭史加上主角的成长史,分场景进行描绘,在时间节点、家庭事件、重大历史事件和重要经历处进行场景描绘,样例如下:

场景一:(1) 1917 年祖父出生;(2) 1918 年祖母出生;(3) 1927 年祖父失学;(4) 1937 年祖父祖母结婚;(5) 1939 年父亲出生,1940 年母亲出生;(6) 1945 年祖父祖母搬家到了广东湛江;(7) 1950 年外祖父下乡,外祖母独自带着母亲生活;(8) 1955 年父亲高中毕业;(9) 1956年父亲参加工作,母亲高中毕业;(10) 1961 年父母结婚,外祖父回家。

场景二:(1) 1962 年我出生;(2) 1968 年祖父去世;(3) 1969 年妹妹生病去世;(4) 1977年我参加工作,一边学习,准备参加高考,并考进广东一所大学;(5) 1978 年谈恋爱,年底分手,久久不能释怀;(6) 1979 年大学毕业,分配到国家单位工作;(7) 1980 年路遇歹徒欺负一个女孩子,上前制止歹徒,却被歹徒伤到右眼,经过路人帮忙到医院就医,没有办法保住眼睛,从此右眼失明,内心痛苦,一蹶不振……

场景三:……

六、资料 6

影响力年轮与人生事件编年史导师引导分享资料

成员绘制完影响力年轮之后,可从以下方面引导其进行思考和分享:

(1) 结合家谱图和影响力年轮,可以看到哪些人对我们的成长存在影响?存在什么样的影响?

（2）从中可以看到我们存在什么样的资源，支持着我们活到今天？可从身体、智力、情绪、感觉、与他人的关系、得到的物质和精神养育以及各种实际发生的情景中展开。经历的事物无论好坏都是我们的财富，身边总有很多人或物在爱着我们。

成员绘制完成人生事件编年史之后，引导其思考可从以下方面展开：

（1）祖父母、外祖父母和父母的人生经历会给他们带来什么样的个性特征？

（2）家人的经历给他们带来的影响又会如何影响着我们？会给我们带来什么样的个性特征和处事方式？

（3）身边的成员朋友、相关物件和一些重要事件会给我们带来什么样的人生信念？这些信念都是正确的吗？

成员演绎完人生事件情景剧之后，可从以下方面引导其进行思考和分享：

（1）从这部剧作中，你看到了什么，听到了什么？

（2）每个人都有其独特的生长环境，所以塑造了独特的我们，塑造了我们的优点和缺点，每个人都有缺点，直到今天你还会不放过自己、不接纳自己的不完美吗？

（3）你会承认这就是你独特的人生，理解你的家人可能做得不好的地方确有不得已的原因吗？你如何看待将来？将努力成长继续向前吗？

复习思考题

1. 回想你的成长过程，原生家庭中的哪些经历对你的人生观和价值观产生了深远影响？
2. 在你与原生家庭的互动中，有哪些沟通方式或行为模式对你现在的社交技巧产生了影响？
3. 回想你的原生家庭，有哪些温馨或难忘的时刻对你产生了积极影响？
4. 你如何看待原生家庭对个人职业规划的作用？原生家庭是如何影响你的职业选择和期望的？
5. 原生家庭中的哪些传统或习惯至今仍影响着你的生活方式？

即测即评

参考文献

[1] 江光荣. 大学生心理健康素养[M]. 长沙:湖南师范大学出版社,2021:25-32.

[2] 张仲明. 心理诊断学[M]. 重庆:西南师范大学出版社,2013:173-186.

[3] 樊富珉,费俊峰. 大学生心理健康十六讲[M]. 北京:高等教育出版社,2022:2-15.

[4] 邱鸿钟. 大学生心理健康教育[M]. 广州:广东高等教育出版社,2020:239-249.

[5] 张微. “00”后大学新生心理健康现状调查:以邵阳学院为例[J]. 邵阳学院学报(自然科学版),2020,17(05).

[6] 舒曼玲,廖心仪,秦露露. 后疫情时代长沙市在校大学生心理健康状况及影响因素[J]. 中国健康心理学杂志, 2021,29(11).

[7] 辛自强,张梅,何琳. 大学生心理健康变迁的横断历史研究[J]. 心理学报, 2012,44(05).

[8] 黎奥尼・泰勒. 咨询过程中的理论原则[J]. 咨询心理学杂志,1958(5).

[9] 汤宜朗,许又新. 心理咨询概论[M]. 贵阳:贵州教育出版社,1999:3.

[10] 张仲明. 心理诊断学[M]. 重庆:西南师范大学出版社,2013:3.

[11] 朱韶蓁. 大学生适应性量表(CAS)的修订及应用研究[J]. 西南大学,2006(10).

[12] 刘钊泉,胡伟坚. 大学生心理健康课堂与实践[M]. 北京:化学工业出版社,2020:2.

[13] 熊亚刚,张秀春. 浅析自我意识与大学生心理健康的关系[J]. 沈阳农业大学学报(社会科学版),2006,8(4):658-660.

[14] 陈振旗. 新时代民航高职院校大学生自我意识的现状和对策探究——以广州民航职业技术学院为例[J]. 黑龙江教师发展学院学报,2021(04):64-66.

[15] 王文波. 大学生自我意识的偏差与应对措施[J]. 青年与社会,2019(9):1.

[16] 耿晓颖,叶云红. 论大学生自我意识的完善与发展[J]. 活力,2010(23):1.

[17] 曹杏利,李德福. 大学生的自我意识矛盾探究[J]. 吉林广播电视大学学报,2018(11):3.

[18] 张殿玉. 大学新生自我意识的矛盾及解决途径[J]. 河南大学学报(社会科学版),1999(4):3.

[19] 魏冬云,唐陶富. 高职学生自我意识的偏差与调适指导[J]. 文教资料,2010(26):2.

[20] 闫志英,周述刚. 浅谈大学生自我意识的矛盾冲突、偏差及其调试[J]. 社会心理科学,2002,17(4):5.

[21] 方怡君. 基于约哈里窗口理论的大学生宿舍人际关系探析[J]. 高教论坛,2020(02):84-86+104.

[22] 张日昇. 同一性与青年期同一性地位的研究——同一性地位的构成及其自我测定[J]. 心理科学,2000(04):430-434+510. DOI:10. 16719/j. cnki. 1671-6981. 2000. 04. 011.

[23] 侯玉波. 社会心理学. 第3版[M]. 北京:北京大学出版社,2013.

[24] 李巧巧. 大学生心理健康教育与生命教育融合的实现途径研究[J]. 高教探索,2015(02):121-124.

[25] 吴继红. 从大学生心理健康教育到生命教育的省思[J]. 青岛职业技术学院学报,2011(06):33-36.

[26] 冯亚莉,石丹妮. 试论大学生心理健康教育与生命教育的融合途径[J]. 吉林农业科技学院学报,2013,22(04):31-33.

[27] 谭敏. 大学生生命教育现状调查及实施途径[J]. 前沿,2014(Z1):159-160.

[28] 陈新汉. 关于生命意识的哲学思考[J]. 哲学研究,2022(01):20-29.

[29] 马克思,恩格斯. 马克思恩格斯全集:第 3 卷[M]. 北京:人民出版社,1974:273.

[30] 亚伯拉罕·马斯洛. 动机与人格[M]. 南京:江苏人民出版社,2021:51.

[31] 陈开明. 大学生生命教育的内涵与特点[J]. 教育与职业, 2014(05):71-73,74.

[32] 侯艳,高慧东,张海龙. 积极心理学视域下大学生生命教育策略[J]. 南方论刊,2023(03):103-105.

[33] 晋银峰,胡海霞,陈亚茹. 我国大学生生命教育研究十六年[J]. 黑龙江高教研究,2018,36(11):41-46.

[34] 纪洁芳,郑玮宜,郑璿宜,曾怀萩. 生命教育学[M]. 北京:中国广播影视出版社,2014:1-242.

[35] 陈会昌,胆增寿,陈建绩. 青少年心理适应性量表(APAS)的编制及其初步常模[J]. 心理发展与教育,1995(03).

[36] 何静春,袁一平. 大学生心理健康教程[M]. 北京:化学工业出版社,2015:189-214.

[37] 詹启生,李义丹. 建立大学生心理危机干预快速反应机制的思考[J]. 天津大学学报(社会科学版), 2017(4):356-360.

[38] 王海丽,宁丽. 大学生心理危机的学校预防与干预研究[J]. 当代教育实践与教学研究, 2016(6):144-145.

[39] 王自华. 大学生心理危机及其干预策略. 中国校外教育[J]. 2015, (6):3-4.

[40] 朱美燕. 大学生心理危机干预的发展趋向[J]. 教育评论,2011(2):70-73.

[41] 荆玉梅. 辅导员在心理危机事件干预中的能力特征[J]. 学校党建与思想教育, 2012(30):76-77.

[42] 马喜亭,李卫华. 大学生心理危机的研判与干预模型构建[J]. 思想教育研究, 2011(1):103-107.

[43] 杨稣,武成莉. 大学生心理危机干预体系构建[J]. 宁夏大学学报(人文社会科学版), 2011,33(1):90-192.

[44] 王伟,曹丽琼. 全媒体时代大学生心理危机干预策略探究[J]. 教育理论与实践, 2019,39(12):32-34.

[45] 张本钰,廖深基. 基于易班平台的大学生心理危机预防与干预机制探究[J]. 思想理论教育, 2018(10):109-113.

[46] 方淦. 大学生心理危机干预策略. 当代教育实践与教学研究[J]. 2017(12):223-224.

[47] 蒋常香,毛莉婷. 积极心理学视角下的大学生心理危机干预[J]. 教育学术月刊, 2016(5):91-95.

[48] 李力,廖晓明. 论大学生心理危机干预体系的构建[J]. 教育评论, 2015(3):98-100.

[49] 蔡火凤. 大学生心理危机及干预策略研究[J]. 教育探索, 2015(2):130-132.

[50] 温永慧. 大学生心理危机干预体系构建探讨[J]. 中国成人教育, 2014(13):52-54.

[51] 马建青,朱美燕. 大学生心理危机及其干预现状的调查分析[J]. 学校党建与思想教育, 2014(23):70-72.

[52] 张晓青,李芳. 大学生情绪调节策略与心理健康的关系研究[J]. 中国健康心理学杂志,2022,30(5):789-793.

[53] 王琳,刘海燕. 大学生情绪管理能力的培养与实践研究[J]. 高等教育研究, 2021,42(2):89-94.

[54] 李晓明,张媛. 认知行为疗法在大学生情绪管理中的应用研究[J]. 中国学校卫生, 2020,41(10):1519-1522.

[55] 陈思宇,赵冬梅. 大学生情绪智力与情绪管理的关系研究[J]. 心理与行为研究, 2019,17(6):827-832.

[56] 刘佳,李志红. 正念训练在大学生情绪管理中的应用研究[J]. 中国健康心理学杂志, 2019,27(4):613-617.

[57] 何晓飞,王晓娟. 大学生情绪调节方式对心理健康的影响研究[J]. 中国校外教育, 2022(6):89-90.

[58] 王瑞琪,张晓梅. 团体辅导在大学生情绪管理中的应用效果研究[J]. 中国心理卫生杂志, 2021,35(11):869-874.

[59] 张丽娜,赵山. 大学生情绪管理与压力应对的关系研究[J]. 中国健康心理学杂志, 2020,28(12):1893-1897.

[60] 王志刚,刘海燕. 大学生情绪管理与自我认知的关系研究[J]. 中国校外教育, 2020(3):34-35.

[61] 李红霞,赵冬梅. 大学生情绪管理与人际交往的关系研究[J]. 中国健康心理学杂志, 2019,27(11):1725-1729.

[62] 王丽,李志红. 大学生情绪管理能力的培养途径研究[J]. 中国校外教育, 2019(24):34-35.

[63] 张云,赵山明. 大学生情绪管理与学业成绩的关系研究[J]. 中国健康心理学杂志, 2019,26(12):1904-1907.

[64] 李晓敏,辛自强. 大学生情绪调节策略对抑郁的影响:人际支持和性别的调节作用[J]. 中国临床心理学杂志, 2022,30(1):168-172.

[65] 刘启刚,周天浩. 大学生情绪调节自我效能感对抑郁的影响:情绪调节策略的中介作用[J]. 中国健康心理学杂志, 2021,29(10):1555-1559.

[66] 朱彤. 人际关系心理学[M]. 北京:新世界出版社,2009.

[67] 薛婷. 心理健康教育理论与实践研究[M]. 北京:线装书局,2021.

[68] 王明娟,陈炳霞. 大学生心理健康教育[M]. 北京:中国言实出版社,2020.

[69] 何静春,袁一平. 大学生心理健康教程[M]. 北京:化学工业出版社,2015.

[70] 单慧娟,廖财国,李爽. 大学生心理健康教育[M]. 江苏:江苏大学出版社,2017.

[71] 邱鸿钟. 大学生心理健康教育[M]. 广州:广东高等教育出版社,2018.

[72] 张静波. 微表情人际交往中的心理策略[M]. 北京:中国社会出版社,2013.

[73] 莫雷,王瑞明,温红博,陶德清. 心理学实用研究方法[M]. 广州:广东高等教育出版社,2007.

[74] 桑作银,汪小容. 大学生人际交往心理学[M]. 成都:西南财经大学出版社,2007.

[75] 阳知行. 心理学与社交技巧[M]. 北京:中国商业出版社,2018.

[76] 李文福,何筱,王瑞歌,曹饴珊,许景超,强景,赵敏. 儿童期不良经历与大学生人际关系困扰:成人依恋与手机依赖的链式中介作用[J]. 中国健康心理学杂志,2022,30(12).

[77] 汪礼玉. 大学生人际关系敏感的影响因素[J]. 公关世界,2022(17).

[78] 杨延刚,冯莉,徐文仪,周述贵. 大学生人际关系敏感、恐惧与抑郁的关系研究[J]. 心理月刊,2022,17(02).

[79] 韩思佳,郭宗盛. 社会心理学视角下大学生人际关系探究[J]. 黑龙江人力资源和社会保障,2021(16).

[80] 秦庆丽. 浅析个人人格对社会发展的影响[J]. 商贸学院法律系,2013(05):10.

[81] 陈静. 大学生人格培育的对策和途径探索[J]. 黑龙江教育学院学报,2018(07).

[82] 陈兰琴. 高校思想工作与大学生态度的研究. 常州工学院学报,2002(S1).

[83] 李娜,何思学,林景树,魏琳炜. 大学生态度相似性与人际吸引的关系实证研究[J]. 今日财富(中国知识产权),2019(01).

[84] 唐子璐,万柳辛,庄静,李普华. 大学生情绪管理影响因素及改进策略研究[J]. 卫生职业教育,2019(17).

[85] 何静春,袁一平. 大学生心理健康教程[M]. 北京:化学工业出版社,2017. 11.

[86] 邱鸿钟. 大学生心理健康教育[M]. 广州:广东高等教育出版社,2018. 09.

[87] 陈选华,王军. 大学生心理与心理健康[M]. 安徽:中国科学技术大学出版社,2014. 06.

[88] 许国彬,陈国海. 大学生心理健康教育[M]. 北京:清华大学出版社,2021. 01.

[89] [美]罗伯特·J. 斯腾伯格,凯琳·斯腾伯格 著,李朝旭 等译. 爱情心理学[M]. 北京:世界图书出版公司,2010. 05.

[90] [美]苏珊·亨德里克. 因为爱情:成长中的亲密关系[M]. 北京:世界图书出版公司,2014. 01.

[91] [日]原田玲仁 著,郭勇 译. 恋爱心理学[M]. 西安:陕西师范大学出版社,2010. 09.

[92] [美]弗洛姆 著,李健鸣 译. 爱的艺术[M]. 上海:上海译文出版社,2016. 01.

[93] 罗兰·米勒. 亲密关系[M]. 北京:人民邮电出版社,2011. 01.

[94] [美]约翰·格雷 著,何兰兰、周建华 译. 男人来自火星 女人来自金星[M]. 北京:中华工商联合出版社,2015. 06.

[95] 李中莹. 爱上双人舞[M]. 北京:世界图书出版公司,2011. 01.

[96] 杨蓓. 亲密、孤独与自由[M]. 北京:世界图书出版公司,2010. 05.

[97] [英]哈夫洛克·霭理士 著,潘光旦 译. 性心理学[M]. 北京:台海出版社,2020. 01.

[98] [美]拉里·戈尼克,克里斯汀·德弗尔特著,陈浩莺译. 漫画我们的性[M]. 北京:华夏出版社,2011. 01.

[99] [美]玛格丽特·W. 马特林(Margaret W. Martlin) 著,赵蕾,吴文安 等译. 女性心理学[M]. 北京:中国人民大学出版社,2010. 08.

[100] 苏启文. 男性心理学[M]. 西安:陕西师范大学出版社,2012. 09.

[101] [美]肖恩·T. 史密斯. 用男人的思维和男人谈恋爱(修订版)[M]. 北京:新世界出版社,2016. 03.

[102] [日]水纪华 著,边西岩 译. 恋爱心理学:如何让你爱的人爱上你[M]. 天津:天津人民出版社,2021. 07.

[103] 马原. 中国妇女法律实用全书[M]. 北京:法律出版社,1993. 08.

[104] 邱鸿钟. 大学生心理健康教育[M]. 3 版. 广东:广东高等教育出版社,2012.

[105] 李宝山,罗新兰. 大学生心理健康教育[M]. 重庆:重庆大学出版社,2017.

[106] 谌海燕. 大学生心理素质训练[M]. 西安:西安电子科技大学出版社,2014.

[107] 马悦,余照照. 高职大学生心理健康教育(微课版)[M]. 北京:人民邮电出版社,2020.

[108] 张海鹰. 大学生心理健康教育[M]. 北京:人民邮电出版社,2019.

[109] 严琼,杨妍婷,祁月,齐文娟,杨东玲,罗春燕. 上海市 2004—2019 年青少年网络成瘾变化趋势[J]. 中国学校卫生,2022,43(08):1193-1197.

[110] 邱洪萍. 青少年网络成瘾研究述评[J]. 成都航空职业技术学院学报,2019,35(02):89-92.

[111] 张国华,雷雳,邹泓. 青少年的自我认同与"网络成瘾"的关系[J]. 中国临床心理学杂志,2008(01):37-39+58.

[112] 刘艳,彭杰,周长玉. "微时代"背景下大学生网络心理问题的现状调查研究[J]. 品位·经典,2022(23):141-142.

[113] 李德平,欧阳霞. 互联网对大学生心理健康的影响及教育对策[J]. 东华理工学院学报(社会科学版),2004(02):77-81.

[114] 任杰. 高校学生网络行为与心理研究——广州大学学生网络心理健康调查报告[J]. 广州大学学报(社会科学版),2003(02):47-51+55.

[115] 郭文斌. 大学生网络交往调查研究[J]. 中国健康心理学杂志,2006(04):385-388.

[116] 王重鸣,田茂利. 技术创业企业知识创造过程及其影响因素[J]. 科研管理,2006,27(6):28-31.

[117] 叶映华,徐小洲. 大学生创新创业心理研究的十年回顾与展望[J]. 教育研究,2018(2):68-74.

[118] 高桂娟,苏洋. 学校教育与大学生创业意向关系的实证研究[J]. 清华大学教育研究,2014(4):116-124.

[119] 丁明磊,丁素云. 大学生创业自我效能与创业意向关系研究[J]. 当代青年研究,2011(3):49-53.

[120] 段锦云,王朋,朱月龙. 创业动机研究:概念结构、关注点及发展方向[J]. 心理研究与行为管理,2012,10(6):861-866.

[121] 汤明. 创业心理品质对大学生创业意向的影响研究[D]. 湖南:中南大学,2012.

[122] 蒋雁. 大学生创业倾向影响因素的结构方程构建与实证研究——以温州在校大学生为例[D]. 浙江:浙江工商大学,2008.

[123] 刘万利,胡培,许昆鹏. 创业风险对创业决策行为影响的研究——风险感知与风险倾向的媒介效应[J]. 科学学与科学技术管理,2010,31(9):163-167.

[124] 蒋剑勇,郭红东. 创业氛围、个人风险倾向与创业倾向关系研究[J]. 科研管理,2012,33(12):105-112.

[125] 赵志军. 关于推进创新创业教育的若干思考[J]. 教育研究,2006(4):71-74.

[126] 李时椿,常建坤,杨怡. 大学生创业与高等院校创业教育[M]. 北京:国防大学出版社,2004.

[127] 严建雯. 大学生创业心理研究[M]. 北京:人民出版社,2012.

[128] (美)蒂蒙斯(Timmons,J. A.)著,周伟民,吕长春译. 创业学[M]. 北京:人民邮电出版社,2005.

[129] 杰弗里·蒂蒙斯,小斯蒂芬·斯皮内利著,周伟民译. 创业学(第6版)[M]. 北京:人民邮电出版社,2005.

[130] 郁义鸿,李志能,罗博特·D. 希斯瑞克(Robert D. Hisrich)著. 创业学[M]. 上海:复旦大学出版社,2000.

[131] 王雁飞,王安琪,朱瑜. 大学生心理韧性、压力认知与主观幸福感的关系研究[J]. 天津大学学报(社会科学版),2023,25(1).

[132] 张丽,蔺秀云,王中会,方晓义. 大学生心理韧性与压力适应的关系:积极情绪的中介作用[J]. 心理发展与教育,2022,38(6).

[133] 李海垒,张文新. 大学生的压力与心理韧性:积极心理学视角的探讨[J]. 心理科学,2022,35(3).

[134] 王滨,罗伟. 心理韧性发展的研究进展及评述[J]. 河南大学学报(社会科学版),2021,51(5).

[135] 胡月琴,甘怡群. 青少年心理韧性量表的编制和效度验证[J]. 心理学报,2008,42(8).

[136] 席居哲,左志宏,桑标. 心理韧性儿童的社会能力自我觉知[J]. 心理学报,2011(9).

[137] 王坚杰,张洪波,许娟,等. 合肥市大学生心理韧性与亚健康的关联研究[J]. 中国卫生事业管理,2017,34(9).

[138] 温忠麟,叶宝娟. 有调节的中介模型检验方法:竞争还是替补?[J]. 心理学报,2014,47(5).

[139] 于肖楠,张建新. 韧性(resilience)——在压力下复原和成长的心理机制[J]. 心理科学进展,2015,14(5).

[140] 雷万胜,陈树,陈锦添. 大学生心理韧性研究[J]. 中国健康心理学杂志,2016,14(2).

[141] 王峰,陈昊. 大学生心理韧性、压力事件与负性情绪的关系研究[J]. 湖北函授大学学报,2015,(21).

[142] 李永鑫,骆鹏程,谭亚梅. 农村留守儿童心理韧性研究[J]. 河南大学学报(社会科学版),2014,48(6).

[143] 席居哲,桑标,左志宏. 心理韧性研究的回顾与展望[J]. 心理科学,2014,34(1).

[144] 樊富珉,何瑾. 团体心理辅导[M]. 上海:华东师范大学出版社,2010.

[145] 杨萍,徐颖,浦昆华. 团体辅导改善大学生学业情绪、提升核心自我评价的效果[J]. 中国健康心

理学杂志,2014(2).

[146] 宫锐园,樊富珉. 10名大学生人际交往团体训练前后16PF测评[J]. 中国心理卫生杂志,2002,16(7):483-484,477.

[147] 邢秀茶,王欣. 团体心理辅导对大学生人际交往影响的长期效果的研究[J]. 心理发展与教育,2003(2).

[148] 孙时进,范新河,刘伟. 团体心理咨询对提高大学生自信心的效果研究[J]. 心理科学,2000(1).

[149] 倪士光,伍新春,张步先. 大学生学业倦怠的团体辅导干预——认知行为互动取向团体辅导方案设计[J]. 中国青年政治学院学报,2009(2).

[150] 包海兰. 高校发展性团体心理辅导体系的构建[J]. 中国成人教育,2010(8).

[151] 武成莉,王淑敏,杨稣. 团体心理辅导模式下思想政治教育工作有效性探讨[J]. 理论导刊,2010(2).

[152] 黄丽春. 浅论大学生团体心理辅导方案设计的原则[J]. 学校党建与思想教育,2009(32):73-74.

[153] 李宜英,牛余凤. 浅析原生家庭之伤[J]. 牡丹江大学学报, 2019,28(10),67-70.

[154] 詹丽玉,练勤,王芳. 大学生原生家庭环境及其心理健康相关研究[J]. 福建师大福清分校学报,2017(4),92-99.

[155] 杨文娟. 试论原生家庭在塑造儿童性格中的作用[J]. 学周刊, 2017(28),174-175.

[156] 傅文第,华欣. 原生家庭对大学生心理健康状况的影响研究[J]. 中国校外教育(下旬), 2021,(6),99-100.

[157] 汤家彦,姜国瑞. 原生家庭对大学生心理健康的影响研究[J]. 牡丹江大学学报, 2019,28(5),139-141.

[158] 靳江涛. 原生家庭对青少年心理健康的影响分析[J]. 山西青年, 2022(14),117-118.

[159] 马菁菁. 原生家庭父母关系对个人成长的影响——以热播剧《都挺好》为例[J]. 西部广播电视,2021(13),108-110.

[160] 罗金艳. 原生家庭对初中生心理健康影响的调查研究(硕士学位论文)[J]. 喀什大学, 2021.

[161] [美]苏珊·福沃德博士,克雷格·巴克著,黄姝/王婷译. 原生家庭:如何修补自己的性格缺陷[M]. 北京:北京时代华文书局, 2018.

[162] 武志红. 为何家会伤人:揭示家庭中的心理真相[M]. 北京:北京联合出版公司, 2018.